WORK BOOK

2024
－
심우철

지방직 대비

실전동형
모의고사

최근 3개년 지방직 공무원 영어 시험의
유형 및 난이도를 완벽히 재현한
봉투형 모의고사 8회분
<24 국가직 9급 신유형 반영>

Season 4

커넥츠 공단기
인터넷 강의
gong.conects.com

심슨
북스

01	001 ☐☐☐	proclaim		**06**	024 ☐☐☐	uncertain
	002 ☐☐☐	attain			025 ☐☐☐	defining
	003 ☐☐☐	declare			026 ☐☐☐	tyranny
	004 ☐☐☐	forecast		**07**	027 ☐☐☐	manage to RV
	005 ☐☐☐	renounce			028 ☐☐☐	inexperienced
02	006 ☐☐☐	deceived		**08**	029 ☐☐☐	abroad
	007 ☐☐☐	fooled		**09**	030 ☐☐☐	out of stock
	008 ☐☐☐	grateful			031 ☐☐☐	place an order
	009 ☐☐☐	irritated		**10**	032 ☐☐☐	guarantee
	010 ☐☐☐	stubborn		**11**	033 ☐☐☐	as far as
03	011 ☐☐☐	hold up		**12**	034 ☐☐☐	set aside
	012 ☐☐☐	recite			035 ☐☐☐	unwind
	013 ☐☐☐	pause		**13**	036 ☐☐☐	compliance
	014 ☐☐☐	unfold			037 ☐☐☐	imperial
	015 ☐☐☐	summarize			038 ☐☐☐	win over
04	016 ☐☐☐	cut down on			039 ☐☐☐	appealing
	017 ☐☐☐	utilize			040 ☐☐☐	allure
	018 ☐☐☐	reject		**14**	041 ☐☐☐	sustain
	019 ☐☐☐	prefer			042 ☐☐☐	subordinate
	020 ☐☐☐	decrease			043 ☐☐☐	detrimental
05	021 ☐☐☐	fragile			044 ☐☐☐	hierarchy
	022 ☐☐☐	discrete		**15**	045 ☐☐☐	narrative
	023 ☐☐☐	identical			046 ☐☐☐	abrupt

047 ☐☐☐	originality
16 049 ☐☐☐	fragmented
048 ☐☐☐	subsequent
050 ☐☐☐	insomnia
051 ☐☐☐	inconsistent
17 052 ☐☐☐	solid
053 ☐☐☐	signal
18 054 ☐☐☐	stem from
055 ☐☐☐	allegiance
056 ☐☐☐	trait
19 057 ☐☐☐	cruel
058 ☐☐☐	humble
059 ☐☐☐	arrogant
060 ☐☐☐	extraordinary
20 061 ☐☐☐	impulse

ANSWER

01	001 선언하다		037 제국의
	002 이루다		038 포섭하다, 자기편으로 끌어들이다
	003 선언하다		039 매력적인, 흥미를 끄는
	004 예측하다		040 매력
	005 포기하다	14	041 유지하다
02	006 속는		042 부하
	007 속는		043 해로운
	008 고마워하는		044 위계
	009 화난	15	045 서사, 서술
	010 완고한		046 갑작스러운, 돌발적인
03	011 (잠시) 중단하다		047 독창성
	012 암송하다		048 계속해서 일어나는
	013 잠시 멈추다	16	049 단편적인, 분열된
	014 전개하다		050 불면증
	015 요약하다		051 일관되지 않은
04	016 줄이다	17	052 단단한, 고체의
	017 이용하다		053 신호하다
	018 거부하다	18	054 ~에서 유래하다
	019 선호하다		055 충성
	020 줄이다		056 특색, 특징
05	021 부서지기 쉬운	19	057 잔인한
	022 별개의		058 겸허한
	023 똑같은		059 오만한
	024 불확실한		060 비범한
06	025 결정적인	20	061 충동
	026 독재 (정치)		
07	027 (간신히) ~해내다		
	028 경험이 부족한		
08	029 해외에서		
09	030 품절된		
	031 주문하다		
10	032 보장[장담]하다		
11	033 ~하는 한		
12	034 따로 떼어 두다, 확보하다		
	035 긴장을 풀다		
13	036 따름, 순종		

01	001 ☐☐☐	restrain
	002 ☐☐☐	curb
	003 ☐☐☐	launch
	004 ☐☐☐	revoke
	005 ☐☐☐	accuse
02	006 ☐☐☐	authentic
	007 ☐☐☐	real
	008 ☐☐☐	precious
	009 ☐☐☐	ancient
	010 ☐☐☐	undamaged
03	011 ☐☐☐	cut out for
	012 ☐☐☐	aiming for
	013 ☐☐☐	suited to
	014 ☐☐☐	arguing for
	015 ☐☐☐	dedicated to
04	016 ☐☐☐	pick up
	017 ☐☐☐	take out
	018 ☐☐☐	get out of
	019 ☐☐☐	go on with
05	020 ☐☐☐	misunderstand
	021 ☐☐☐	pest
06	022 ☐☐☐	moist
	023 ☐☐☐	texture

07	024 ☐☐☐	promote
	025 ☐☐☐	characterize
	026 ☐☐☐	target
08	027 ☐☐☐	income
	028 ☐☐☐	inequality
09	029 ☐☐☐	have butterflies in one's stomach
	030 ☐☐☐	blue
	031 ☐☐☐	come up with
10	032 ☐☐☐	inbox
	033 ☐☐☐	proposal
11	034 ☐☐☐	undertake
	035 ☐☐☐	extraction
	036 ☐☐☐	oversight
12	037 ☐☐☐	thrive
	038 ☐☐☐	retain
13	039 ☐☐☐	invasion
	040 ☐☐☐	bill
14	041 ☐☐☐	let out
	042 ☐☐☐	suppress
	043 ☐☐☐	soothe
	044 ☐☐☐	intensity
15	045 ☐☐☐	recall

046 ☐☐☐	inhibition
16 047 ☐☐☐	diagnose
048 ☐☐☐	undergo
049 ☐☐☐	consent
17 050 ☐☐☐	epidemic
051 ☐☐☐	unpredictable
18 052 ☐☐☐	component
053 ☐☐☐	integrate
19 054 ☐☐☐	assume
055 ☐☐☐	depict
056 ☐☐☐	overlook
057 ☐☐☐	insignificant
20 058 ☐☐☐	tempting
059 ☐☐☐	distraction
060 ☐☐☐	resist
061 ☐☐☐	self-reflection
062 ☐☐☐	non-subjectivity

ANSWER

01	001 억제하다		036 감시, 감독
	002 억제하다	**12**	037 변성하다
	003 개시하다		038 보유하다, 유지하다
	004 취소하다	**13**	039 침해
	005 고발하다		040 법안
02	006 진짜의	**14**	041 털어놓다, 표출하다
	007 진짜의		042 억압하다
	008 귀중한		043 진정시키다
	009 아주 오래된		044 강도
	010 손상되지 않은	**15**	045 기억
03	011 ~에 적합한		046 억제
	012 ~을 목표로 하는	**16**	047 진단하다
	013 ~에 적합한		048 겪다
	014 ~을 찬성하는		049 동의, 허가
	015 ~에 전념하는	**17**	050 전염병
04	016 집어 올리다		051 예측 불가능한
	017 꺼내다, 획득하다	**18**	052 구성 요소
	018 벗어나다		053 통합하다
	019 계속하다	**19**	054 가정하다
05	020 오해하다		055 묘사하다
	021 해충, 유해 동물		056 간과하다, 못 보고 넘어가다
06	022 촉촉한		057 사소한
	023 질감	**20**	058 유혹적인
07	024 승진시키다		059 주의를 분산시키는 것
	025 특징짓다		060 견디다
	026 대상으로 삼다		061 자아 성찰
08	027 소득		062 비주관성
	028 불평등		
09	029 가슴이 두근거리다, 조마조마하다		
	030 우울한		
	031 생각해 내다		
10	032 받은 편지함(이메일 수신함)		
	033 제안		
11	034 수행하다		
	035 추출, 채취		

01	001 ☐☐☐	simultaneous
	002 ☐☐☐	gradual
	003 ☐☐☐	multiple
	004 ☐☐☐	coincident
	005 ☐☐☐	complicated
02	006 ☐☐☐	reign
	007 ☐☐☐	surge
	008 ☐☐☐	plunge
	009 ☐☐☐	margin
03	010 ☐☐☐	failure
	011 ☐☐☐	unlikeness
	012 ☐☐☐	depression
	013 ☐☐☐	comparison
04	014 ☐☐☐	give out
	015 ☐☐☐	keep up with
	016 ☐☐☐	wipe out
	017 ☐☐☐	make up with
05	018 ☐☐☐	undermine
	019 ☐☐☐	detest
	020 ☐☐☐	forbid
	021 ☐☐☐	reverse
	022 ☐☐☐	weaken
06	023 ☐☐☐	apologize

	024 ☐☐☐	matter
	025 ☐☐☐	rush
07	026 ☐☐☐	fuel-efficient
	027 ☐☐☐	accompany
08	028 ☐☐☐	thrill
09	029 ☐☐☐	anxiety
	030 ☐☐☐	intense
	031 ☐☐☐	persistent
	032 ☐☐☐	underlying
10	033 ☐☐☐	demonstrate
11	034 ☐☐☐	pour
	035 ☐☐☐	slip
12	036 ☐☐☐	wing it
	037 ☐☐☐	square one
	038 ☐☐☐	run errands
13	039 ☐☐☐	civilization
	040 ☐☐☐	ritual
	041 ☐☐☐	consume
14	042 ☐☐☐	astronomical
	043 ☐☐☐	term
	044 ☐☐☐	clear
15	045 ☐☐☐	financial
	046 ☐☐☐	transaction

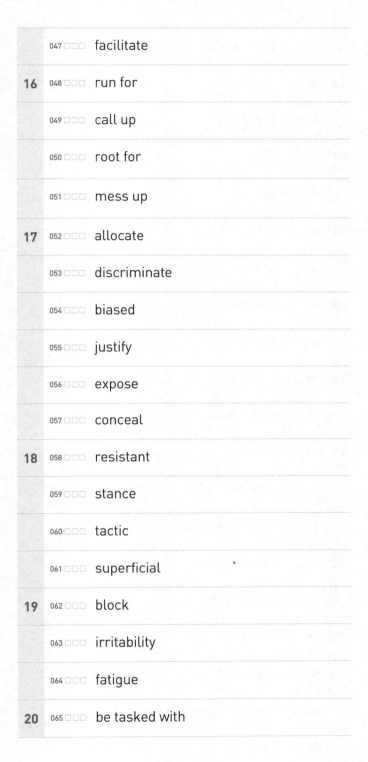

047 ☐☐☐	facilitate	
16 048 ☐☐☐	run for	
049 ☐☐☐	call up	
050 ☐☐☐	root for	
051 ☐☐☐	mess up	
17 052 ☐☐☐	allocate	
053 ☐☐☐	discriminate	
054 ☐☐☐	biased	
055 ☐☐☐	justify	
056 ☐☐☐	expose	
057 ☐☐☐	conceal	
18 058 ☐☐☐	resistant	
059 ☐☐☐	stance	
060 ☐☐☐	tactic	
061 ☐☐☐	superficial	
19 062 ☐☐☐	block	
063 ☐☐☐	irritability	
064 ☐☐☐	fatigue	
20 065 ☐☐☐	be tasked with	

ANSWER

01	001 동시의		037 원점	
	002 점진적인		038 볼일을 보다, 심부름하다	
	003 다양한	**13**	039 문명	
	004 동시의		040 의식	
	005 복잡한		041 소비[소모]하다	
02	006 통치	**14**	042 천문학의	
	007 급증		043 용어	
	008 급락		044 내보내다, 치우다	
	009 차이	**15**	045 금융의	
03	010 실패		046 거래	
	011 다름		047 촉진하다	
	012 우울감	**16**	048 입후보하다	
	013 비교		049 전화 걸다, 소집하다	
04	014 나눠 주다		050 응원하다	
	015 따라잡다, 뒤지지 않다		051 엉망으로 만들다	
	016 완전히 파괴하다	**17**	052 할당하다, 배분하다	
	017 화해하다		053 차별하다	
05	018 약화시키다		054 편견을 가진	
	019 몹시 싫어하다		055 정당화하다	
	020 금지하다		056 드러내다	
	021 뒤집다		057 숨기다	
	022 약화시키다	**18**	058 저항하는	
06	023 사과하다		059 입장, 자세	
	024 중요하다		060 전략	
	025 서두르다		061 피상적인	
07	026 연료 효율이 좋은	**19**	062 차단하다	
	027 동반하다, 함께하다		063 과민성	
08	028 파릇하게 하다, 흥분시키다		064 피로	
09	029 불안	**20**	065 ~을 맡다	
	030 강렬한			
	031 지속되는			
	032 근본적인			
10	033 보여 주다, 증명하다			
11	034 (비가) 쏟아지다			
	035 미끄러지다			
12	036 즉흥적으로 하다			

Word review 4

01	001 ☐☐☐	reciprocal
	002 ☐☐☐	valid
	003 ☐☐☐	steady
	004 ☐☐☐	mutual
	005 ☐☐☐	positive
02	006 ☐☐☐	defect
	007 ☐☐☐	halt
	008 ☐☐☐	fault
	009 ☐☐☐	erosion
	010 ☐☐☐	collision
03	011 ☐☐☐	show off
	012 ☐☐☐	own
	013 ☐☐☐	share
	014 ☐☐☐	boast
	015 ☐☐☐	describe
04	016 ☐☐☐	live up to
	017 ☐☐☐	lower
	018 ☐☐☐	satisfy
	019 ☐☐☐	upgrade
	020 ☐☐☐	challenge
05	021 ☐☐☐	objective
	022 ☐☐☐	prolonged
	023 ☐☐☐	instinctive

	024 ☐☐☐	prejudiced
06	025 ☐☐☐	realization
	026 ☐☐☐	prophecy
07	027 ☐☐☐	bind
	028 ☐☐☐	pile up
08	029 ☐☐☐	please
	030 ☐☐☐	charge
09	031 ☐☐☐	mandatory
	032 ☐☐☐	book
10	033 ☐☐☐	contract
	034 ☐☐☐	call in sick
11	035 ☐☐☐	chore
	036 ☐☐☐	kick in
	037 ☐☐☐	narrow-minded
12	038 ☐☐☐	recede
	039 ☐☐☐	give rise to
13	040 ☐☐☐	affective
	041 ☐☐☐	devastate
	042 ☐☐☐	overestimate
	043 ☐☐☐	immune
15	044 ☐☐☐	permanently
	045 ☐☐☐	self-sufficient
	046 ☐☐☐	robust

16 047 ☐☐☐ integral

048 ☐☐☐ solitary

17 049 ☐☐☐ indirect

050 ☐☐☐ rely on

18 051 ☐☐☐ infection

052 ☐☐☐ swell

053 ☐☐☐ treatable

054 ☐☐☐ favorable

19 055 ☐☐☐ regret

056 ☐☐☐ courage

057 ☐☐☐ obligation

20 058 ☐☐☐ seemingly

059 ☐☐☐ unassuming

060 ☐☐☐ picky

061 ☐☐☐ pitiless

ANSWER

01	001 상호 간의		037 편협한	
	002 타당한	**12**	038 물러나다, 멀어지다	
	003 꾸준한		039 ~을 탄생시키다	
	004 상호 간의	**13**	040 정서적인	
	005 긍정적인		041 비탄에 빠뜨리다, 파괴하다	
02	006 결함		042 과대평가하다	
	007 중단		043 면역의	
	008 결함	**15**	044 영구히	
	009 부식		045 자급자족할 수 있는	
	010 충돌		046 튼튼한	
03	011 자랑하다	**16**	047 필수의	
	012 소유하다		048 단 하나의	
	013 공유하다	**17**	049 간접적인	
	014 자랑하다		050 ~에 의존하다	
	015 설명하다	**18**	051 감염 (매체)	
04	016 부응하다		052 붓다	
	017 낮추다		053 치료 가능한	
	018 충족하다		054 좋은, 적합한	
	019 높이다	**19**	055 후회	
	020 이의를 제기하다		056 용기	
05	021 객관적인		057 의무	
	022 장기적인	**20**	058 겉으로 보기에	
	023 본능적인		059 잘난 체하지 않는	
	024 편견 있는		060 까다로운	
06	025 실현		061 냉혹한	
	026 예언			
07	027 묶다, 결속시키다			
	028 쌓이다			
08	029 비위를 맞추다			
	030 충전하다			
09	031 필수[의무]적인			
	032 예약하다			
10	033 계약			
	034 전화로 병가를 내다			
11	035 잡일			
	036 효과가 나타나다			

Word review 5

01   001 ☐☐☐   dwindle

    002 ☐☐☐   roam

    003 ☐☐☐   suffer

    004 ☐☐☐   shrink

    005 ☐☐☐   recover

02   006 ☐☐☐   enthusiastic

    007 ☐☐☐   stiff

    008 ☐☐☐   curious

    009 ☐☐☐   eager

    010 ☐☐☐   sensible

03   011 ☐☐☐   few and far between

    012 ☐☐☐   ended

    013 ☐☐☐   neglected

    014 ☐☐☐   weary

    015 ☐☐☐   infrequent

04   016 ☐☐☐   sort out

    017 ☐☐☐   take off

    018 ☐☐☐   shut down

    019 ☐☐☐   throw away

05   020 ☐☐☐   candidate

    021 ☐☐☐   from scratch

06   022 ☐☐☐   punctuality

    023 ☐☐☐   on the rise

07   024 ☐☐☐   take sth for granted

    025 ☐☐☐   found

08   026 ☐☐☐   hook

09   027 ☐☐☐   go south

    028 ☐☐☐   firmly

    029 ☐☐☐   get around to

10   030 ☐☐☐   change

    031 ☐☐☐   expire

11   032 ☐☐☐   accelerate

    033 ☐☐☐   generate

    034 ☐☐☐   alter

12   035 ☐☐☐   bargaining

    036 ☐☐☐   reliable

    037 ☐☐☐   proficiency

13   038 ☐☐☐   distress

    039 ☐☐☐   hazardous

    040 ☐☐☐   vital

14   041 ☐☐☐   perception

    042 ☐☐☐   convert

15   043 ☐☐☐   verify

    044 ☐☐☐   admittance

16   045 ☐☐☐   soften

    046 ☐☐☐   refer

047 □□□	derive from
17	048 □□□	virtual
049 □□□	interaction
18	050 □□□	prioritize
051 □□□	transcend
052 □□□	distort
053 □□□	self-concept
19	054 □□□	substance
055 □□□	particle
056 □□□	widespread
20	057 □□□	isolated
058 □□□	durable
059 □□□	dynamic
060 □□□	interconnected

ANSWER

01	001 줄어들다		037 능숙
	002 방랑하다	13	038 고통
	003 고통받다		039 해로운
	004 줄어들다		040 매우 중요한
	005 회복되다	14	041 지각
02	006 열렬한		042 전환하다
	007 경직된	15	043 확인하다
	008 호기심 많은		044 입장
	009 열렬한	16	045 누그러뜨리다, 부드럽게 하다
	010 분별 있는		046 나타내다, 가리키다
03	011 아주 드문		047 ~에서 유래하다
	012 끝난	17	048 가상의
	013 도외시된		049 소통, 상호 작용
	014 피곤한	18	050 우선시하다
	015 드문		051 넘다, 능가하다
04	016 가려내다		052 왜곡하다
	017 벗다		053 자아상
	018 폐쇄하다, 정지시키다	19	054 물질
	019 버리다		055 입자
05	020 후보		056 널리 퍼진
	021 맨 처음부터	20	057 고립된
06	022 시간 엄수		058 튼튼한
	023 오름세에 있는		059 역동적인
07	024 ~을 당연시하다		060 상호 연결된
	025 설립하다
08	026 사로잡다
09	027 실패하다, 악화하다
	028 단호하게
	029 마침내 ~을 하다
10	030 잔돈
	031 만료되다
11	032 가속하다
	033 만들어 내다, 창출하다
	034 바꾸다
12	035 협상, 흥정
	036 믿을 만한, 확실한

Word review 6

01	001 ☐☐☐	grave
	002 ☐☐☐	utter
	003 ☐☐☐	severe
	004 ☐☐☐	timely
	005 ☐☐☐	potential
02	006 ☐☐☐	addiction
	007 ☐☐☐	humiliation
	008 ☐☐☐	deprivation
	009 ☐☐☐	reproduction
03	010 ☐☐☐	affluence
	011 ☐☐☐	simplicity
	012 ☐☐☐	meditation
	013 ☐☐☐	association
04	014 ☐☐☐	cover up
	015 ☐☐☐	bring down
	016 ☐☐☐	point out
	017 ☐☐☐	comply with
05	018 ☐☐☐	perseverance
	019 ☐☐☐	balance
	020 ☐☐☐	endurance
	021 ☐☐☐	assurance
	022 ☐☐☐	conscience
06	023 ☐☐☐	generous

	024 ☐☐☐	trick
07	025 ☐☐☐	pass away
	026 ☐☐☐	downplay
	027 ☐☐☐	peak
08	028 ☐☐☐	fair
	029 ☐☐☐	compensation
09	030 ☐☐☐	perceive
	031 ☐☐☐	distinction
	032 ☐☐☐	variation
10	033 ☐☐☐	bond
	034 ☐☐☐	party
	035 ☐☐☐	reconciliation
	036 ☐☐☐	initiate
11	037 ☐☐☐	refund
	038 ☐☐☐	exchange
12	039 ☐☐☐	broke
	040 ☐☐☐	application
13	041 ☐☐☐	compose
	042 ☐☐☐	ban
	043 ☐☐☐	motive
	044 ☐☐☐	fictional
14	045 ☐☐☐	incremental
	046 ☐☐☐	sustainability

15	047 □□□	jury
16	048 □□□	disadvantage
16	049 □□□	lay out
	050 □□□	give in to
	051 □□□	miss out
	052 □□□	object to
17	053 □□□	humility
	054 □□□	empathy
	055 □□□	awareness
	056 □□□	cooperation
18	057 □□□	prevalent
	058 □□□	imperfect
19	059 □□□	theft
	060 □□□	detect
20	061 □□□	transition
	062 □□□	split
	063 □□□	noticeable

ANSWER

01	001 심각한	11	037 환불
	002 완전한		038 교환; 교환하다
	003 심각한	12	039 빈털터리인
	004 시기적절한		040 신청
	005 잠재적인	13	041 작곡하다
02	006 중독		042 금지하다
	007 굴욕		043 동기
	008 박탈		044 꾸며낸, 허구의
	009 재생산	14	045 점진적인
03	010 풍요로움		046 지속 가능성
	011 소박함	15	047 심사위원단
	012 명상		048 불리한 점
	013 교제	16	049 배치하다, 제시하다
04	014 숨기다		050 굴복하다
	015 줄이다		051 빠뜨리다
	016 지적하다		052 반대하다
	017 따르다	17	053 겸손
05	018 인내		054 공감
	019 균형		055 경각심
	020 인내		056 협동
	021 자신감	18	057 만연한, 일반적인
	022 양심		058 불완전한
06	023 후한, 관대한	19	059 절도
	024 재주		060 감지하다, 알아차리다
07	025 사망하다	20	061 전환하다
	026 경시하다		062 분열
	027 절정에 달하다		063 두드러지는
08	028 공정한		
	029 보상		
09	030 감지[지각]하다		
	031 차이, 특이성		
	032 변이, 변형		
10	033 유대감		
	034 이해 당사자		
	035 화해		
	036 시작하다		

01	001 ☐☐☐	alert
	002 ☐☐☐	brave
	003 ☐☐☐	united
	004 ☐☐☐	trained
	005 ☐☐☐	watchful
02	006 ☐☐☐	eradicate
	007 ☐☐☐	uproot
	008 ☐☐☐	prohibit
	009 ☐☐☐	transmit
	010 ☐☐☐	interpret
03	011 ☐☐☐	dig into
	012 ☐☐☐	probe
	013 ☐☐☐	outline
	014 ☐☐☐	restore
	015 ☐☐☐	introduce
04	016 ☐☐☐	come up against
	017 ☐☐☐	inspire
	018 ☐☐☐	disrupt
	019 ☐☐☐	confront
	020 ☐☐☐	surpass
05	021 ☐☐☐	stable
	022 ☐☐☐	implicit
	023 ☐☐☐	significant

	024 ☐☐☐	inadequate
06	025 ☐☐☐	sophisticated
	026 ☐☐☐	track
07	027 ☐☐☐	immediately
	028 ☐☐☐	rehearsal
08	029 ☐☐☐	robbery
	030 ☐☐☐	address
09	031 ☐☐☐	fee
	032 ☐☐☐	roughly
	033 ☐☐☐	vary
10	034 ☐☐☐	fall for
	035 ☐☐☐	excuse
11	036 ☐☐☐	souvenir
	037 ☐☐☐	wrap up
12	038 ☐☐☐	vast
	039 ☐☐☐	vulnerable
	040 ☐☐☐	inaccuracy
13	041 ☐☐☐	domestic
	042 ☐☐☐	customary
	043 ☐☐☐	well-off
	044 ☐☐☐	thrift
14	045 ☐☐☐	critical
	046 ☐☐☐	grief

047 ☐☐☐	implement
15 048 ☐☐☐	cope with
049 ☐☐☐	unattended
16 050 ☐☐☐	anthropologist
051 ☐☐☐	presumably
17 052 ☐☐☐	core
053 ☐☐☐	inhibitory
18 054 ☐☐☐	designate
19 055 ☐☐☐	capital
056 ☐☐☐	policy
057 ☐☐☐	collaboration
058 ☐☐☐	independence
20 059 ☐☐☐	absurdity
060 ☐☐☐	stereotype

ANSWER

01	001 경계하는		037 포장하다
	002 용감한	**12**	038 거대한
	003 단결한		039 취약한
	004 훈련된		040 오류, 부정확성
	005 경계하는	**13**	041 가정의
02	006 근절하다		042 관습적인
	007 근절하다		043 부유한, 유복한
	008 금지하다		044 절약
	009 전하다	**14**	045 중요한
	010 이해하다		046 (상실로 인한) 슬픔, 애도
03	011 파헤치다		047 시행하다
	012 캐내다, 철저히 조사하다	**15**	048 ~에 대처하다, ~을 극복하다
	013 윤곽을 그리다		049 방치된, 돌보는 사람이 없는
	014 복원하다	**16**	050 인류학자
	015 소개하다		051 추정컨대
04	016 부딪치다	**17**	052 핵심적인
	017 영감을 주다		053 억제하는
	018 방해하다	**18**	054 지정하다
	019 부딪치다	**19**	055 자본
	020 뛰어넘다		056 정책
05	021 안정적인		057 협력
	022 암시적인		058 독립
	023 상당한	**20**	059 부조리, 불합리
	024 불충분한		060 고정 관념
06	025 정교한		
	026 추적하다		
07	027 즉시, 바로		
	028 리허설, 예행연습		
08	029 강도 (사건)		
	030 다루다, 해결하다		
09	031 요금		
	032 대략		
	033 달라지다		
10	034 ~에 속다		
	035 용서, 핑계		
11	036 기념품		

01　001 ☐☐☐ avert

002 ☐☐☐ avoid

003 ☐☐☐ survive

004 ☐☐☐ reduce

005 ☐☐☐ regulate

02　006 ☐☐☐ plentiful

007 ☐☐☐ rich

008 ☐☐☐ average

009 ☐☐☐ fatal

010 ☐☐☐ continuous

03　011 ☐☐☐ on the table

012 ☐☐☐ blamed

013 ☐☐☐ decided

014 ☐☐☐ blocked

015 ☐☐☐ discussed

04　016 ☐☐☐ get ahead

017 ☐☐☐ warm up

018 ☐☐☐ crop up

019 ☐☐☐ ask around

05　020 ☐☐☐ sympathy

021 ☐☐☐ represent

06　022 ☐☐☐ conquer

023 ☐☐☐ abandon

07　024 ☐☐☐ shareholder

025 ☐☐☐ systematic

08　026 ☐☐☐ attached

09　027 ☐☐☐ getaway

028 ☐☐☐ bottom line

10　029 ☐☐☐ postpone

030 ☐☐☐ appreciate

11　031 ☐☐☐ flip

032 ☐☐☐ resolve

033 ☐☐☐ dilemma

12　034 ☐☐☐ grasp

035 ☐☐☐ swift

036 ☐☐☐ applicable

037 ☐☐☐ instill

13　038 ☐☐☐ comforting

039 ☐☐☐ neglect

14　040 ☐☐☐ optimize

041 ☐☐☐ carry out

15　042 ☐☐☐ exhibitor

043 ☐☐☐ theme

16　044 ☐☐☐ anonymity

045 ☐☐☐ confidential

046 ☐☐☐ disclose

17	047 □□□ be bombarded with
	048 □□□ abundance
	049 □□□ paralysis
	050 □□□ consumption
18	051 □□□ specialty
	052 □□□ vague
	053 □□□ weigh
19	054 □□□ navigate
	055 □□□ encounter
	056 □□□ accommodate
20	057 □□□ repetition
	058 □□□ relevance
	059 □□□ investment
	060 □□□ transparency

ANSWER

01	001 피하다	13	037 주입하다
	002 피하다		038 위안이 되는
	003 견뎌 내다		039 등한시하다
	004 줄이다	14	040 최적화하다
	005 통제하다		041 수행하다
02	006 풍부한	15	042 (전시회) 출품자, 출품 회사
	007 풍부한		043 주제
	008 평균적인	16	044 익명
	009 치명적인		045 기밀의
	010 지속적인		046 드러내다
03	011 논의되어	17	047 ~의 폭격[공세]을 받다
	012 비난받는		048 풍부, 다수
	013 결정된		049 마비
	014 막힌		050 소비
	015 논의된	18	051 전문, 전공
04	016 출세하다		052 모호한
	017 준비 운동하다		053 따져 보다
	018 불쑥 나타나다	19	054 처리하다
	019 이리저리 알아보다		055 접하다, 마주하다
05	020 동정		056 수용하다, 부응하다
	021 대변[변호]하다	20	057 반복
06	022 정복[극복]하다		058 적절성
	023 버리다		059 투자
07	024 주주		060 투명성
	025 체계적인		
08	026 첨부된		
09	027 휴가		
	028 결론, 요점		
10	029 연기하다		
	030 높게 평가하다		
11	031 던지기		
	032 해결하다		
	033 진퇴양난, 딜레마		
12	034 이해하다		
	035 재빠른		
	036 적용할 수 있는		

01 History shows that superpowers can survive only if they find ways to command the compliance of the foreign populations they dominate, and for this, military force alone has never been sufficient. 1회 13번

02 If this theory were true, in order for these individuals to discontinue violence, it would be enough to provide them with other means of constructing a better image of themselves. 1회 19번

03 This abundance provides the potential for industries and governments to profit from industrial extraction, as well as a scramble among locals at the small-scale level to exploit these resources for cash. 2회 11번

04 It turns out, however, that this type of emotional venting likely doesn't soothe anger as much as build it up. 2회 14번

05 Indeed, the very differences that give teams the potential for high performance can make it difficult for group members to work together because they may be the source of misunderstandings, differing assumptions, stereotypes, biases, and related disruptions. 2회 18번

06 Despite the fact that the iPad games proved to be a tempting distraction, it was observed that the children who adopted the identities of characters they looked up to demonstrated the greatest perseverance, managing to resist distractions for extended periods.

2회 20번

07 Pluto was downgraded because, while it is large enough to have become round, it is not big enough to clear the neighborhood surrounding its orbit.

3회 14번

08 If we ask those in happy relationships how they'd feel if they were dumped tomorrow, they reply that it would devastate them and that they'd never love again.

4회 13번

09 While bad feedback may not be the end of everything and can sometimes even be turned around to one's advantage, the impact of poor feedback that is visible to all is undeniable.

4회 16번

10 These birds, highly sensitive to toxic gases like methane, would exhibit signs of distress long before atmospheric conditions became hazardous to human health, serving as a vital early warning system for miners.

5회 13번

11   Studies show that face-to-face requests are 34 times more effective than those made via email and that a physical handshake promotes cooperation and influences negotiation outcomes positively. 5회 17번

12   The fungi extract sugars from the tree roots that they can't produce on their own, and in return the fungi carry water and nutrients drawn from deep in the soil from tree to tree. 5회 20번

13   Through this act of acknowledging each other's emotions and making a mutual sacrifice, the two neighbors were able to restore their relationship and move forward with a renewed sense of respect and understanding. 6회 10번

14   Moving from incremental sustainability initiatives to ones that create substantial reductions in environmental impacts requires changing the products themselves, and it sometimes involves far-reaching changes. 6회 14번

15   The neural networks in their brains contrast significantly with those of adults who transitioned to the digital age but developed their brain structure in an era dominated by direct social interaction and limited technology. 6회 20번

16 The belief that workplace support is critical gains even more importance in the face of tragedy, yet it's often not as prevalent as needed.

7회 14번

17 With approximately 90 percent of the United States population possessing some degree of proficiency in English, the majority of official business and communication within the country is conducted in English.

7회 18번

18 Consider the tale of the hare and the tortoise, a story deeply ingrained in our minds, emphasizing the value of steady progress over swift but erratic movement.

8회 12번

19 Truly kind, thoughtful, and confident people do not treat others in dramatically different ways depending on their mood or their perception of what someone can do for them.

8회 13번

20 Our brain automatically picks up on these cues, making us more efficient than if we had to rely on memory for every door we encounter.

8회 19번

01

History shows that superpowers can survive only if they find ways to command the compliance (of the
S   V   O   S'1   V'1   S'' V''   O''
foreign populations [(that) they dominate]), and (for this), military force (alone) has (never) been sufficient.
                    O관·대 S''' V'''   S'2   V'2   SC'2

구문 해설

명사절을 이끄는 접속사 that이 shows의 목적어 역할을 하고 있으며, that절 내에서는 2개의 절이 등위접속사 and로 병렬되고 있다. to command는 ways를 수식하는 to 부정사의 형용사적 용법으로 쓰였다. the foreign populations를 선행사로 받는 목적격 관계대명사 that[which]이 populations와 they 사이에 생략되어 있다.

문장 해석

역사는 초강대국이 그것이 지배하는 외국 인구의 순종을 끌어내는 방법을 찾아야만 존속할 수 있으며, 이를 위해서는 군사력만으로는 결코 충분하지 않았음을 보여 준다.

02

If this theory were true, in order (for these individuals) to discontinue violence, it would be enough to provide
S'1   V'1 SC'1   의미상S   가S V   SC   진S
them with other means (of constructing a better image of themselves).
IO'2 DO'2

구문 해설

'in order to RV'는 '~하기 위해서'라는 의미의 관용 표현이고, for these individuals는 in order to discontinue의 의미상 주어이다. 주절에서 가주어(it)-진주어(to provide) 구문이 쓰이고 있다. 'provide A with B'는 'A에게 B를 제공하다'라는 의미의 구문이다.

문장 해석

만약 이 이론이 사실이라면, 이 개인들이 폭력을 중단하기 위해서는, 그들에게 자신에 대한 더 나은 이미지를 구축하는 다른 수단들을 제공하면 충분할 것이다.

03

This abundance provides the potential (for industries and governments) to profit (from industrial extraction),
S   V   O1   의미상S

as well as a scramble (among locals) (at the small-scale level) to exploit these resources (for cash).
    O2

구문 해설

'A뿐만 아니라 B도'라는 의미의 상관접속사 'B as well as A'로 2개의 명사 the potential과 a scramble이 병렬되어, 문장의 목적어 역할을 하고 있다. to profit과 to exploit 은 각각 the potential과 a scramble을 수식하는 to 부정사의 형용사적 용법으로 쓰였으며, for industries and governments는 to profit의 의미상 주어이다.

문장 해석

이 풍부함은 산업체 및 정부가 산업적 채취로 이익을 얻을 잠재력뿐만 아니라, 소규모 수준에서 이 자원들을 현금으로 이용하기 위한 지역 주민들 사이의 쟁탈전도 생기게 한다.

04

It turns out, (however), that this type of emotional venting (likely) doesn't soothe anger as much as build
가S V   진S   S'   V'1   O'1   V'2

it up.
O'2 V'2

구문 해설

가주어(It)-진주어(that절) 구문이 쓰인 문장이다. that절 내에서 2개의 동사구가 원급 비교 구문 'as ~ as'로 비교되고 있다.

문장 해석

하지만 이런 종류의 감정 분출은 아마 분노를 진정시키기보다는 그것을 강화할 것이다.

05

Indeed, <u>the very differences</u> [that <u>give</u> <u>teams</u> <u>the potential</u> (for high performance)] <u>can make</u> <u>it</u> <u>difficult</u>
    S   S관·대 V'1 IO'1   DO'1   V   가O OC

(for group members) <u>to work</u> (together) because <u>they</u> <u>may be</u> <u>the source</u> (of misunderstandings, differing
의미상S   진O   S'2 V'2 SC'2   A

assumptions, stereotypes, biases, and related disruptions).
B   C   D   E

구문 해설

that은 주어인 the very differences를 선행사로 받는 주격 관계대명사이다. 5형식 동사로 쓰인 make가 가목적어(it)-진목적어(to work) 구문을 이용하여 형용사 difficult를 목적격 보어로 취하고 있으며, for group members는 to work의 의미상 주어이다. the source를 수식하는 전치사 of의 목적어로 명사(구) 5개가 'A, B, C, D, and E' 형태로 병렬되어 있다.

문장 해석

실제로, 팀에게 높은 성과의 가능성을 주는 바로 그 차이가 구성원들이 함께 일하는 것을 어렵게 만들 수 있는데, 그것이 오해, 상이한 가정, 고정 관념, 편견, 그리고 관련된 지장의 원천이 될 수도 있기 때문이다.

06

(Despite the fact [that <u>the iPad games</u> <u>proved</u> <u>to be a tempting distraction</u>]), <u>it</u> <u>was observed</u> <u>that</u> <u>the children</u>
                                  S'1   V'1   SC'1   가V   진S S'2

[who <u>adopted</u> <u>the identities of characters</u> [(that) <u>they</u> <u>looked up to</u>]] <u>demonstrated</u> <u>the greatest perseverance</u>,
S관·대 V''   O''   O관·대 S''' V'''   V'2   O'2

<u>managing</u> to resist distractions (for extended periods).
분사구문

구문 해설

첫 번째 that은 the fact와 동격을 이루는 접속사이다. that절 내에서 2형식 동사로 쓰인 prove가 to 부정사 to be를 보어로 취하고 있다. 주절에는 가주어(it)-진주어(that절) 구문이 쓰이고 있다. who는 the children을 선행사로 받는 주격 관계대명사이고, characters를 선행사로 받는 목적격 관계대명사 that[which]이 characters와 they 사이에 생략되어 있다. managing 이하는 분사구문이다.

문장 해석

아이패드 게임이 유혹적인 방해 요인임이 분명했다는 사실에도, 관찰된 바에 따르면 자신이 존경하는 캐릭터의 정체성을 채택했던 아이들이 가장 큰 인내를 보이며, 오랜 시간에 걸쳐 방해 요인을 잘 참아 냈다.

Pluto was downgraded because, while it is large (enough to have become round), it is not big (enough to
S   V   S" V" SC"   S' V' SC'
clear the neighborhood [surrounding its orbit]).

구문 해설
접속사 because와 while이 이끄는 종속절들이 이중으로 중첩된 구조의 문장이다. while은 대조를 나타내는 접속사로 쓰였다. to have와 to clear는 각각 형용사 large와 big
의 정도를 나타내는 to 부정사의 부사적 용법으로 쓰였다. 2형식 동사로 쓰인 become이 형용사 round를 보어로 취하고 있다. surrounding its orbit은 the neighborhood
를 수식하는 현재분사구이다.

문장 해석
명왕성은 모양이 둥글게 될 만큼 크기가 크지만, 자기 궤도 주변의 이웃한 것을 내보낼 만큼 크지는 않기에 강등되었다.

If we ask those (in happy relationships) how they'd feel if they were dumped (tomorrow), they reply that it
  S'1 V'1 IO'1   DO'1 S" V"   S"' V"'   S   V   O   S'2
would devastate them and that they'd (never) love (again).
V'2   O'2   O   S'2   V'2

구문 해설
조건을 나타내는 접속사 if가 이끄는 종속절 내에 가정을 나타내는 접속사 if가 이끄는 종속절이 중첩된 구조의 문장이다. 의문부사 how가 명사절을 이끌어 ask의 직접목적어 역
할을 하고 있다. 주절에서 접속사 that이 이끄는 명사절 2개가 등위접속사 and로 병렬되어 reply의 목적어 역할을 하고 있다.

문장 해석
우리가 행복한 연애 중인 사람들에게 내일 차이면 기분이 어떨 것 같은지 물으면, 그들은 그것이 그들을 비탄에 빠뜨릴 것이고, 그들이 다시는 사랑하지 않을 것이라고 답한다.

09

While <u>bad feedback</u> <u>may not be</u> <u>the end of everything</u> and <u>can</u> (sometimes) (even) <u>be turned around</u> (to
　　S'1　　　　　V'1　　　　SC'1　　　　　　　　　　　V'1

one's advantage), <u>the impact of poor feedback</u> [<u>that</u> <u>is</u> <u>visible</u> (to all)] <u>is</u> <u>undeniable</u>.
　　　　　　　　　　S　　　　　　　　　　S관·대　V'2　SC'2　　　　V　　SC

구문 해설

while은 양보를 나타내는 접속사로 쓰였다. while이 이끄는 절 내에서 동사구 2개가 등위접속사 and로 병렬되고 있다. that은 poor feedback을 선행사로 받는 주격 관계대명사이다.

문장 해석

부정적인 피드백이 모든 것의 끝은 아닐 것이며 때로는 자신에게 유리한 방향으로 전환될 수조차 있지만, 모두에게 보이는 부정적인 피드백의 영향은 부인할 수 없다.

10

<u>These birds</u>, [(which are) (highly) sensitive (to toxic gases (like methane))], <u>would exhibit</u> <u>signs of distress</u>
　S　　　　　　　S관·대　　　　　　　　　　　　　　　　　　　　　　　　V　　　　O

long before <u>atmospheric conditions</u> <u>became</u> <u>hazardous</u> (to human health), serving (as a vital early warning
　　　　　　S'　　　　　　　　V'　　SC'　　　　　　　　　　　분사구문

system (for miners)).

구문 해설

birds와 highly 사이에는 These birds를 선행사로 받는 '주격 관계대명사 + be동사'가 생략되어 있다. 2형식 동사로 쓰인 become이 형용사 hazardous를 보어로 취하고 있다. serving 이하는 분사구문이다.

문장 해석

이 새들은 메탄과 같은 유독 가스에 매우 민감해서, 대기 상태가 인간 건강에 위험해지기 훨씬 전부터 고통의 징후를 보이며, 광부들에게 중요한 조기 경고 체계 역할을 해주었다.

11

Studies show that face-to-face requests are 34 times more effective than those [made (via email)] and
S   V   O1   S'1   V'1   SC'1

that a physical handshake promotes cooperation and influences negotiation outcomes (positively).
O2   S'2   V'2   O'2   V'2   O'2

구문 해설

접속사 that이 이끄는 명사절 2개가 등위접속사 and로 병렬되어 show의 목적어 역할을 하고 있다. 첫 번째 that절 내에서 배수사 비교급 구문 '배수사 + more ~ than'이 쓰이고 있으며, 뒤의 비교 대상 those는 앞서 나온 명사 requests를 가리키는 대명사이다. made via email은 those를 수식하는 과거분사구이다. 두 번째 that절 내에서 2개의 동사구가 등위접속사 and로 병렬되고 있다.

문장 해석

연구에 따르면, 대면 요청은 이메일을 통한 요청보다 34배 더 효과적이며, 실제 악수는 협력을 촉진하고 협상 결과에 긍정적으로 영향을 미친다고 한다.

12

The fungi extract sugars (from the tree roots) [that they can't produce (on their own)], and (in return) the
S1   V1   O1   O관·대   S'   V'   S2

fungi carry water and nutrients [drawn (from deep in the soil)] (from tree to tree).
V2   O2

구문 해설

2개의 문장이 등위접속사 and로 병렬된 구조이다. that은 sugars를 선행사로 받는 목적격 관계대명사이다. drawn from deep in the soil은 명사구 water and nutrients를 수식하는 과거분사구이다. 'A에서 B로'라는 의미의 'from A to B' 전치사구가 동사 carry를 수식하고 있다.

문장 해석

균류는 나무의 뿌리에서 자기들 스스로 만들어 내지 못하는 당분을 끌어내고, 그 대가로 토양 깊은 곳에서 끌어올린 물과 양분을 나무에서 나무로 전달한다.

13

(Through this act (of acknowledging each other's emotions and making a mutual sacrifice)), the two
<u>S</u>

neighbors <u>were able to restore</u> <u>their relationship</u> and <u>(were able to)</u> <u>move</u> (forward) (with a renewed sense
<u>V1</u>   <u>O1</u>   <u>V2</u>

(of respect and understanding)).

구문 해설

through가 이끄는 전치사구 내에서 of가 이끄는 긴 전치사구가 this act를 수식하고 있으며, 동명사구 acknowledging ~ emotions와 making ~ sacrifice가 등위접속사 and로 병렬되어 전치사 of의 목적어 역할을 하고 있다. were able to restore와 (were able to) move가 등위접속사 and로 병렬되어 문장의 동사 역할을 하고 있다. with가 이끄는 전치사구 내에 of가 이끄는 전치사구가 중첩되어 있다.

문장 해석

서로의 감정을 인정하고 서로 희생하는 이 행위를 통해, 두 이웃은 그들의 관계를 회복하고 새로워진 존중과 이해의 마음으로 앞으로 나아갈 수 있었다.

14

<u>Moving</u> (from incremental sustainability initiatives to ones [that <u>create</u> <u>substantial reductions</u> (in environmental
<u>S1</u>   S관·대   V'   O'

impacts)]]) <u>requires</u> <u>changing</u> the products (themselves), and <u>it</u> (sometimes) <u>involves</u> <u>far-reaching changes</u>.
<u>V1</u>   <u>O1</u>   <u>S2</u>   <u>V2</u>   <u>O2</u>

구문 해설

2개의 문장이 등위접속사 and로 병렬된 구조이다. 'A에서 B로'라는 의미의 'from A to B' 전치사구가 주어인 동명사 Moving을 수식하고 있다. that은 ones를 선행사로 받는 주격 관계대명사이며, ones는 앞서 나온 명사 initiatives를 가리키는 대명사이다. 동명사구 changing ~ themselves가 동사 requires의 목적어 역할을 하고 있고, 두 번째 문장의 주어인 it이 가리키는 것은 첫 번째 문장의 주어이다.

문장 해석

점진적인 지속 가능성 계획에서 환경에 미치는 영향을 실질적으로 줄이는 계획으로 이동하는 것은 제품 자체를 바꾸는 것을 요구하며, 그것은 때때로 광범위한 변화를 수반한다.

15

The neural networks (in their brains) contrast (significantly) (with those of adults [who transitioned (to
the digital age) but developed their brain structure (in an era [dominated by direct social interaction and
limited technology]]]).

구문 해설

those는 문장의 주어인 The neural networks를 가리키는 대명사로, '~와 대조를 이루다'라는 의미의 contrast with를 통해 두 대상의 뇌 신경망이 비교되고 있다. who는
adults를 선행사로 받는 주격 관계대명사이며, who 이하는 전부 who가 이끄는 절이다. who절 내에서 동사 transitioned와 developed가 등위접속사 but으로 병렬되었다.
dominated 이하는 an era를 수식하는 과거분사구이며, 분사구 내에서 명사구 2개가 등위접속사 and로 병렬되어 전치사 by의 목적어 역할을 하고 있다.

문장 해석

이들의 뇌에 있는 신경망은, 디지털 시대로 넘어왔으나 직접적인 사회적 상호 작용과 제한된 기술에 지배받던 시대에 뇌 구조를 발달시킨 어른들의 신경망과는 확연히 대조된다.

16

The belief [that workplace support is critical] gains (even) more importance (in the face of tragedy), yet
it's (often) not as prevalent as (it's) needed.

구문 해설

2개의 문장이 등위접속사 yet으로 병렬된 구조이다. that은 The belief와 동격을 이루는 접속사이다. 두 번째 문장에서 원급 열등 비교 구문 'not as ~ as'가 쓰이고 있으며, 두
번째 as와 needed 사이에는 it's가 중복을 피해 생략되어 있다.

문장 해석

직장에서의 지지가 중요하다는 믿음은 비극적 상황에 처했을 때 훨씬 더 중요성이 커지지만, 이것이 필요한 만큼 널리 퍼져 있지 않은 경우가 많다.

17

With (approximately) 90 percent of the United States population possessing some degree of proficiency (in
　　　　　　　　　　　　　　　　　　　　　　　　　　　　　　　　　　　　　　분사구문
English), the majority (of official business and communication (within the country)) is conducted (in English).
　　　　　　　S　　　　　　　　　　　　　　　　　　　　　　　　　　　　　　　　　　　　V

구문 해설
부대 상황을 나타내는 'with + 목적어 + 분사' 형태의 분사구문이 사용되고 있으며, 목적어 90 percent of the United States population과 관계가 능동이기에 현재분사 possessing이 쓰였다. 문장의 주어는 of와 within이 이끄는 전치사구들이 이중으로 중첩된 구조를 취하고 있다.

문장 해석
미국 인구의 약 90%가 어느 정도의 영어 능숙도를 지니고 있어서, 그 나라의 공식적인 비즈니스와 커뮤니케이션의 대부분은 영어로 이루어진다.

18

Consider the tale of the hare and the tortoise, a story [(deeply) ingrained in our minds], emphasizing the
　V　　　O　　　　　　　　　　　　　　　　　　　　　동격　　　　　　　　　　　　　　　　　　분사구문
value of steady progress (over swift but erratic movement).

구문 해설
명령문이 쓰이고 있으며, the tale of the hare and the tortoise와 동격인 a story를 분사구와 분사구문이 수식하고 있는 구조이다. deeply ingrained in our minds는 a story를 수식하는 과거분사구이고, emphasizing 이하는 분사구문이다. 비교를 나타내는 전치사로 쓰인 over를 통해 steady progress와 swift but erratic movement가 비교되고 있으며, 형용사 swift와 erratic이 등위접속사 but으로 병렬되어 명사 movement를 수식하고 있다.

문장 해석
토끼와 거북이 이야기를 생각해 보라, 이 이야기는 빠르지만 변덕스러운 움직임보다 꾸준한 진전의 가치를 강조하며, 우리 마음에 깊이 새겨져 있다.

19

(Truly) kind, thoughtful, and confident people do not treat others (in dramatically different ways) (depending
S   A   B   C   V   O

on their mood or their perception (of what someone can do (for them))).

구문 해설

문장의 주어는 3개의 형용사가 'A, B, and C'의 형태로 병렬되어 people을 수식하는 형태를 취하고 있다. depending on은 '~에 따라'라는 의미의 분사형 전치사구로, 등위접속사 or로 병렬된 명사구 2개를 목적어로 취하고 있으며, of가 이끄는 전치사구가 their perception을 수식하고 있다. what은 명사절을 이끄는 의문대명사로, of의 목적어 역할과 do의 목적어 역할을 동시에 하고 있다.

문장 해석

진정으로 친절하고, 사려 깊고, 자신감 있는 사람들은 자신의 기분이나 누군가가 그들을 위해 무엇을 해줄 수 있는지에 대한 인식에 따라 다른 사람들을 크게 다른 방식으로 대하지 않는다.

20

Our brain (automatically) picks up on these cues, making us more efficient than if we had to rely on memory
S   V   O   분사구문   O'   OC'   S''   V''   O''

(for every door [(that) we encounter]).
O관·대   S'''   V'''

구문 해설

making 이하는 분사구문이며, 5형식 동사로 쓰인 make가 비교급 형용사 more efficient를 목적격 보어로 취하고 있다. if는 가정을 나타내는 접속사로 쓰였다. every door를 선행사로 받는 목적격 관계대명사 that[which]이 door와 we 사이에 생략되어 있다.

문장 해석

우리 뇌는 이러한 단서를 자동으로 감지해, 우리가 마주치는 문마다 기억에 의존해야 하는 경우보다 우리를 훨씬 더 효율적으로 만든다.

01   The *Hunchback of Notre Dame* considers <u>what</u> it means to be a monster.   O / ✕

02   The novel makes Quasimodo's defining characteristic <u>ugliness</u>.   O / ✕

03   His identity is constructed around <u>perceiving</u> as a monster.   O / ✕

04   Yet it is Quasimodo who ultimately saves Esmeralda and kills Frollo, thereby <u>ending</u> his   O / ✕
tyranny.

05   They managed to succeed <u>despite few knowledge</u>.   O / ✕

06   The panda won't forget <u>being cared for</u> by the old man.   O / ✕

07   The mountain was <u>too a steep climb</u> for inexperienced hikers.   O / ✕

08   Citizens <u>informed of the news</u> immediately began their protest.   O / ✕

09   우리는 지난 10년간 해외에서 생활해 왔다.   O / X

→ We are living abroad for the last ten years.

10   일반적으로 말하면 명품은 질이 더 좋다.   O / X

→ Generally speaking, luxury goods are of higher quality.

11   그는 대규모로 후원되는 캠페인에 참여하고 있다.   O / X

→ He is involving in a campaign sponsored on a large scale.

12   내가 시리즈로 출간한 책마다 인기가 많았다.   O / X

→ Each of the books I published in the series were popular.

ANSWER

01 O	**05** X, few → little	**09** X, are → have been
02 O	**06** O	**10** O
03 X, perceiving → being perceived	**07** X, a steep → steep a	**11** X, involving → involved
04 O	**08** O	**12** X, were → was

01 He looked the criminal in his face and was shocked. ○ / ✕

02 I wouldn't let my fear of failure prevent me to take risks. ○ / ✕

03 Misunderstood as pests, bats are vital to the environment. ○ / ✕

04 She had to explain to her parents why did she fail the exam. ○ / ✕

05 Were it not for the help of strangers, I would be lost. ○ / ✕

06 Fossils are found burying in layers of sedimentary rock. ○ / ✕

07 The cafe was busy to serve coffee to the morning crowd. ○ / ✕

08 The steamed dumpling had a warm, moisture, and soft texture. ○ / ✕

09 Nina는 일을 잘해서 승진할 자격이 있었다. ○ / ✕
　　→ Nina worked well and deserved to promote.

10 비가 그치고 나서야 야외 행사가 시작되었다. ○ / ✕
　　→ Not until the rain had stopped did the outdoor event start.

11 그 브랜드는 젊은 층을 대상으로 한 상품으로 특징지어진다.　　　　　○ / ✕

→ The brand characterizes items targeted at the young.

12 나는 클래식 거장들의 음악을 좋아하는데, 그중 일부는 레코드판으로만 들을 수 있다.　○ / ✕

→ I love the music of classical masters, some of which are only available on vinyl.

13 그의 주장은 나를 거의 설득할 뻔했다.　　　　　○ / ✕

→ His argument came near to convince me.

14 그녀는 너무 피곤해서 곧바로 잠들었다.　　　　　○ / ✕

→ She was too tired to go to sleep right away.

15 소득 불평등과 관련된 문제들이 발생하고 있다.　　　　　○ / ✕

→ Problems have arisen regarding income inequality.

16 그들은 신선한 재료를 공급받아 잔치를 준비했다.　　　　　○ / ✕

→ Supplying with fresh ingredients, they prepared a feast.

✓
ANSWER

01 X, his → the	**07** X, to serve → serving	**13** X, convince → convincing
02 X, to take → from taking	**08** X, moisture → moist	**14** X, too tired to go → so tired that she went
03 O	**09** X, promote → be promoted	**15** O
04 X, did she fail → she failed	**10** O	**16** X, Supplying → Supplied
05 O	**11** X, characterizes → is characterized by	
06 X, burying → buried	**12** X, are → is	

01 그녀는 그를 다시 믿을 정도로 어리석지 않다. O / X

→ She knows better than to believing him again.

02 회의에 늦게 도착해서 죄송합니다. O / X

→ I apologize for arriving lately to the meeting.

03 중요한 것은 바로 양이 아니라 질이다. O / X

→ It's not the quantity but the quality that matters.

04 그는 버스를 타기 위해 서두르다 자기 발에 걸려 넘어졌다. O / X

→ He fell over his own feet, rushed to catch the bus.

05 이 차는 다른 어떤 모델보다도 연료 효율이 좋다. O / X

→ This car is more fuel-efficient than any other models.

06 나는 소설을 다 쓰면 출판사에 제출할 예정이다. O / X

→ I will submit my novel to publishers once I will finish writing it.

07 손으로 쓴 메모가 케이스 안에 든 바이올린과 함께 있었다. O / X

→ A handwritten note accompanied the violin placing in the case.

08 Ian은 불로 소득을 얻기 위해 부동산에 투자했다. O / X

→ Ian invested in real estate with a view to making passive income.

09   The extreme sports have been greatly thrilled them.   O / X

10   We supposed to contact two major clients tomorrow.   O / X

11   He was seen to enter the building shortly after the guard left.   O / X

12   I solved the problem in the way how my mentor had taught me.   O / X

13   A cashless society is one in which cash in the form of both physical banknotes and coins   O / X
<u>aren't accepted</u> in any financial transaction.

14   Instead, people and businesses transfer money to <u>one another</u> digitally.   O / X

ANSWER

01 X, believing → believe	**06** X, will finish → finish	**11** O
02 X, lately → late	**07** X, placing → placed	**12** X, how → in which 또는 that
03 O	**08** O	**13** X, aren't → isn't
04 X, rushed → rushing	**09** X, have been → have	**14** O
05 X, models → model 또는 any → all the	**10** X, supposed → are supposed	

01   <u>Because of</u> the Bible calls 666 the number of the Beast, Christians feared the end of the   O / X
world in 1666.

02   The Great London Fire, <u>that</u> lasted from September 2 to 5 that year, destroyed much of the city.   O / X

03   Many saw it as a realization of the prophecy, but <u>given</u> extensive property damage, the death   O / X
toll was remarkably low.

04   <u>Many a person dream</u> of traveling the world.   O / X

05   The more oxygen iron has bound to it, <u>the redder it is</u>.   O / X

06   His work excessively piled up <u>as staying on vacation longer</u>.   O / X

07   My advice is that you <u>may as well watch</u> the movie at the cinema.   O / X

08 그들은 비위 맞추기 어려운 사람들이 아니다. O / X

→ They aren't those whom are hard to please.

09 그녀는 휴대폰을 항상 충전해 둔다. O / X

→ She keeps her phone charging at all times.

10 이 책들을 다음 주 수요일까지 반납하셔야 합니다. O / X

→ You should return these books until next Wednesday.

11 그는 9년 동안 졸업장을 받기를 고대해 왔다. O / X

→ He has looked forward to receive his diploma for 9 years.

ANSWER

01 Because of → Because	**05** O	**09** X, charging → charged
02 X, that → which	**06** X, staying → he stayed	**10** X, until → by
03 O	**07** O	**11** X, receive → receiving
04 X, dream → dreams	**08** X, whom → who	

01   She is one of the candidate considered for the job.   O / X

02   They can either launch a new item or improve existing ones.   O / X

03   Scarcely I had closed my eyes before the alarm clock went off.   O / X

04   He prefers to cook from scratch than using pre-packaged foods.   O / X

05   Relaxed is the scent of pine trees in the air.   O / X

06   I don't know which restaurant they went to last night.   O / X

07   You should be spoken about the importance of punctuality.   O / X

08   Environmental economics focused on resources are on the rise.   O / X

09   우리는 미래가 어떤 모습일지 궁금할 수밖에 없다.   O / X
     → We cannot help wondering that the future looks like.

10   시민들은 자신의 투표권을 당연하게 생각해서는 안 된다.   O / X
     → Citizens ought not take their voting rights for granted.

11 이 제품의 내구성은 동급 제품들보다 덜 튼튼하다.   O / X

→ This product's durability is less robust than that of its peers.

12 실리콘 밸리에 설립된 연구소에 가보신 적이 있나요?   O / X

→ Have you ever been to an institute founding in Silicon Valley?

13 나는 잠든 아기를 살며시 내려놓았다.   O / X

→ I gently put down the asleep baby.

14 Adam은 사촌의 영어 말하기 연습을 도왔다.   O / X

→ Adam helped his cousin practicing speaking English.

15 그 음악을 틀면 그것은 듣는 사람을 모두 사로잡을 것이다.   O / X

→ When turn on, the music will hook all the listeners.

16 자전거를 탈 때는 헬멧을 쓰는 것을 원칙으로 해라.   O / X

→ Make it a rule to wear a helmet while riding a bicycle.

ANSWER

01 X, candidate → candidates	**07** X, spoken → spoken to	**13** X, asleep → sleeping
02 O	**08** X, are → is	**14** X, practicing → (to) practice
03 X, I had → had I	**09** X, that → what	**15** X, turn → turned
04 X, using → (to) use	**10** X, take → to take	**16** O
05 X, Relaxed → Relaxing	**11** O	
06 O	**12** X, founding → founded	

Grammar review 6

01 그녀가 우리의 저녁 식사비를 내준 것은 후했다.　　　　　　　　　　　O / X

→ It was generous for her to pay for our dinner.

02 가장 가까운 주유소가 어디인지 알려주실 수 있나요?　　　　　　　　　O / X

→ Can you show me where is the nearest gas station?

03 나는 내 고양이가 부린 영리한 재주에 즐거움을 느꼈다.　　　　　　　　O / X

→ I felt amused by the clever tricks my cat performed.

04 우리는 지난 일요일 동물 보호소에서 봉사하는 데 하루를 보냈다.　　　　O / X

→ We spend the day volunteering at the animal shelter last Sunday.

05 그 가게는 불법 제품을 판매한 혐의로 기소되었다.　　　　　　　　　　O / X

→ The store charged with selling an illegal product.

06 할머니가 돌아가시기 전에 더 많이 찾아뵈었으면 좋았을 텐데.　　　　　O / X

→ I wish I had visited my grandmother more before she passed away.

07 우리는 흡연과 연관된 위험을 결코 경시해서는 안 된다.　　　　　　　　O / X

→ On no account should we downplay the risks associated with smoking.

08 케이크를 공들여 꾸미면서 파티 준비는 절정에 달했다. O / X

→ Preparation for the party peaked, with the cake elaborately decorating.

09 They have inside jokes like almost couples. O / X

10 Bill is used to wake up early due to his present job. O / X

11 She made her employees valued with fair compensation. O / X

12 Do you know the U.S. had declared independence in 1776? O / X

13 Throughout the 1860s, most avant-garde artists had work accepted into the Salon, but, by the O / X
end of the decade, they <u>were rejecting</u> consistently.

✓
ANSWER

01 X, for her → of her	**05** X, charged → was charged	**10** X, wake → waking
02 X, is the nearest gas station → the nearest gas station is	**06** O	**11** O
	07 O	**12** X, had declared → declared
03 O	**08** X, decorating → decorated	**13** X, were rejecting → were being rejected
04 X, spend → spent	**09** X, almost → most 또는 almost all	

01 Scientists have been pushing the boundaries of <u>that</u> was once thought impossible.   ○ / ✕

02 It is time <u>she waits for</u> the results of her efforts.   ○ / ✕

03 <u>On graduated</u>, he immediately went into business.   ○ / ✕

04 I'll support you as long as <u>you're willing to change</u>.   ○ / ✕

05 I haven't attended the rehearsal, <u>nor have my friend</u>.   ○ / ✕

06 그녀가 패션에 관심이 없는 것처럼 그는 스포츠에 관심이 없다.   ○ / ✕
→ He is no more interesting in sports than she is in fashion.

07 강도 사건은 아침에 발생하면 흔히 눈에 띄지 않는다.   ○ / ✕
→ If occurred in the mornings, robberies often go unnoticed.

08 노숙자 문제를 해결하기 위해 많은 계획이 제안되었다. O / X

→ A number of plans was proposed to address homelessness.

09 외계인을 찾을 수도 있다는 가능성은 우리의 상상력을 자극한다. O / X

→ The likelihood that we might find aliens fuels our imagination.

✓
ANSWER

01 X, that → what	**04** O	**07** X, occurred → occurring
02 X, waits → waited 또는 should wait	**05** X, have → has	**08** X, was → were
03 X, graduated → graduating	**06** X, interesting → interested	**09** O

01   Portraying as victims, they gained sympathy from the public.   O / X

02   The lawyer who represented her argued passionate in court.   O / X

03   I got the plants to grow taller by locating them in direct sunlight.   O / X

04   It is necessary that an individual contributes to improving public health.   O / X

05   Only when we face our fears we can conquer them.   O / X

06   The house once abandoned has become a small library.   O / X

07   It is of no use to expecting your father to change his opinion.   O / X

08   She should have called a taxi instead of walking home at night.   O / X

09 CEO뿐만 아니라 주주들도 우려의 목소리를 낸다. O / X

→ Not only the CEO but the shareholders voices concerns.

10 이 접근법은 체계적이지도, 논리적이지도, 현실적이지도 않다. O / X

→ This approach is neither systematic, logic, nor realistic.

11 "the Egg"라고 불리는 건물은 꼭 그 별명처럼 생겼다. O / X

→ The building referred to as "the Egg" looks just like its nickname.

12 관리자가 그 일을 예정보다 빨리 끝내라고 지시했다. O / X

→ The director ordered that the task completes ahead of schedule.

ANSWER

01 X, Portraying → Portrayed	**05** X, we can → can we	**09** X, voices → voice
02 X, passionate → passionately	**06** O	**10** X, logic → logical
03 O	**07** X, expecting → expect	**11** O
04 X, contributes → contribute	**08** O	**12** X, completes → (should) be completed

Staff

Writer	심우철
Director	강다비다
Researcher	정규리 / 한선영 / 장은영
Design	강현구
Manufacture	김승훈
Marketing	윤대규 / 한은지 / 유경철

발행일   2024년 5월 27일

Copyright ⓒ 2024
by Shimson English Lab.

내용문의 http://cafe.naver.com/shimson2000

정답 및 해설

2024
–
심우철

지방직 대비

실전동형
모의고사

최근 3개년 지방직 공무원 영어 시험의
유형 및 난이도를 완벽히 재현한
봉투형 모의고사 8회분
<24 국가직 9급 신유형 반영>

Season 4

커넥츠 공단기
인터넷 강의
gong.conects.com

심슨
북스

심우철 교수

약력

연세대학교 졸업, 연세대 국제학 대학원 졸업

現) 공단기 영어 대표강사

現) (주)심슨영어사 대표이사, 심슨북스 대표이사

前) 이투스 영어영역 대표강사

前) 메가스터디 영어영역 대표 강사

前) 노량진 메가스터디학원 최다 수강생 보유

저서

심슨 보카

심슨 구문/문법/독해

심슨 구문/문법/독해 500제

문법 풀이 전략서

이것만은 알고 가자

심우철 하프 모의고사

심우철 실전동형 모의고사

영어가 쉬워지는
새로운 전환점을 만나다!

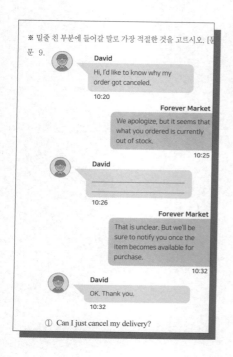

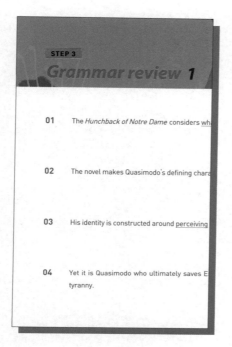

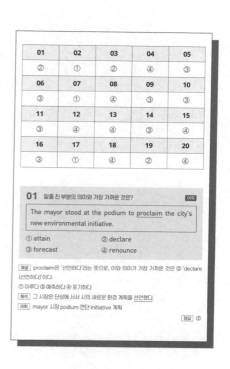

최근 3개년 8회분 시험 완벽 반영

2021년부터 2023년까지 최근 3개년의 지방직 기출을 완벽하게 재현했습니다. 각 문항에 실제 시험과 동일한 유형을 배치하고, 최근 기출의 난이도를 고려하여 문제를 제작하였습니다. 또한 2024년 국가직 기출의 신유형까지 추가로 반영하여 시험에 더욱더 철저히 대비할 수 있도록 하였습니다. 지문의 길이와 문항의 난도 또한 실제 시험과 최대한 동일하게 구성된, 심우철 실전 동형 모의고사가 시험장에서 여러분의 자신감이 되어줄 것입니다.

모의고사에 수록된 어휘, 구문, 문법 복습용 워크북 제공

모의고사에 출제된 문항을 이용해 어휘, 구문, 문법 세 가지 요소를 모두 복습할 수 있도록 워크북을 제공합니다. 어휘 테스트지를 제공하여 실전 동형 모의고사에 수록된 핵심 어휘를 복습할 수 있도록 구성하였습니다. 핵심 구문 패턴을 학습할 수 있도록 구문 분석을 제공합니다. 문법 문항 선택지의 정오를 복습하고, 어려운 문법 포인트를 학습할 수 있도록 변형 문제를 제공합니다. 실전 동형 모의고사 한 권으로 문제 풀이와 더불어 어휘, 구문, 문법까지 모두 학습할 수 있습니다.

풍부하고 상세한 해설지 제공

최소시간 x 최대효과의 모토를 해설지에도 담았습니다. 수험생들의 번거로움을 덜고자 해설지에 지문을 수록하여 복습을 용이하게 하였고, 빠른 정답을 제공하여 정답 확인 시간을 최소화할 수 있도록 하였습니다. 또한, 혼자서도 학습할 수 있도록 상세한 해설을 수록하였습니다. 특히 정답뿐만 아니라 오답 보기에 대한 해설까지 자세하게 풀이하여 최대효과를 누릴 수 있도록 하였습니다.

1회차

01	02	03	04	05
②	①	②	④	③
06	**07**	**08**	**09**	**10**
③	①	④	③	③
11	**12**	**13**	**14**	**15**
③	④	④	③	④
16	**17**	**18**	**19**	**20**
③	①	④	②	④

2회차

01	02	03	04	05
①	①	②	③	②
06	**07**	**08**	**09**	**10**
②	④	②	②	①
11	**12**	**13**	**14**	**15**
③	③	④	④	④
16	**17**	**18**	**19**	**20**
③	③	②	③	①

3회차

01	02	03	04	05
③	②	④	②	④
06	**07**	**08**	**09**	**10**
②	③	③	④	③
11	**12**	**13**	**14**	**15**
②	③	④	④	②
16	**17**	**18**	**19**	**20**
③	④	④	①	②

4회차

01	02	03	04	05
③	②	③	②	④
06	**07**	**08**	**09**	**10**
①	③	②	①	③
11	**12**	**13**	**14**	**15**
③	①	④	④	③
16	**17**	**18**	**19**	**20**
②	③	③	④	①

5회차

01	02	03	04	05
③	③	④	①	④
06	**07**	**08**	**09**	**10**
④	①	①	①	①
11	**12**	**13**	**14**	**15**
③	④	④	③	③
16	**17**	**18**	**19**	**20**
③	④	①	③	①

6회차

01	02	03	04	05
②	③	②	④	②
06	**07**	**08**	**09**	**10**
②	④	③	③	①
11	**12**	**13**	**14**	**15**
④	①	③	④	②
16	**17**	**18**	**19**	**20**
②	③	③	①	③

7회차

01	02	03	04	05
④	①	①	③	④
06	**07**	**08**	**09**	**10**
③	①	②	②	③
11	**12**	**13**	**14**	**15**
②	①	④	④	④
16	**17**	**18**	**19**	**20**
③	③	④	③	②

8회차

01	02	03	04	05
①	①	④	①	①
06	**07**	**08**	**09**	**10**
①	②	②	④	④
11	**12**	**13**	**14**	**15**
②	③	④	④	③
16	**17**	**18**	**19**	**20**
②	②	③	①	②

01	02	03	04	05
②	①	②	④	③
06	**07**	**08**	**09**	**10**
③	①	④	③	③
11	**12**	**13**	**14**	**15**
③	④	④	③	④
16	**17**	**18**	**19**	**20**
③	①	④	②	④

01 밑줄 친 부분의 의미와 가장 가까운 것은? [어휘]

The mayor stood at the podium to proclaim the city's new environmental initiative.

① attain
② declare
③ forecast
④ renounce

[해설] proclaim은 '선언하다'라는 뜻으로, 이와 의미가 가장 가까운 것은 ② 'declare(선언하다)'이다.
① 이루다 ③ 예측하다 ④ 포기하다
[해석] 그 시장은 단상에 서서 시의 새로운 환경 계획을 선언했다.
[어휘] mayor 시장 podium 연단 initiative 계획

[정답] ②

02 밑줄 친 부분의 의미와 가장 가까운 것은? [어휘]

In the world, there are many people who speak sweet words like honey. Those who lack the wisdom to discern right from wrong are easily deceived and fall victim to such talk.

① fooled
② grateful
③ irritated
④ stubborn

[해설] deceived는 '속는'이라는 뜻으로, 이와 의미가 가장 가까운 것은 ① 'fooled(속는)'이다.
② 고마워하는 ③ 화난 ④ 완고한
[해석] 세상에는 꿀처럼 달콤한 말을 하는 사람들이 많다. 옳고 그름을 분별하는 지혜가 부족한 사람들은 쉽게 속아 그런 말의 피해자가 된다.
[어휘] wisdom 지혜 discern 분별하다 victim 피해자

[정답] ①

03 밑줄 친 부분의 의미와 가장 가까운 것은? [이어동사]

He held up the speech to address an inquiry from the audience.

① recited
② paused
③ unfolded
④ summarized

[해설] hold up은 '(잠시) 중단하다'라는 뜻으로, 이와 의미가 가장 가까운 것은 ② 'paused(잠시 멈추다)'이다.
① 암송하다 ③ 전개하다 ④ 요약하다
[해석] 그는 청중의 질문을 해결하기 위해 연설을 중단했다.
[어휘] address 다루다, 해결하다 inquiry 질문

[정답] ②

04 밑줄 친 부분의 의미와 가장 가까운 것은? [이어동사]

She cut down on disposables after she became aware of her carbon footprint.

① utilized
② rejected
③ preferred
④ decreased

[해설] cut down on은 '줄이다'라는 뜻으로, 이와 의미가 가장 가까운 것은 ④ 'decreased(줄이다)'이다.
① 이용하다 ② 거부하다 ③ 선호하다
[해석] 그녀는 자신의 탄소 발자국을 알게 된 후 일회용품을 줄였다.
[어휘] disposables 일회용품 carbon footprint 탄소 발자국(이산화탄소 배출량)

[정답] ④

05 밑줄 친 부분에 들어갈 말로 가장 적절한 것은? [어휘]

The two pieces of furniture seemed _____ at first glance, but upon closer examination, subtle differences emerged.

① fragile
② discrete
③ identical
④ uncertain

[해설] but 뒤에서 자세히 보니 차이점이 드러났다는 내용이 나오는 것으로 보아, 앞에는 두 가구가 언뜻 같아 보였다는 내용이 있어야 할 것을 유추할 수 있다. 따라서 빈칸에 들어갈 말로 가장 적절한 것은 ③ 'identical(똑같은)'이다.
① 부서지기 쉬운 ② 별개의 ④ 불확실한
[해석] 그 두 가구는 언뜻 똑같아 보였지만, 더 자세히 살펴보니 미묘한 차이가 드러났다.
[어휘] at first glance 언뜻 보기에는 examination 조사, 검토 subtle 미묘한 emerge 드러나다

[정답] ③

06 밑줄 친 부분 중 어법상 옳지 않은 것은? [문법]

The Hunchback of Notre Dame considers ① what it means to be a monster. The novel makes Quasimodo's defining characteristic ② ugliness, and his identity is constructed around ③ perceiving as a monster. Yet it is Quasimodo who ultimately saves Esmeralda and kills Frollo, thereby ④ ending his tyranny.

[해설] (perceiving → being perceived) 전치사 around의 목적어로 동명사가 오고 있다. 그러나 perceive가 5형식 동사로 쓰이면 'perceive A as B' 형태를 취하는데 여기서는 목적어가 없으며, 맥락상으로도 동명사의 의미상 주어인 he가 괴물로 '인식되는' 것이므로 수동형인 being perceived가 되어야 한다.
① 의문대명사 what이 considers의 목적어 역할과 means의 목적어 역할을 동시에 하고 있다. 참고로 what이 이끄는 절 내에서는 가주어(it)-진주어(to be) 구문이 쓰이고 있다.
② 5형식 동사로 쓰인 make가 목적격 보어로 명사 ugliness를 취하고 있는 것은 적절하다.
④ thereby 이하의 분사구문에서 의미상 주어인 Quasimodo가 독재를 '끝내는' 것이므로 능동의 현재분사 ending은 적절하게 쓰였다. 참고로 여기서 end는 '끝내다'라는 뜻의 타동사로 쓰이고 있다.

[해석] 『The Hunchback of Notre Dame』은 괴물이라는 것이 무엇을 의미하는지를 숙고한다. 그 소설은 Quasimodo의 결정적 특징을 추함으로 만들고, 그의 정체성은 괴물로 인식되는 것을 중심으로 구성된다. 하지만 결국 Esmeralda를 구하고 Frollo를 죽이면서 그의 독재를 끝내는 것은 Quasimodo다.

[어휘] defining 결정적인 characteristic 특징 ugliness 추함 construct 구성하다 around ~에 맞춰, ~에 기초를 두고 perceive 인식하다 ultimately 결국 tyranny 독재 (정치)

[정답] ③

07 밑줄 친 부분이 어법상 옳지 않은 것은? [문법]

① They managed to succeed despite few knowledge.
② The panda won't forget being cared for by the old man.
③ The mountain was too steep a climb for inexperienced hikers.
④ Citizens informed of the news immediately began their protest.

[해설] (few → little) few는 복수가산명사를 수식하는 수 형용사이고, little은 불가산명사를 수식하는 양 형용사이다. 여기서는 뒤에 불가산명사인 knowledge가 있으므로 양 형용사인 little이 쓰여야 한다. 참고로 전치사 despite 뒤에 명사구가 온 것은 적절하다.
② 'forget to RV'는 '~할 것을 잊다'라는 뜻이고, 'forget RVing'는 '~한 것을 잊다'라는 뜻이다. 여기서는 맥락상 판다가 '보살핌받았던' 것을 잊지 않는 것이므로 수동형 동명사 being cared for는 적절하게 쓰였다.
③ too는 명사를 수식할 때 'too + 형용사 + a(n) + 명사'의 어순으로 사용한다. such가 'such + a(n) + 형용사 + 명사'의 어순으로 쓰이는 것과 구별해야 한다.
④ 분사구 informed of the news가 주어 Citizens를 수식하고 있다. 시민들이 소식을 '알린' 것이 아니라 '알게 된' 것이므로 수동의 과거분사 informed는 적절하게 쓰였으며, 'A에게 B를 알리다'라는 뜻의 'inform A of B' 구문은 수동태로 바꾸면 'A be informed of B' 형태가 되므로 of the news의 쓰임도 적절하다.

[해석] ① 그들은 지식이 거의 없음에도 불구하고 성공해 냈다.
② 그 판다는 노인에게 보살핌받은 것을 잊지 않을 것이다.
③ 그 산은 경험이 부족한 등산객들에게는 너무 가파른 등반 구역이었다.
④ 그 소식을 알게 된 시민들은 즉시 시위를 시작했다.

[어휘] manage to RV (간신히) ~해내다 steep 가파른 climb 등반 구역 inexperienced 경험이 부족한 immediately 즉시 protest 시위

[정답] ①

08 우리말을 영어로 잘못 옮긴 것은? [문법]

① 우리는 지난 10년간 해외에서 생활해 왔다.
→ We've been living abroad for the last ten years.
② 일반적으로 말하면 명품은 질이 더 좋다.
→ Generally speaking, luxury goods are of higher quality.
③ 그는 대규모로 후원되는 캠페인에 참여하고 있다.
→ He is involved in a campaign sponsored on a large scale.
④ 내가 시리즈로 출간한 책마다 인기가 많았다.
→ Each of the books I published in the series were popular.

[해설] (were → was) each of 뒤에는 '복수 명사 + 단수 동사'가 와야 하므로 were를 단수 동사 was로 고쳐야 한다. 참고로 books와 I 사이에는 목적격 관계대명사가 생략되어 있어 published 뒤 목적어 자리가 비어 있는 것은 적절하다.
① for the last ten years라는 기간을 나타내는 부사구가 나왔으므로 현재완료진행 have been living이 함께 쓰인 것은 적절하다.
② Generally speaking은 '일반적으로 말하면'이라는 뜻의 비인칭 독립분사구문이다. 'of + 추상명사'는 형용사 역할을 할 수 있으므로 of quality는 주격 보어로 적절하게 쓰였다.
③ 타동사 involve 뒤에 목적어가 없고 의미상으로도 그가 '참여시키는' 것이 아니라 '참여하는' 것이므로 수동태 is involved는 적절하게 쓰였다. 또한 sponsored 이하는 a campaign을 수식하는 분사구인데, 캠페인이 '후원받는' 것이므로 수동의 과거분사 sponsored의 쓰임도 적절하다.

[어휘] abroad 해외에서 luxury goods 명품 sponsor 후원하다

[정답] ④

09 밑줄 친 부분에 들어갈 말로 가장 적절한 것은? 생활영어

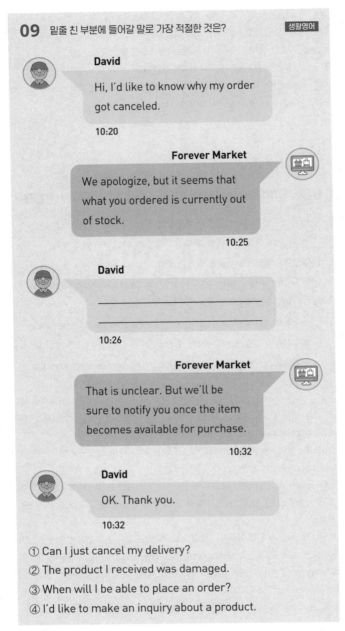

David
Hi, I'd like to know why my order got canceled.
10:20

Forever Market
We apologize, but it seems that what you ordered is currently out of stock.
10:25

David
_____
_____
10:26

Forever Market
That is unclear. But we'll be sure to notify you once the item becomes available for purchase.
10:32

David
OK. Thank you.
10:32

① Can I just cancel my delivery?
② The product I received was damaged.
③ When will I be able to place an order?
④ I'd like to make an inquiry about a product.

해설 빈칸은 David가 자신이 주문한 상품이 품절되었다는 이야기를 듣자 한 말로, 이에 Forever Market은 그것이 확실하지 않다며 상품을 구매할 수 있게 되면 알려주겠다고 하였다. 따라서 빈칸에는 상품을 언제 구매할 수 있는지를 묻는 표현이 와야 하므로, 빈칸에 들어갈 말로 가장 적절한 것은 ③ '언제 주문할 수 있을까요?'이다.

① 그냥 배송을 취소할 수 있나요?
② 제가 받은 제품이 파손되었어요.
④ 제품에 대해 문의하고 싶어요.

해석 David: 안녕하세요, 제 주문이 취소된 이유를 알고 싶어요.
Forever Market: 죄송하지만, 고객님이 주문하신 상품은 현재 품절된 것 같습니다.
David: 언제 주문할 수 있을까요?
Forever Market: 그건 확실하지 않습니다. 그렇지만 상품이 구매 가능하게 되면 꼭 알려드리겠습니다.
David: 알겠습니다. 감사합니다.

어휘 out of stock 품절된 notify 알리다 place an order 주문하다 make an inquiry 문의하다

정답 ③

10 밑줄 친 부분에 들어갈 말로 가장 적절한 것은? 생활영어

A: Hey, James. Can you participate in the conference call on the 30th?
B: What time is the call scheduled for?
A: The exact time isn't certain yet, but it'll probably be in the afternoon.
B: _____ I have an important client meeting at 3 p.m. that day.
A: I'll keep that in mind. I'll let you know as soon as the time is confirmed.

① Is there anything I should prepare?
② I don't have any plans that afternoon.
③ I can't guarantee I'll be able to make it.
④ Do you have my number on your phone?

해설 전화 회의가 몇 시에 예정되어 있는지 B가 묻자, A는 아마 오후에 있을 것이라고 하였다. 이에 B가 빈칸 내용을 말한 뒤에 그날 오후 3시에 중요한 미팅이 있다고 한 것을 보아, 빈칸에서 B는 회의에 참석하지 못할 가능성을 언급했음을 알 수 있다. 따라서 빈칸에 들어갈 말로 가장 적절한 것은 ③ '제가 참석할 수 있을지 장담을 못 하겠네요.'이다.

① 제가 준비해야 할 것이 있나요?
② 그날 오후에 다른 계획은 없어요.
④ 당신 휴대폰에 제 번호가 있나요?

해석 A: 안녕하세요, James. 30일에 있을 전화 회의에 참석할 수 있나요?
B: 전화 회의가 몇 시에 예정되어 있나요?
A: 정확한 시간은 아직 확실하지 않지만, 아마 오후에 있을 것 같아요.
B: 제가 참석할 수 있을지 장담을 못 하겠네요. 그날 오후 3시에 중요한 고객 미팅이 있어서요.
A: 기억해 둘게요. 시간이 확정되는 대로 알려드릴게요.

어휘 conference call (3인 이상이 하는) 전화 회의 guarantee 보장[장담]하다

정답 ③

11 두 사람의 대화 중 자연스럽지 않은 것은?

① A: Do we have everything set for the play?

　B: As far as I know, we are ready to go.

② A: You two look great together in this picture.

　B: We do, don't we? It's our favorite photo.

③ A: How did you come to know about our company?

　B: I took a bus and a subway to come here.

④ A: Are you sure you can get the project done on time?

　B: I'm not 100% positive, but I'll try my best.

해설 회사를 어떻게 알게 되었는지를 묻는 A에게 회사에 어떻게 왔는지를 설명하는 B의 응답은 적절하지 않다. 따라서 대화 중 자연스럽지 않은 것은 ③이다.

해석 ① A: 저희 연극을 위한 모든 준비가 되었나요?

B: 제가 알기로는, 진행할 준비가 됐어요.

② A: 이 사진에서 너희 둘이 정말 잘 어울린다.

B: 맞아, 그렇지? 우리가 제일 좋아하는 사진이야.

③ A: 우리 회사는 어떻게 알게 되셨나요?

B: 저는 버스와 지하철을 타고 여기에 왔어요.

④ A: 프로젝트를 제시간에 끝낼 수 있다고 확신하시나요?

B: 100% 확신할 수는 없지만, 최선을 다해 보겠습니다.

어휘 as far as ~하는 한 positive 확신하는

정답 ③

12 다음 글의 제목으로 가장 적절한 것은?

Choosing to set aside time "just for me" sends a positive message, through action, to our insides. This action declares "I matter," "I'm worth it," and "I am a priority." When we choose "me" time, we give ourselves a free space to try new things, fall in love with a hobby, and really find what makes us come alive. Taking care of ourselves not only improves our relationship with ourselves, but with others too. When our bodies and brains are always running, it's easy to become overwhelmed with life. This, in turn, causes our moods to fluctuate more quickly. Regular, uninterrupted "me" time helps our busy brains to unplug and unwind. In doing so, we relieve stress, which helps us sleep better, gives us more control over our moods, increases our patience level, and lets us live in the moment. All of these benefits fill us up on the inside. "Me" time is our magic reset button.

① Great Ways to Spend "Me" Time

② How Much Alone Time Is Too Much?

③ Several Signs You Need Some Time Alone

④ The Importance of Having Time for Ourselves

해설 "나"를 위한 시간을 갖는 것이 스트레스를 줄이고, 감정을 더 잘 조절할 수 있게 해주며, 인내심을 높여 주는 등 우리에게 많은 이점을 준다는 내용의 글이다. 따라서 글의 제목으로 가장 적절한 것은 ④ '우리 자신을 위한 시간을 갖는 것의 중요성'이다.

① "나"를 위한 시간을 보내는 훌륭한 방법 → 나를 위한 시간을 갖는 것의 중요성을 서술할 뿐, 이 시간을 보내는 '방법'을 제안하고 있지는 않다.

② 얼마만큼의 혼자의 시간이 과한 것인가? → 혼자 보내는 시간의 적정선에 관한 내용은 언급되지 않았다.

③ 혼자만의 시간이 어느 정도 필요하다는 몇 가지 신호 → 혼자만의 시간이 필요하다는 신호에 어떤 것이 있는지를 소개하는 글이 아니다.

해석 "나만을 위한" 시간을 따로 떼어 두는 것은 행동을 통해 우리 내부에 긍정적인 메시지를 보내는 것이다. 이 행동은 "나는 중요하다," "나는 그럴 가치가 있다," "내가 우선순위다"라고 선언하는 것이다. 우리가 "나"를 위한 시간을 선택할 때, 우리는 새로운 것을 시도하고 취미와 사랑에 빠지며 우리를 활기 있게 만드는 것을 진정으로 찾을 수 있는 자유로운 시간을 스스로에 부여하는 것이다. 자신을 돌보는 것은 우리 자신과의 관계뿐만 아니라 다른 사람들과의 관계도 향상시킨다. 우리의 몸과 두뇌가 항상 돌아가고 있으면 삶에 압도당하기 쉽다. 이는 결국 우리의 기분을 더 빨리 요동치게 만든다. 규칙적이고 방해받지 않는 "나"를 위한 시간은 우리의 바쁜 두뇌가 플러그를 뽑고 긴장을 푸는 데 도움을 준다. 그렇게 함으로써 우리는 스트레스를 해소하는데, 이는 우리가 잠을 더 잘 자게 도와주고, 기분을 더 잘 조절하게 해주며, 인내심 수준을 높이고, 현재에 충실할 수 있게 한다. 이러한 모든 이점은 우리의 내면을 가득 채워 준다. "나"를 위한 시간은 마법의 재설정 버튼이다.

어휘 set aside 따로 떼어 두다, 확보하다 declare 선언하다 priority 우선순위 overwhelm 압도하다 in turn 결국 fluctuate 변동하다, 오르내리다 uninterrupted 방해받지 않는 unplug 플러그를 뽑다 unwind 긴장을 풀다 relieve 완화하다 patience 인내심 benefit 이익, 이점 reset 고쳐 놓기, 재설정

정답 ④

13 다음 글의 주제로 가장 적절한 것은? 　주제

History shows that superpowers can survive only if they find ways to command the compliance of the foreign populations they dominate, and for this, military force alone has never been sufficient. Imperial Rome offers perhaps the best example of a world-dominant power that succeeded in winning over key sectors of conquered populations, pulling them over into Rome's orbit more effectively. Unique among the empires of ancient times, Rome offered a cultural package that was enormously appealing to remote, vastly different peoples. Today, the United States offers something similar — Hollywood and Starbucks, Disney and double cheeseburgers, Coca-Cola and SUVs — that holds irresistible allure for millions, if not billions, around the world.

① significance of Roman culture in the history of art
② conquest of nations by Rome's dominant military force
③ similarities and differences between Rome and the U.S.
④ essential role of cultural influence in maintaining dominance

해설 로마가 자신이 정복한 외국인들을 효과적으로 지배할 수 있었던 것은 당시 로마의 문화를 적극적으로 퍼뜨려서 사람들을 로마의 영향권으로 유입시킨 덕분이며, 오늘날 미국의 경우도 이와 유사하다는 내용의 글이다. 따라서 글의 주제로 가장 적절한 것은 ④ '지배력을 유지하는 데 문화적 영향력의 핵심적 역할'이다.
① 예술사에서 로마 문화의 중요성 → 로마 문화가 예술사에서 얼마나 큰 영향력을 가졌는지 서술하는 글이 아니다.
② 로마의 지배적인 군사력에 의한 국가 정복 → 로마 등의 초강대국이 지배력을 유지하기 위해서 군사력만으로는 충분하지 않았다고 언급되므로 적절하지 않다.
③ 로마와 미국의 유사점과 차이점 → 차이점에 관해서는 언급되지 않았다.
해석 역사는 초강대국이 그것이 지배하는 외국 인구의 순종을 끌어내는 방법을 찾아야만 존속할 수 있으며, 이를 위해서는 군사력만으로는 결코 충분하지 않았음을 보여 준다. 로마 제국은 정복한 인구의 주요 부문을 포섭하여 더 효과적으로 그들을 로마의 궤도 안으로 끌어들이는 데 성공한 세계를 지배하는 강대국의 가장 좋은 예일 것이다. 고대 제국 중 유일하게 로마는 멀리 떨어진 곳에 있는 매우 다른 민족에게도 아주 매력적인 문화 패키지를 제공했다. 오늘날 미국도 이와 유사하게 전 세계 수십억 명까지는 아니더라도 수백만 명에게 거부할 수 없는 매력을 지닌 문화적 패키지, 즉 할리우드와 스타벅스, 디즈니, 더블 치즈버거, 코카콜라, SUV를 제공한다.
어휘 superpower 초강대국 command 끌다, 받다 compliance 따름, 순종 dominate 지배[통치]하다 military force 군대, 군사 sufficient 충분한 imperial 제국의 win over 포섭하다, 자기편으로 끌어들이다 key sector 핵심 부분 conquer 정복하다 orbit 궤도 unique 유일한 enormously 엄청나게, 대단히 appealing 매력적인, 흥미를 끄는 remote 멀리 떨어진 vastly 매우, 대단히 irresistible 저항할 수 없는 allure 매력

정답 ④

14 다음 글의 요지로 가장 적절한 것은? 　요지

Good bosses are in touch with how their followers think and act, which enables bosses to sustain performance and dignity. This is harder to do than it sounds as many forces cause bosses to be out of touch with reality. One of them is the Mum Effect, the hesitation that most people have when they need to deliver bad news to others. This happens because of the "shoot the messenger" problem. Bearers of bad news, even when they aren't responsible for it in any sense, tend to be blamed. Subordinates with good survival instincts soften bad news to make it sound better, or avoid passing it along to their bosses at all. The Mum Effect can be detrimental when there is a steep hierarchy. Each subordinate tries to filter the news before passing it up the ranks, making it seem less bad with each step. In the end, what started as bad news might end up sounding not so bad at all.

① Bad news travels more quickly than good news.
② It is wise to deliver bad news as soon as one hears it.
③ Negative information tends to get filtered as it's passed along.
④ The messenger deserves blame when delivering misinformation.

해설 이 글은 침묵 효과의 부정적인 결과에 관한 글이다. 침묵 효과는 나쁜 소식을 전달받는 사람들이 전달해 주는 사람에게 화풀이하는 경향 때문에 발생한다. 그 화를 피하고자 부하 직원은 상사에게 부정적 정보를 걸러서 보고하게 된다. 이로 인해 나쁜 소식으로 시작했던 것이 나중에는 전혀 나쁘지 않은 소식으로 변질되는 점을 서술하고 있다. 따라서 글의 요지로 가장 적절한 것은 ③ '부정적 정보는 전달되면서 걸러지는 경향이 있다.'이다.
① 나쁜 소식은 좋은 소식보다 더 빨리 전파된다. → 나쁜 소식이 좋은 소식보다 더 빨리 퍼지는 경향에 관한 글이 아니다.
② 나쁜 소식은 듣자마자 전달하는 것이 현명하다. → 나쁜 소식은 최대한 빨리 전달해야 한다는 내용은 언급되지 않았다.
④ 잘못된 정보를 전달한 전달자는 비난받아 마땅하다. → 잘못된 정보를 전달하는 사람에게 책임이 있다는 점을 주장하는 글이 아니다.
해석 좋은 상사는 부하들이 어떻게 생각하고 행동하는지에 대해 소통하며, 이를 통해 상사는 성과와 품위를 유지할 수 있다. 이는 상사가 현실과 동떨어지게 만드는 많은 요인 때문에 생각보다 어려운 일이다. 그중 하나는 대부분의 사람이 다른 사람에게 나쁜 소식을 전해야 할 때 가지는 주저함인 침묵 효과이다. 이는 "전달자를 쏴라(엉뚱한 사람에게 화풀이하다)"라는 문제로 인해 발생한다. 나쁜 소식을 전하는 사람은 어떤 면에서든 책임이 없는 경우에도 비난받는 경향이 있다. 좋은 생존 본능을 가진 부하 직원은 나쁜 소식을 완화하여 더 좋게 들리게 하거나 상사에게 전혀 전달하지 않으려 한다. 침묵 효과는 가파른 위계질서가 있을 때 해로울 수 있다. 각 부하 직원은 소식을 위 단계로 전달하기 전에 그것을 거르려고 하는데, 이는 단계마다 그 소식이 덜 나빠 보이게 만든다. 마지막에는, 결국 나쁜 소식으로 시작했던 것이 전혀 그리 나쁘지 않게 들리게 될지도 모른다.

어휘 in touch with ~과 접촉하여 sustain 유지하다 dignity 위엄 force 힘, 세력 out of touch with reality 현실과 동떨어진 hesitation 주저, 망설임 bearer 전달자, 사자 blame 비난하다 subordinate 부하 instinct 본능 soften 누그러뜨리다 detrimental 해로운 hierarchy 위계 misinformation 잘못된 정보

정답 ③

15 다음 글의 내용과 일치하지 않는 것은?

불일치

The Waste Land is a poem by T. S. Eliot, widely regarded as a central work of modernist poetry. The 434-line poem was first published in the United Kingdom in the October issue of Eliot's magazine in 1922. *The Waste Land* does not follow a consistent style. It is characterized by its non-linear narrative structure, and features abrupt and unannounced changes of the narrator, location, and time, reflecting the chaos of the modern world. Upon its initial publication, *The Waste Land* received a mixed response, with some critics finding it too obscure while others praised its originality. Subsequent years saw the poem become one of the most influential works of the century.

① 「황무지」는 영국에서 처음 출간되었다.
② 「황무지」에서 화자는 일관되지 않는다.
③ 「황무지」는 혼란스러운 현대를 반영한다.
④ 「황무지」는 첫 출간 때 전혀 찬사받지 못했다.

해설 마지막 2번째 문장에서 「황무지」는 첫 출간 때 비난받기도 했고 찬사받기도 했다고 언급되므로, 글의 내용과 일치하지 않는 것은 ④ 「황무지」는 첫 출간 때 전혀 찬사받지 못했다.'이다.
① 「황무지」는 영국에서 처음 출간되었다. → 2번째 문장에서 언급된 내용이다.
② 「황무지」에서 화자는 일관되지 않는다. → 4번째 문장에서 언급된 내용이다.
③ 「황무지」는 혼란스러운 현대를 반영한다. → 4번째 문장에서 언급된 내용이다.

해석 「황무지」는 모더니즘 시의 중심 작품으로 널리 알려진 T. S. Eliot의 시다. 434행으로 이루어진 이 시는 1922년 영국에서 Eliot의 잡지 10월호에 처음 출간되었다. 「황무지」는 일관된 형식을 따르지 않는다. 그것은 비선형적인 서사 구조를 특징으로 하며, 화자, 장소, 시간의 돌발적이며 예고 없는 변화가 특색을 이룬다. 처음 출간되었을 때 「황무지」는 엇갈린 반응을 얻었는데, 몇몇 평론가는 그것이 너무 모호하다고 느낀 반면 다른 이들은 그것의 독창성을 칭찬했다. 이후 시간이 흘러 이 시는 20세기 가장 영향력 있는 작품 중 하나가 되었다.

어휘 poetry 시 consistent 일관된 characterize ~의 특색을 이루다 non-linear 비선형적인 narrative 서사, 서술 feature 특징으로 삼다 abrupt 갑작스러운, 돌발적인 unannounced 미리 알리지 않는 narrator 화자 reflect 반영하다 chaos 혼돈, 무질서 initial 처음의, 최초의 critic 비평가 obscure 모호한 originality 독창성 subsequent 계속해서 일어나는 influential 영향을 미치는

정답 ④

16 다음 글의 흐름상 어색한 문장은?

일관성

Much research has been conducted on the relationship between the timing of eating and the quality of sleep. ① Studies show that eating at conventional meal times as opposed to random snacking is associated with better sleep. ② In addition, late-night eating is typically believed to be linked with more fragmented sleep. ③ Those who include enough servings of fruits and vegetables in their diet report better sleep quality. ④ A very interesting fact is that the associations between when we eat and how well we sleep often differ by gender. In particular, it appears that women are more likely than men to suffer from insomnia when their timing of eating is inconsistent.

해설 식사 시간과 수면의 질 사이의 연관성을 설명하는 글이다. 따라서 글의 흐름상 어색한 문장은 충분한 과일과 채소를 섭취하는 사람들이 잠을 더 잘 잔다는, 식사 '시간'과 관련 없는 내용의 ③이다.

해석 식사 시간과 수면의 질 사이의 관계에 대한 많은 연구가 진행되었다. 연구에 따르면 아무 때나 간식을 먹는 것보다 정해진 식사 시간에 식사하는 것이 더 나은 수면과 관련이 있는 것으로 나타났다. 또한, 야식은 일반적으로 더 쪼개진 수면과 관련이 있는 것으로 생각된다. (식단에 충분한 양의 과일과 채소를 포함하는 사람들은 더 나은 수면의 질을 보고한다.) 매우 흥미로운 사실은 우리가 언제 식사하는지와 우리가 얼마나 잠을 잘 자는지의 연관성이 흔히 성별에 따라 다르다는 것이다. 특히, 식사 시간이 일정하지 않을 때 여성이 남성보다 불면증에 시달릴 가능성이 더 큰 것으로 나타났다.

어휘 conduct 하다 conventional 전통적인 opposed to ~에 반대하는 random 무작위의 snack 식사를 간단히 하다, 간식을 먹다 be associated with ~와 관련되다 link with ~와 관련시키다 fragmented 단편적인, 분열된 serving 1인분 differ 다르다 insomnia 불면증 inconsistent 일관되지 않은

정답 ③

17 주어진 글 다음에 이어질 글의 순서로 가장 적절한 것은? 순서배열

A magician can make you think you just saw a lady get sawed in half.

(A) The key is to misdirect your attention. Your eyes don't notice that the lady folded her legs into the box because the magician drew your attention to the blade he was about to use, banging on it to show it was solid metal.

(B) But the fact that the lady smiled while being sawed signals fiction. Reassurance of her safety also comes from the lack of blood and screaming. Then how does a magician make your eyes believe something that your mind knows can't be real?

(C) Similarly, his fast and grand movement across the stage caught your attention, causing you to miss background details. The magician needed only a few seconds to fool your eyes.

① (B) - (A) - (C)   ② (B) - (C) - (A)
③ (C) - (A) - (B)   ④ (C) - (B) - (A)

해설 마술사는 당신이 한 여성이 톱으로 반으로 잘리는 것을 봤다고 생각하게 만들 수 있다는 내용의 주어진 글 뒤에는, But을 통해 문맥을 반전시켜 그것이 허구라는 점을 알 수 있는 단서를 언급하는 (B)가 와야 한다. 그다음으로, (B) 마지막 부분에서 제시된 물음에 관한 해답을 The key로 제시하는 (A)가 오는 것이 자연스럽다. 마지막으로, 마술사가 주의를 돌린 방법을 언급한 (A)에 뒤이어 또 다른 방법을 설명하는 (C)가 Similarly로 적절히 이어진다. 따라서 글의 순서로 가장 적절한 것은 ① '(B) - (A) - (C)'이다.

해석 마술사는 방금 당신이 한 여성이 톱으로 반으로 잘리는 것을 봤다고 생각하게 만들 수 있다. (B) 그러나 그 여성이 톱질을 당하는 동안 미소를 지었다는 사실은 (그것이) 허구라는 것을 알려준다. 출혈과 비명이 없었다는 것도 그녀의 안전에 대한 확신을 준다. 그렇다면 마술사는 어떻게 이성으로는 그것이 진짜일 리 없다고 아는 것을 눈으로는 믿게 만들까? (A) 핵심은 당신의 주의를 돌리는 것이다. 마술사가 사용하려는 칼날이 단단한 금속이라는 것을 보여 주기 위해 그것을 쾅쾅 두드려 당신의 주의를 끌었기 때문에 당신은 그 여성이 다리를 상자 안으로 접은 것을 눈치채지 못한다. (C) 마찬가지로, 무대를 가로지르는 마술사의 빠르고 웅장한 움직임이 당신의 시선을 사로잡아 당신이 배경의 디테일을 놓치게 한다. 마술사는 당신의 눈을 속이는 데 단 몇 초만이 필요했을 뿐이다.

어휘 saw 톱으로 자르다 misdirect 엉뚱한 곳으로 보내다 blade 칼(날) be about to ~하려고 하다 bang 쿵 소리 나다 solid 단단한, 고체의 signal 신호하다 fiction 소설, 허구 reassurance 안심시키기 lack 부족, 결핍 grand 웅장한 fool 속이다

정답 ①

18 주어진 문장이 들어갈 위치로 가장 적절한 것은? 문장삽입

For instance, the DRD2 gene, linked to alcoholism, predicted homophily in friends, while the CYP2A6 gene, associated with openness, resulted in heterophily – the tendency to associate with those with dissimilar interests.

Homophily, the tendency for individuals to associate with others who are similar to themselves, can stem from shared external environments or interests. (①) National identity, team allegiances or music fans are examples of homophily resulting from external factors. (②) However, recent findings have revealed a surprising link between genetic factors and homophily in social groups. (③) One of them showed that genes associated with behavioral traits play a role in friendship formation. (④) Although the exact mechanisms are unclear, this discovery challenges our understanding of how biology shapes behavior in social settings.

해설 ④ 앞에서 유전자가 '우정' 형성과 연관돼 있음을 밝힌 한 연구가 있다고 하고, 주어진 문장은 이 연구의 내용을 구체적인 유전자 예시와 함께 소개한다. ④ 뒤는 주어진 문장 내용을 this discovery로 가리키면서, 그 발견이 시사하는 바를 정리한다. 따라서 주어진 문장이 들어갈 위치로 가장 적절한 것은 ④이다.

해석 개인이 자신과 비슷한 다른 사람들과 어울리는 경향인 동종 선호는 공유된 외부 환경이나 관심사에서 비롯될 수 있다. 국가 정체성, 팀 충성도 또는 음악 팬들은 외부 요인으로 인한 동종 선호의 예시이다. 그러나 최근의 연구 결과들은 유전적 요인과 사회 집단 속 동종 선호 사이에 놀라운 연관성이 있음을 밝혔다. 그중 한 연구는 행동 특성과 관련된 유전자가 우정 형성에 일조한다는 것을 보여 주었다. 예를 들어, 알코올 중독과 관련이 있는 DRD2 유전자는 친구들의 동질성을 예측한 반면, 개방성과 관련된 CYP2A6 유전자는 이종 선호, 즉 관심사가 다른 사람들과 어울리는 경향을 야기했다. 비록 정확한 메커니즘은 불분명하지만, 이 발견은 생물 작용이 사회적 환경에서 어떻게 행동을 형성하는지에 대한 우리의 이해에 도전한다.

어휘 alcoholism 알코올 중독 homophily 동종 선호 gene 유전자 openness 개방성 heterophily 이종 선호 tendency 경향, 추세 dissimilar 닮지 않은, 다른 stem from ~에서 유래하다 external 외부의 identity 정체성 allegiance 충성 factor 요인, 요소 behavioral 행동의 trait 특성, 특징 formation 형성 exact 정확한 mechanism 메커니즘, 장치 challenge 도전하다 biology 생물학

정답 ④

19 밑줄 친 부분에 들어갈 말로 가장 적절한 것은? [빈칸완성]

Psychologists have long believed that people with a poor self-image are inclined to resort to violence to compensate for their feelings of inferiority. If this theory were true, in order for these individuals to discontinue violence, it would be enough to provide them with other means of constructing a better image of themselves. However, as psychologist Roy Baumeister at the University of Florida has shown, all serious studies have concluded that this theory is false. It turns out that most violent people are rarely _____. People who came in contact with the most notorious dictators from the last century — Stalin, Mao Zedong, Hitler — confirm that they were suffering from a superiority complex. In a similar vein, many psychopathic criminals think of themselves as exceptional beings blessed with numerous talents, displaying a high opinion of themselves.

① cruel
② humble
③ arrogant
④ extraordinary

해설 폭력적인 사람들은 자신에 대한 열등감을 보상하는 차원에서 폭력을 저지르는 것이라는 통념이 있었지만, 이는 '잘못되었다'는 글이다. 빈칸 뒤에서 언급된 폭력적인 독재자들 또는 범죄자들의 사례로 볼 때, 오히려 이들은 자기 자신을 높이 평가하는 모습이 확인되었다고 한다. 이는 거꾸로 말하면 이들이 자신을 낮추지 않는다는 의미이므로, 앞의 부정어 rarely에 유의했을 때 빈칸에 들어갈 말로 가장 적절한 것은 ② '겸허하지'이다.
① 잔인하지 → 이들이 잔인하지 '않다'라는 내용은 언급되지 않았다.
③ 오만하지 → 자기 자신을 높게 평가하는 모습을 오만하지 '않다'라고 진술할 수는 없다.
④ 비범하지 → 이들이 비범하지 않다, 즉 평범하다는 내용은 언급되지 않았다.

해석 심리학자들은 빈약한 자아상을 가진 사람들이 자신의 열등감을 보상하기 위해 폭력에 의존하는 경향이 있다고 오랫동안 믿어 왔다. 만약 이 이론이 사실이라면, 이 개인들이 폭력을 중단하기 위해서는, 그들에게 자신에 대한 더 나은 이미지를 구축하는 다른 수단을 제공하면 충분할 것이다. 그러나 Florida 대학교의 심리학자 Roy Baumeister가 보여 주었듯이, 모든 제대로 된 연구들은 이 이론이 잘못되었다고 결론내렸다. 대부분의 폭력적인 사람들은 거의 겸허하지 않다는 것이 밝혀졌다. Stalin, Mao Zedong, Hitler처럼 지난 세기 가장 악명 높았던 독재자들과 접촉했던 사람들은 이들이 우월 콤플렉스를 앓고 있었음을 확인해 준다. 마찬가지로, 많은 사이코패스 범죄자들은 자신이 수많은 재능으로 축복받은 남다른 존재라고 여기면서, 자기 자신에 대한 높은 평가를 드러낸다.

어휘 psychologist 심리학자 self-image 자아상 resort to ~에 의존하다 violence 폭력 compensate for ~을 보상[보충]하다 inferiority 열등(함) theory 이론 discontinue 중단하다 conclude 결론을 내리다 false 잘못된, 틀린 come in contact with ~와 접촉하다 notorious 악명 높은 dictator 독재자 confirm 확증하다 superiority complex 우월 콤플렉스(자신의 능력이나 성취가 남들보다 우월하다는 과장된 믿음) in a similar vein 비슷한 맥락에서 psychopathic 사이코패스적인 exceptional 남다른, 뛰어난 bless with ~의 축복을 베풀다 numerous 수많은 display 드러내다

정답 ②

20 밑줄 친 부분에 들어갈 말로 가장 적절한 것은? [빈칸완성]

It's well-established that children who can _____ lead happier, healthier lives. It's an important concept to pass on in the age of instant delivery and streaming services. Parents should note that kids don't have the same impulse control as adults, which means they have trouble waiting. So, you need to help them see the benefits of choosing a long-term reward over a short-term one through constant training. One of the best ways is playing board games. These require impulse control, turn-taking, and emotional regulation. Listening to whole albums instead of skipping from track to track online, and even watching a TV series week by week instead of bingeing it, are also good exercises.

① recognize how their actions affect others
② engage in healthy competition
③ learn from their mistakes
④ accept delayed pleasure

해설 아이들에게 원하는 것을 바로 가질 수 없다는 것을 이해하는 능력을 길러 주어야 한다는 내용의 글이다. 여러 훈련을 통해 아이들에게 단기적인 보상보다 장기적인 보상을 택할 때 얻는 이점을 깨닫도록 해주어야 한다는 것을 보아, 보상을 미룰 줄 아는 것에 관한 표현이 빈칸에 들어가야 함을 알 수 있다. 따라서 빈칸에 들어갈 말로 가장 적절한 것은 ④ '지연된 만족감을 받아들일'이다.
① 자기 행동이 남에게 어떤 영향을 미치는지 인지할 → 자기 행동이 남에게 미치는 영향이나 남의 입장에서 생각하는 것이 중요한 능력이라는 점을 서술하는 글이 아니다.
② 건전한 경쟁에 참여할 → 보드게임에 관한 내용이 언급되나, 이는 인내심을 길러 주기 위한 훈련의 한 예시에 불과하다.
③ 자신의 실수로부터 배울 → 자신의 실수를 통해 배워야 행복하고 건강한 삶을 산다는 내용은 언급되지 않았다.

해석 지연된 만족감을 받아들일 수 있는 아이들이 더 행복하고 건강한 삶을 산다는 것은 잘 알려진 사실이다. 이것은 즉각적인 배달과 스트리밍 서비스의 시대에서 전달해야 할 중요한 개념이다. 부모는 아이들이 성인과 같은 충동 조절 능력이 없기 때문에 기다리는 데 어려움을 겪는다는 점에 유의해야 한다. 따라서 당신은 그들이 지속적인 훈련을 통해 단기적인 보상보다 장기적인 보상을 선택할 때 얻을 수 있는 이점을 깨닫도록 도와주어야 한다. 가장 좋은 방법 중 하나는 보드게임을 하는 것이다. 보드게임에는 충동 조절, 차례 지키기, 감정 조절이 필요하다. 온라인에서 곡과 곡 사이를 건너뛰지 않고 앨범 전체를 듣는 것, 그리고 심지어 TV 시리즈를 정주행하지 않고 한 주에 한 번씩 시청하는 것도 좋은 연습이 될 수 있다.

어휘 lead 생활을 하다, 살다 instant 즉시의, 즉각적인 streaming 스트리밍(인터넷 상에서 영상 등을 실시간으로 재생하는 기술) impulse 충동 constant 일정한 turn-taking 돌아가며 교대로 하는 것 regulation 조절, 조정 skip 거르다, 건너뛰다 binge 폭식하다 delay 지연시키다

정답 ④

회차 2

Answer

01	02	03	04	05
①	①	②	③	②
06	**07**	**08**	**09**	**10**
②	④	②	②	①
11	**12**	**13**	**14**	**15**
③	③	④	④	④
16	**17**	**18**	**19**	**20**
③	③	②	③	①

---

01 밑줄 친 부분의 의미와 가장 가까운 것은? 어휘

The treaty was designed to <u>restrain</u> the aggressive actions of neighboring countries.

① curb   ② launch
③ revoke   ④ accuse

해설 restrain은 '억제하다'라는 뜻으로, 이와 의미가 가장 가까운 것은 ① 'curb(억제하다)'이다.
② 개시하다 ③ 취소하다 ④ 고발하다
해석 그 조약은 주변 국가들의 공격적인 행위를 억제하기 위해 고안되었다.
어휘 treaty 조약 aggressive 공격적인

정답 ①

---

02 밑줄 친 부분의 의미와 가장 가까운 것은? 어휘

The antique dealer assured them that the painting was <u>authentic</u>.

① real   ② precious
③ ancient   ④ undamaged

해설 authentic은 '진짜의'라는 뜻으로, 이와 의미가 가장 가까운 것은 ① 'real(진짜의)'이다.
② 귀중한 ③ 아주 오래된 ④ 손상되지 않은
해석 그 골동품상은 그들에게 그 그림이 진짜라고 장담했다.
어휘 antique dealer 골동품상 assure 장담하다, 보장하다

정답 ①

---

03 밑줄 친 부분의 의미와 가장 가까운 것은? 이디엄

Tom is <u>cut out for</u> a career in sales; he is outgoing and persuasive.

① aiming for   ② suited to
③ arguing for   ④ dedicated to

해설 cut out for는 '~에 적합한'이라는 뜻으로, 이와 의미가 가장 가까운 것은 ② 'suited to(~에 적합한)'이다.
① ~을 목표로 하는 ③ ~을 찬성하는 ④ ~에 전념하는
해석 Tom은 판매직에 적합한데, 사교적이고 설득력 있기 때문이다.
어휘 outgoing 사교적인 persuasive 설득력 있는

정답 ②

---

04 밑줄 친 부분에 들어갈 말로 가장 적절한 것은? 이어동사

The tenant needs to _____ this lease because of the very high rent.

① pick up   ② take out
③ get out of   ④ go on with

해설 because of 이하에 유의하였을 때, 매우 비싼 임대료를 원인 삼아 세입자가 임대 계약을 대상으로 취할 만한 행동은 그만두는 것이므로, 빈칸에 들어갈 말로 가장 적절한 것은 ③ 'get out of(벗어나다)'이다.
① 집어 올리다 ② 꺼내다, 획득하다 ④ 계속하다
해석 그 세입자는 너무 비싼 임대료 때문에 이 임대 계약에서 벗어날 필요가 있다.
어휘 tenant 세입자 lease 임대차 계약 rent 임대료

정답 ③

---

05 어법상 옳지 않은 것은? 문법

① He looked the criminal in the face and was shocked.
② I wouldn't let my fear of failure prevent me to take risks.
③ Misunderstood as pests, bats are vital to the environment.
④ She had to explain to her parents why she failed the exam.

해설 (to take → from taking) 'O가 ~하는 것을 막다'라는 뜻은 'prevent + O + from RVing' 구문을 사용하여 표현하므로, prevent me from taking이 되어야 한다. 참고로 사역동사 let은 목적어와 목적격 보어의 관계가 능동이면 RV를, 수동이면 be p.p.를 목적격 보어로 취하는데, 여기서는 my fear of failure가 나를 '막는' 것이므로 prevent는 적절하게 쓰였다.
① 사람과 신체 부위를 분리 표현하는 경우, 신체 부위를 강조하여 '전치사 + the + 신체 부위'의 형태로 쓰며 look은 전치사 in과 함께 쓰이므로 in the face는 적절하다. 또한 맥락상 He가 '충격을 받은' 것이므로 수동태 was shocked도 적절하게 쓰였다.

③ 분사구문의 의미상 주어인 bats가 유해 동물로 '오해하는' 것이 아니라 '오해받는' 것이므로 수동의 과거분사 Misunderstood는 적절하게 쓰였다.

④ explain은 4형식으로 쓸 수 없는 3형식 동사이므로 간접목적어 앞에 전치사 to를 써야 한다. 또한 의문부사 why가 '의문사 + S + V' 어순의 간접의문문을 이끌어 explain의 직접목적어로 적절하게 쓰였다.

해석 ① 그는 범인의 얼굴을 보고 충격받았다.

② 나는 실패에 대한 두려움이 내가 위험을 감수하는 것을 막게 두지 않을 것이다.

③ 유해 동물로 오해받는 박쥐는 환경에 필수적이다.

④ 그녀는 시험에 떨어진 이유를 부모님께 설명해야만 했다.

어휘 criminal 범인 failure 실패 misunderstand 오해하다 pest 해충, 유해 동물

정답 ②

---

06 어법상 옳지 않은 것은? 문법

① Were it not for the help of strangers, I would be lost.

② Fossils are found burying in layers of sedimentary rock.

③ The cafe was busy serving coffee to the morning crowd.

④ The steamed dumpling had a warm, moist, and soft texture.

해설 (burying → buried) 5형식 동사 find가 수동태로 쓰여 분사형 형용사 burying을 보어로 취하고 있다. 그런데 타동사 bury 뒤에 목적어가 없고 의미상으로도 화석이 퇴적암층에 '묻힌' 것이므로 수동의 과거분사 buried로 쓰여야 한다.

① '~이 없다면'을 나타내는 가정법 과거인 If it were not for에서 If가 생략되고 Were it not for로 적절하게 도치되었다. 또한 주절에도 '조동사 과거형 + RV'가 적절하게 쓰였다.

③ 'be busy (in) RVing'는 '~하느라 바쁘다'라는 뜻의 동명사 관용 표현이므로 serving은 적절하게 쓰였다.

④ 수식 대상인 dumpling이 '쪄진' 것이므로 수동의 과거분사형 형용사 steamed는 적절하게 쓰였다. 또한 형용사 3개가 등위접속사 and로 병렬되어 명사 texture를 수식하고 있는 것도 적절하다.

해석 ① 낯선 사람들의 도움이 없으면, 나는 길을 잃을 것이다.

② 화석은 퇴적암층에 묻힌 채로 발견된다.

③ 그 카페는 아침 인파에 커피를 내느라 바빴다.

④ 그 찐 만두는 따뜻하고 촉촉하고 부드러운 식감을 가지고 있었다.

어휘 crowd 군중, 인파 fossil 화석 layer 층 sedimentary rock 퇴적암 steam 찌다 dumpling 만두 moist 촉촉한 texture 질감

정답 ②

---

07 우리말을 영어로 잘못 옮긴 것은? 문법

① Nina는 일을 잘해서 승진할 자격이 있었다.

→ Nina worked well and deserved to be promoted.

② 비가 그치고 나서야 야외 행사가 시작되었다.

→ Not until the rain had stopped did the outdoor event start.

③ 그 브랜드는 젊은 층을 대상으로 한 상품으로 특징지어진다.

→ The brand is characterized by items targeted at the young.

④ 나는 클래식 거장들의 음악을 좋아하는데, 그중 일부는 레코드판으로만 들을 수 있다.

→ I love the music of classical masters, some of which are only available on vinyl.

해설 (are → is) '부분명사 of 전체명사'가 주어로 오는 경우 of 뒤의 명사에 동사를 수일치시키는데, 여기서 관계대명사 which의 선행사는 불가산명사인 the music이므로 관계절의 동사 또한 그에 수일치하여 단수 동사인 is가 되어야 한다. 참고로 콤마 앞의 절과 뒤의 절을 연결하는 접속사가 필요한 문장이므로, 접속사 역할을 하면서 전치사 of의 목적어 역할을 동시에 하는 관계대명사 which는 적절하게 쓰였다.

① '잘'이라는 뜻의 부사 well이 동사 worked를 수식하고 있는 것은 적절하다. 또한 deserve가 to 부정사를 목적어로 취하고 있는데 주어인 Nina가 '승진시키는' 것이 아니라 '승진하는' 것이므로 수동형 to be promoted의 쓰임도 적절하다.

② 부정부사 not until이 이끄는 절이 문두에 오면서 주절의 주어와 동사가 의문문의 어순으로 적절히 도치되었다. 'not until A, B'는 'A하고 나서야 비로소 B하다'라는 뜻으로 주어진 우리말에 맞게 쓰였으며, 비가 그친 시점이 행사가 시작된 시점보다 이전이므로 과거완료시제 had stopped의 쓰임도 적절하다.

③ 주어인 The brand가 '특징짓는' 것이 아니라 '특징지어지는' 것이므로 수동태 is characterized는 적절하게 쓰였으며, targeted 이하는 items를 수식하는 분사구문인데 타동사 target 뒤에 목적어가 없고, 의미상으로도 상품이 '대상으로 삼아지는' 것이므로 수동의 과거분사 targeted의 쓰임도 적절하다. 참고로 'the + 형용사'는 '~하는 사람들'이라는 복수 명사의 의미를 가진다.

어휘 promote 승진시키다 characterize 특징짓다 target 대상으로 삼다 available 이용 가능한 vinyl 레코드판

정답 ④

---

08 우리말을 영어로 잘못 옮긴 것은? 문법

① 그의 주장은 나를 거의 설득할 뻔했다.

→ His argument came near to convincing me.

② 그녀는 너무 피곤해서 곧바로 잠들었다.

→ She was too tired to go to sleep right away.

③ 소득 불평등과 관련된 문제들이 발생하고 있다.

→ Problems have arisen regarding income inequality.

④ 그들은 신선한 재료를 공급받아 잔치를 준비했다.

→ Supplied with fresh ingredients, they prepared a feast.

해설 (too tired to go → so tired that she went) 'too ~ to'는 '너무 ~해서 ~할 수 없다'라는 뜻의 구문이고, 'so ~ that'은 '너무 ~해서 ~하다'라는 뜻의 구문이다. 주어진 우리말에 따르면 'so ~ that' 구문을 사용하여 She was so tired that she went to sleep right away.가 되어야 한다.

① 'come near to RVing'는 '거의 ~할 뻔하다'라는 뜻을 지닌 관용 표현으로 주어진 우리말에 맞게 쓰였다. 이때 to는 전치사이므로 뒤에 동명사가 오는 것에 유의해야 한다.

③ have arisen은 '발생하다'라는 뜻의 자동사 arise의 현재완료형으로 주어진 우리말에 맞게 쓰였다. regarding은 '~에 관하여'라는 뜻의 분사형 전치사이다.

④ 'A에게 B를 공급하다'라는 뜻의 'supply A with B' 구문을 수동태로 전환하면 'A be supplied with B'가 된다. 분사구문의 의미상 주어인 they가 재료를 '공급받은' 것이므로 수동의 과거분사 Supplied는 적절하게 쓰였다.

어휘 convince 설득하다 income 소득 inequality 불평등 ingredient 재료 feast 잔치

정답 ②

09 두 사람의 대화 중 가장 어색한 것은?

생활영어

① A: I've got butterflies in my stomach.

B: What are you so nervous about?

② A: I feel really blue today for some reason.

B: I can tell by that smile on your face.

③ A: Which shoes do you think will go with this dress?

B: Try on those black boots. They'll suit the dress.

④ A: One of the interviewer's questions caught me off guard.

B: Did you manage to come up with an answer?

[해설] A의 미소를 보고 그의 기분이 우울하다는 것을 알 수 있다는 B의 말은 모순된다. 따라서 대화 중 가장 어색한 것은 ②이다.

[해석] ① A: 나 가슴이 두근거려.

B: 뭐 때문에 그렇게 긴장하는 거야?

② A: 오늘 왠지 기분이 너무 우울해.

B: 네 얼굴의 그 미소로 알 수 있어.

③ A: 이 드레스에 어떤 신발이 어울릴 것 같아?

B: 저 검은색 부츠를 신어 봐. 드레스에 어울릴 거야.

④ A: 면접관의 질문 중 하나가 나를 당황하게 했어.

B: 대답을 생각해 내는 데 성공했어?

[어휘] have butterflies in one's stomach 가슴이 두근거리다, 조마조마하다 blue 우울한 tell 알다 go with 어울리다 try on ~을 입어[신어] 보다 suit 어울리다 catch one off guard ~을 당황하게 하다 come up with 생각해 내다

[정답] ②

10 밑줄 친 부분에 들어갈 말로 가장 적절한 것은?

생활영어

A: Ruth, did you check your inbox?

B: No. Is there something I should be aware of?

A: Yes. I sent you a copy of the business proposal one of our partners gave us.

B: _____

A: Thank you. I'll be waiting for your feedback.

① Okay, I'll take a look at it right now.

② It didn't seem like it would benefit us.

③ What are the key points of the proposal?

④ Could you teach me how to write a proposal?

[해설] A가 B에게 이메일로 보낸 사업 제안서를 A가 아직 확인하지 않은 상태이다. 빈칸 뒤에서 A가 고맙다고 말하며 피드백을 기다리겠다고 하였으므로, 빈칸에서 B는 제안서를 확인하겠다고 말한 것으로 추측할 수 있다. 따라서 빈칸에 들어갈 말로 가장 적절한 것은 ① '알겠습니다, 지금 바로 살펴볼게요.'이다.

② 그게 우리에게 도움 될 것 같지 않았어요.

③ 그 제안의 핵심 사항이 뭔가요?

④ 제안서를 어떻게 작성하는지 알려주실 수 있나요?

[해석] A: Ruth, 받은 편지함 확인하셨나요?

B: 아니요. 제가 알아야 할 게 있나요?

A: 네. 저희 파트너 중 한 명이 보내준 사업 제안서 사본을 보내 드렸어요.

B: 알겠습니다, 지금 바로 살펴볼게요.

A: 감사합니다. 피드백을 기다릴게요.

[어휘] inbox 받은 편지함(이메일 수신함) proposal 제안

[정답] ①

11 주어진 글 다음에 이어질 글의 순서로 가장 적절한 것은?

순서배열

West Africa is rich in minerals, including bauxite, gold, iron, and diamonds.

(A) Small-scale mining, on the other hand, is often informal and disorganized, typically undertaken by economically marginalized people.

(B) This abundance provides the potential for industries and governments to profit from industrial extraction, as well as a scramble among locals at the small-scale level to exploit these resources for cash.

(C) These two types of mining operate under vastly different systems and magnitudes. Industrial mining operates under a formalized system with governmental oversight.

*scramble: 쟁탈전

① (A) - (C) - (B)　　② (B) - (A) - (C)

③ (B) - (C) - (A)　　④ (C) - (A) - (B)

[해설] 주어진 문장은 서아프리카에는 광물이 풍부하다는 내용으로, 그 뒤에는 그 풍부함을 This abundance로 받아, 이를 통해 산업체와 정부는 산업적 채굴로 이익을 얻고 소규모 수준에서는 지역적으로 현금을 위한 쟁탈전이 벌어진다고 말하며 광물 자원이 채굴되는 두 경우를 제시하는 (B)가 와야 한다. 이후에는 이 두 경우를 These two types of mining으로 받은 후에, 전자인 Industrial mining을 부연하는 (C)가 오는 것이 적절하다. 마지막으로, 후자의 경우인 소규모 광업에 관한 내용을 on the other hand를 통해 제시하는 (A)로 글이 마무리되는 것이 자연스럽다. 따라서 글의 순서로 가장 적절한 것은 ③ '(B) - (C) - (A)'이다.

[해석] 서아프리카에는 보크사이트, 금, 철 및 다이아몬드를 포함한 광물이 풍부하다. (B) 이 풍부함은 산업체 및 정부가 산업적 채취로 이익을 얻을 잠재력뿐만 아니라, 소규모 수준에서 이 자원들을 현금으로 이용하기 위한 지역 주민들 사이의 쟁탈전도 생기게 한다. (C) 이러한 두 유형의 광업은 서로 다른 체계와 규모로 운영된다. 산업적 광업은 정부의 감독하에 공식화된 시스템으로 운영된다. (A) 반면, 소규모 광업은 종종 비공식적이고 체계적이지 못하며, 보통 경제적으로 소외된 사람들에 의하여 수행된다.

[어휘] bauxite 보크사이트 disorganized 체계적이지 못한 undertake 수행하다 marginalized 소외된 abundance 풍부 potential 잠재력 industrial 산업의 extraction 추출, 채취 exploit 이용하다, 착취하다 vastly 대단히, 엄청나게 magnitude 규모 formalize 공식화하다 oversight 감시, 감독

[정답] ③

12 주어진 문장이 들어갈 위치로 가장 적절한 곳은?

However, online reading differs significantly as it's often characterized by quick browsing and frequent website hopping.

Digital writing, originating and thriving on the web, exhibits a distinctive nature primarily shaped by its digital format. (①) Unlike traditional print media, digital writing takes on many different forms and contains traits that set it apart from hard copies. (②) E-books still largely resemble traditional books in their one-way communication style. (③) This is why, for digital writers, capturing and retaining reader attention is crucial — according to experts, the initial 20 seconds can determine whether a visitor stays or leaves a webpage. (④) As a result, they must tailor their style and layout to engage visitors and clearly communicate the purpose and value of their content.

해설 온라인상의 읽기가 빠른 훑어보기와 잦은 웹사이트 이동이라는 특성 때문에 매우 다르다는 내용의 주어진 문장이 역접 접속사 However로 시작하고 있으므로, 앞에는 그와 반대되는 내용이 와야 함을 알 수 있는데, 그에 가장 부합하는 것은 전자책은 여전히 전통적인 책과 비슷한 특성이 있다는 내용의 ③ 앞 문장이다. 또한 주어진 문장의 내용을 ③ 뒤 문장에서 This is why로 받아, 그 때문에 디지털 작가들이 독자들을 웹 페이지에 머물게 하는 것이 중요하다는 내용으로 이어지는 것이 자연스럽다. 따라서 주어진 문장이 들어가기에 가장 적절한 곳은 ③이다.

해석 웹에서 시작되고 번성하는 디지털 글쓰기는 주로 디지털 형식에 의해 형성된 독특한 특성을 보인다. 전통적인 인쇄 매체와 달리 디지털 글쓰기는 다양한 형태를 띠며, 인쇄물과 차별화되는 특성이 있다. 전자책은 여전히 일방향성 소통 방식 면에서 전통적인 책과 비슷하다. 그러나 온라인상의 읽기는 흔히 빠르게 훑기와 잦은 웹사이트 넘나들기를 특징으로 하므로 상당히 차이가 있다. 이것이 디지털 작가들에게 있어 독자들의 관심을 사로잡고 유지하는 것이 매우 중요한 이유인데, 전문가들에 따르면 처음 20초에 방문자가 웹 페이지에 머물지 떠날지가 결정될 수 있다고 한다. 따라서 그들은 방문자들의 관심을 끌고, 자기 콘텐츠의 목적과 가치를 분명히 전달할 수 있도록 문체와 레이아웃을 맞춰야 한다.

어휘 significantly 상당히 characterize ~을 특징 짓다 browse 훑어보다 frequent 잦은, 빈번한 hop 휙휙 바꾸다 thrive 번성하다 distinctive 독특한 primarily 주로 take on ~을 띠다 contain 포함하다 trait 특색, 특징 set A apart from B A를 B와 다르게 만들다 hard copy 하드카피, 인쇄물 retain 보유하다, 유지하다 tailor 맞추다

정답 ③

13 다음 글의 제목으로 가장 적절한 것은?

Protection against invasion of privacy is not explicitly guaranteed by the U.S. Constitution. Legal scholars agree that the right to privacy is implied by other constitutional guarantees, although debates rage about what this means. Federal and state laws provide forms of privacy protection, but most of those laws were written years ago. On the other hand, most European countries have had strong privacy protection laws for years. The 1998 European Data Protection Directive guarantees a basic set of privacy rights to citizens of all countries in the European Union — rights that go far beyond those of American citizens. The directive allows citizens to have access to their personal data, to have their inaccurate data corrected, to seek recourse in the event of unlawful processing, and to refuse permission to use their data for direct marketing.

① The U.S. Constitution: Its Hidden Meanings
② How U.S. Privacy Laws Originated from Europe
③ The Complications in Passing Bills Related to Privacy
④ Privacy Protection Laws: Contrast Between the U.S. and Europe

해설 개인정보 보호에 관한 내용이 헌법에 명시되어 있지 않으며 관련 연방법이나 주법이 오래전에 작성된 미국에 비해, 유럽 연합은 데이터 보호 지침에 따라 미국 시민보다 높은 수준의 개인정보 보호를 보장한다는 내용의 글이다. 따라서 글의 제목으로 가장 적절한 것은 ④ '개인정보 보호법: 미국과 유럽의 대비'이다.

① 미국 헌법: 그것의 숨겨진 의미 → 미국 헌법이 개인정보 보호를 명시적으로 보장하지 않는다고 언급될 뿐, 미국 헌법에 숨겨진 의미가 있다는 내용은 없다.
② 미국의 개인정보 보호법이 유럽에서 유래한 방식 → 미국의 개인정보 관련 법이 유럽에서 왔다는 내용은 언급되지 않았다.
③ 개인정보 관련 법안 통과의 문제 → 개인정보 관련 법안을 통과시키는 데 수반되는 어려움에 관한 글이 아니다.

해석 개인정보 침해에 대한 보호는 미국 헌법에 의해 명시적으로 보장되지 않는다. 법학자들은 개인정보에 대한 권리가 다른 헌법상의 보장에 암시되어 있다는 데 동의하지만, 이것이 무엇을 의미하는지에 대한 논쟁은 격해진다. 연방법과 주법은 개인정보 보호의 형태를 제공하지만, 그러한 법 대부분은 수년 전에 작성된 것이다. 반면에, 대부분의 유럽 국가들은 수년 동안 강력한 개인정보 보호법을 시행해 왔다. 1998년 유럽 데이터 보호 지침은 유럽 연합의 모든 국가의 시민에게 기본적인 개인정보 권리들을 보장하는데, 이 권리들은 미국 시민의 권리들을 훨씬 뛰어넘는다. 이 지침으로 인해 시민은 자신의 개인 데이터에 접근할 수 있고, 부정확한 데이터를 수정할 수 있고, 불법적인 처리가 발생하면 방편을 요청할 수 있으며, 직접적인 마케팅을 위한 자신의 데이터 사용에 대한 허락을 거절할 수 있다.

어휘 invasion 침해 privacy 사생활, 개인정보 explicitly 명시적으로, 명확하게 guarantee 보장하다; 보장 imply 암시하다 constitutional 헌법의 rage 격해지다 federal 연방의 directive 지침, 지시 inaccurate 부정확한 recourse 방편, 구제 (수단) refuse 거절하다 permission 허락 originate 기반하다 complication 문제 bill 법안 contrast 대비

정답 ④

14 글의 흐름상 가장 어색한 문장은?

For many years, psychologists believed that dark emotions, like anger, needed to be released physically. ① This led to a movement to "let it all out," with psychologists literally telling people to hit soft objects, like pillows or punching bags, to release suppressed feelings. ② It turns out, however, that this type of emotional venting likely doesn't soothe anger as much as build it up. ③ That's because encouraging people to act out their anger makes them relive it, strengthening the neural pathways for anger. ④ Acting out anger physically not only mitigates the immediate intensity of the emotion but also cultivates long-term emotional stability. Studies on venting anger, whether online or verbally, have also concluded that it generally backfires.

해설 분노 등 어두운 감정의 물리적 표출이 기대와는 달리 감정 해소에 도움이 되기보다 역효과를 낼 수 있다는 내용의 글이다. 하지만 ④는 분노의 물리적 표출이 그 순간뿐 아니라 장기적으로도 이득이 되는 점이 있다는 내용이므로 전체적인 글의 맥락과 상반된다. 따라서 글의 흐름상 가장 어색한 문장은 ④이다.

해석 오랫동안 심리학자들은 분노와 같은 어두운 감정은 물리적으로 방출될 필요가 있다고 믿었다. 이것은 "다 털어놓자"라는 운동으로 이어져서, 심리학자들은 말 그대로 사람들에게 베개나 샌드백 등 부드러운 물체를 쳐서 억압된 감정을 표출하라고 이야기했다. 하지만 이런 종류의 감정 분출은 아마 분노를 진정시키기보다는 그것을 강화할 것이다. 왜냐하면 사람들에게 화를 표출하라고 권하는 것은 그들이 그것을 다시 체험하게 하여, 분노의 신경 통로를 강화하기 때문이다. (분노를 물리적으로 표출하는 것은 감정의 즉각적인 강도를 완화할 뿐 아니라, 장기적인 정서적 안정성을 길러 준다.) 온라인으로든 구두로든, 감정을 분출하는 것에 관한 연구 또한 이것이 일반적으로 역효과를 낸다고 결론지었다.

어휘 physically 육체적으로, 물리적으로 let out 털어놓다, 표출하다 literally 말 그대로 pillow 베개 suppress 억압하다 venting 분출, 뿜어냄 soothe 진정시키다 act out (부정적 감정을) 표시하다 relive 다시 체험하다 strengthen 강화하다 pathway 경로 mitigate 완화하다 intensity 강도 cultivate 기르다, 함양하다 stability 안정성 verbally 말로, 구두로 backfire 역효과를 내다

정답 ④

15 puppy party에 관한 다음 글의 내용과 일치하지 않는 것은?

Shall We Have Fun at the Puppy Party?

WOOF WOOF! We're pleased to announce the upcoming date for our next puppy party!

Put November 23 in your diaries!

* For ALL puppies up to 6 months old that are fully vaccinated.
* Bring your adorable puppy for an incredible two hours of fun and education.

We will cover such topics as:
* Games to help with recall
* Tips on confidence building
* Puppy bite inhibition advice
* Grooming tips and suggestions

Parties are capped at 20 puppies, so please call to book ASAP as they usually sell out fast! Light refreshments will be provided.

Only $20 per puppy — your entire family is welcome!

Call us on 01449 706456 NOW!

① 백신 접종을 마친 생후 6개월 이내의 강아지를 대상으로 한다.
② 강아지 물림 사고를 방지하기 위한 조언을 제공한다.
③ 참여할 수 있는 강아지는 20마리로 제한된다.
④ 한 사람당 20달러를 지불해야 한다.

해설 글의 후반부에서 강아지 한 마리당 20달러라고 언급되므로, 글의 내용과 일치하지 않는 것은 ④ '한 사람당 20달러를 지불해야 한다.'이다.
① 백신 접종을 마친 생후 6개월 이내의 강아지를 대상으로 한다. → 글의 초반부에서 언급된 내용이다.
② 강아지 물림 사고를 방지하기 위한 조언을 제공한다. → 글의 중반부에서 언급된 내용이다.
③ 참여할 수 있는 강아지는 20마리로 제한된다. → 글의 후반부에서 언급된 내용이다.

해석 **강아지 파티를 즐겨볼까요?**

멍멍! 다가올 강아지 파티 날짜를 발표하게 되어 기쁩니다!

일기에 11월 23일을 적어 두세요!

* 백신을 완전히 접종한 생후 6개월까지의 모든 강아지를 대상으로 합니다.
* 놀라운 2시간의 재미와 교육을 위해 사랑스러운 강아지를 데리고 오세요.

다음과 같은 주제를 다룰 것입니다:
* 기억에 도움이 되는 게임
* 자신감 구축에 대한 팁
* 강아지 물림 방지 조언
* 털 손질 팁 및 제안

파티는 강아지 20마리로 제한되어 있으니 최대한 빨리 예약해 주세요! 가벼운 다과가 제공될 것입니다.

강아지 한 마리당 20달러만 내면 됩니다. 온 가족이 오셔도 됩니다!

01449 706456로 지금 전화하세요!

어휘 announce 알리다 vaccinated 백신 접종된 adorable 사랑스러운 cover 다루다 grooming 털 손질, 몸단장 recall 기억 inhibition 억제 cap 한도를 정하다 refreshments 다과

정답 ④

16 다음 글의 내용과 일치하지 않는 것은? 불일치

Henrietta Lacks wasn't a scientist or a celebrity, but her cells, known as HeLa cells, have revolutionized medical research. Diagnosed with cervical cancer in 1951, she underwent treatment at Johns Hopkins Hospital. During this time, doctors removed tissue samples from her tumor without her knowledge or consent, a common practice at the time for African American patients. These cells, later named HeLa, proved to be unlike any others before. They multiplied rapidly in a lab setting, a rarity for human cells since human cells normally could not multiply outside the human body. This made HeLa cells invaluable for research. They have been instrumental in countless breakthroughs, including cancer treatments and the development of polio and COVID-19 vaccines. Lacks herself died of cancer at the young age of 31, unaware of the ongoing contribution of her cells. Although Johns Hopkins offered HeLa cells for free for scientific research, her story raises important ethical questions about patient consent and ownership of biological material.

① Lacks didn't approve of having her cells collected.
② HeLa cells can multiply outside the human body.
③ Lacks had known of her cells' significance before she died.
④ Johns Hopkins gave out HeLa cells at no cost for research.

해설 마지막 2번째 문장에서 Lacks는 자기 세포의 기여에 관해 알지 못한 채 사망했다고 언급되므로, 글의 내용과 일치하지 않는 것은 ③ 'Lacks는 사망하기 전에 자기 세포의 중요성을 알고 있었다.'이다.

① Lacks는 자기 세포가 채취당하는 것을 승인하지 않았다. → 3번째 문장에서 언급된 내용이다.
② 힐라세포는 인체 밖에서도 증식할 수 있다. → 5번째 문장에서 언급된 내용이다.
④ Johns Hopkins는 연구를 위해 힐라세포를 무상으로 제공했다. → 마지막 문장에서 언급된 내용이다.

해석 Henrietta Lacks는 과학자나 유명인은 아니었지만, 힐라세포로 알려진 그녀의 세포는 의학 연구에 혁명을 일으켰다. 1951년 자궁경부암 진단을 받은 그녀는 Johns Hopkins 병원에서 치료받았다. 이 기간에 의사들은 그녀가 모르게 또는 그녀의 동의 없이 종양에서 조직 샘플을 떼어 냈는데, 이는 당시 미국 흑인 환자들에게 행해지던 흔한 관행이었다. 나중에 힐라로 명명된 이 세포는 이전 것들과는 다른 것으로 밝혀졌다. 그것들은 실험실 환경에서 빠르게 증식했는데, 일반적으로 인간 세포는 인체 외부에서 증식할 수 없기 때문에 이는 매우 드문 일이었다. 이것은 힐라세포를 연구에 매우 귀중한 존재로 만들었다. 그것들은 암 치료, 소아마비 및 코로나19 백신 개발 등 수많은 혁신에 중요한 역할을 해왔다. Lacks 자신은 자기 세포의 계속되는 기여에 관해 알지 못한 채 31세의 젊은 나이에 암으로 사망했다. Johns Hopkins는 힐라세포를 과학 연구를 위해 무료로 제공했지만, 그녀의 이야기는 환자의 동의와 생물학적 물질의 소유권에 대한 중요한 윤리적 의문을 제기한다.

어휘 celebrity 유명인, 명사 revolutionize 혁명을 일으키다 diagnose 진단하다 cervical cancer 자궁경부암 undergo 겪다 tissue (세포) 조직 tumor 종양 consent 동의, 허가 multiply 증식하다 rarity 아주 드묾 invaluable 매우 귀중한 instrumental 중요한 breakthrough 획기적인 약진, 발전 polio 소아마비 unaware of ~을 알지 못하는 ongoing 계속 진행 중인 contribution 기여, 공헌 ethical 윤리적인 ownership 소유권 biological 생물(학)의 material 물질, 소재 approve of ~을 승인하다 significance 의의, 의미 at no cost 무료로

정답 ③

17 다음 글의 요지로 가장 적절한 것은? 요지

In a study designed to explore which factors come into play in human decision-making, researchers put forward two options for an epidemic-control strategy. The lives of 600 people were at stake, they told participants. 'Option A saves 200 lives.' 'Option B offers a 33% chance that all 600 people will survive, and a 66% chance that no one will survive.' Although options A and B were comparable (with 200 survivors expected), the majority of respondents chose A — remembering the saying: "a bird in the hand is worth two in the bush." It became really interesting when the same options were reframed. 'Option A kills 400 people,' 'Option B offers a 33% chance that no one will die, and a 66% chance that all 600 will die.' This time, only a fraction of respondents chose A and the majority picked B. The researchers observed a complete U-turn from almost all involved. Depending on the phrasing — survive or die — the respondents made completely different decisions.

① People tend to base their decisions on the majority opinion.
② The effectiveness of epidemic-control strategies is unpredictable.
③ Our reactions to the same situations vary with their presentation.
④ Numbers are more important than the way options are described.

해설 똑같은 상황을 어떤 말로 표현하는가에 따라 같은 상황에 대한 반응도 달라질 수 있다는 것을 한 연구 사례로 보여 주는 글이다. 따라서 글의 요지로 가장 적절한 것은 ③ '동일한 상황에 대한 우리의 반응은 그것의 표현에 따라 달라진다.'이다.
① 사람들은 다수 의견을 근거로 의사결정을 내리는 경향이 있다. → 다수 의견을 좇아간다는 내용은 언급되지 않았다.
② 전염병 통제 전략의 유효성은 예측 불가능하다. → 전염병 통제 전략은 같은 상황을 다르게 표현한 예시에 불과하다.
④ 숫자가 선택지 진술 방식보다 더 중요하다. → 제시하는 수치보다는 생존 또는 사망과 같은 선택지의 진술 방식이 중요하다는 것이 글의 핵심 내용이다.

인간의 의사결정에 어떤 요인이 관여하는가를 탐구할 목적으로 설계된 한 연구에서, 연구자들은 하나의 전염병 통제 전략에 관한 두 가지 안을 제시했다. 600명의 목숨이 위태로운 상태라고 그들은 참가자들에게 말했다. 'A안은 200명의 목숨을 살린다.' 'B안은 600명이 살아남을 가능성이 33%이고, 누구도 살아남지 못할 가능성이 66%임을 제시한다.' 선택지 A와 B가 비슷했음에도 불구하고(기대치 생존자 200명), 대다수의 응답자들은 A안을 선택했다. '손 안에 든 새 한 마리가 덤불 속에 있는 새 두 마리만큼의 가치가 있다(남의 돈 천 냥이 내 돈 한 푼만 못하다)'라는 속담을 기억하면서 말이다. 똑같은 선택지를 (다른 말로) 다시 표현했을 때는 정말 흥미로워졌다. 'A안은 400명을 사망케 한다', 'B안은 아무도 사망하지 않을 가능성을 33%, 600명 전부가 죽을 가능성이 66%임을 제시한다.' 이번에는, 응답자의 일부만이 A를 선택했고 대다수는 B를 선택했다. 연구자들은 참여한 사람들 거의 모두가 완전히 거꾸로 돌아선다는 것을 관찰했다. 표현에 따라서(생존 또는 사망), 응답자들은 완전히 다른 결정을 내렸다.

어휘 come into play 작용하다 put forward 제시하다 epidemic 전염병 strategy 전략 at stake 위험에 처한 comparable 비슷한, 비견할 만한 majority 다수 respondent 응답자 saying 속담 reframe 다시 구성[표현]하다 fraction 부분, 일부 complete 완전한 base A on B A의 근거를 B에 두다 effectiveness 유효성 unpredictable 예측 불가능한

정답 ③

---

18 (A)와 (B)에 들어갈 말로 가장 적절한 것은?

The team-identity issue contains a troublesome paradox.   (A) , the diversity that gives many teams real effectiveness can frustrate team identity. Differences among team members are the sources of varied ideas, perspectives, and skills that can improve the team's ability to make good decisions and accomplish its work. When the components of the team's task are interdependent, team members need to integrate their differentiated work efforts.   (B) , diversity may act as a barrier, hindering social interactions that help team members to integrate their work. Indeed, the very differences that give teams the potential for high performance can make it difficult for group members to work together because they may be the source of misunderstandings, differing assumptions, stereotypes, biases, and related disruptions.

	(A)	(B)
①	In other words	In the same way
②	That is	Unfortunately
③	On the contrary	Nevertheless
④	Conversely	As a result

해설 (A) 앞에서 말한 '골치 아픈 역설'을 뒤에서 풀어 설명하는 문맥이므로 (A)에 들어갈 말로 적절한 것은 In other words 또는 That is이다. 또한, (B) 앞에서 다양한 팀원들이 서로 협력해야 할 상황에 관해 언급하는데, 뒤에서는 이때 이뤄져야 할 상호 작용을 다양성이 '방해할' 수 있다는 부정적인 내용으로 맥락이 전환된다. 따라서 (B)에 들어갈 말로 적절한 것은 Unfortunately이다.

해석 팀 정체성 문제는 골치 아픈 역설을 내포하고 있다. 즉, 많은 팀들에게 실질적인 유효성을 가져다주는 다양성이 팀 정체성을 방해할 수 있다. 팀원들 간 차이는 좋은 결정을 내리고 일을 완수하는 팀의 능력을 향상시킬 수 있는 다양한 아이디어, 관점, 그리고 기술의 원천이다. 팀 과업의 구성 요소가 상호 의존적일 때, 팀원들은 서로 분화된 업무 노력을 통합할 필요가 있다. 유감스럽게도, 다양성은 장벽 역할을 해서, 팀원들이 업무를 통합하는 데 도움이 되는 사회적 상호 작용을 방해할 수도 있다. 실제로, 팀에게 높은 성과의 가능성을 주는 바로 그 차이가 구성원들이 함께 일하는 것을 어렵게 만들 수 있는데, 그것이 오해, 상이한 가정, 고정 관념, 편견, 그리고 관련된 지장의 원천이 될 수도 있기 때문이다.

어휘 identity 정체성 troublesome 골치 아픈 paradox 역설 diversity 다양성 frustrate 방해하다, 좌절시키다 varied 다양한 perspective 시각, 관점 component 구성 요소 interdependent 상호 의존적인 integrate 통합하다 differentiate 차별화하다, 구분하다 barrier 장벽 hinder 방해하다 misunderstanding 오해 assumption 가정, 억측 stereotype 고정 관념 bias 편견 disruption 지장, 방해

정답 ②

19 밑줄 친 부분에 들어갈 말로 가장 적절한 것은? 빈칸완성

Audiences tend to assume that if a lead character is the film's narrator, then that character is telling the story after the events in the film have taken place. This assumption can be skillfully utilized to lead the audience to _____. Billy Wilder's *Sunset Blvd.* begins with a flash-forward depicting a dead man floating in a pool. The narrator tells us that the man has been murdered and then announces that the film is going to go back six months to show how it all began. The narrator then introduces himself as the character Joe Gillis, and for the rest of the film the audience wonders which of the characters will turn out to be the dead man. The only person the audience does not assume to be the dead man is Joe, since he is the one narrating the story. However, at the conclusion of the film we discover that it is Joe who gets murdered and falls into the pool, and that he has been talking to the audience from beyond the grave.

① discover hidden clues
② question their memory
③ create false expectations
④ overlook insignificant details

20 밑줄 친 부분에 들어갈 말로 가장 적절한 것은? 빈칸완성

In an experimental study on the behavior of six-year-olds, the young participants were tasked with completing an assignment on a laptop, with the option to pause at any moment to engage in games on an iPad. The children were divided into three groups: the first was instructed to reflect on their personal thoughts and emotions, the second to consider their own actions from a third-person perspective, and the third to emulate characters, such as Batman and Mulan, who are known for their propensity for hard work. Despite the fact that the iPad games proved to be a tempting distraction, it was observed that the children who adopted the identities of characters they looked up to demonstrated the greatest perseverance, managing to resist distractions for extended periods. In other words, there may be significant benefits of _____.

① role-playing
② multi-tasking
③ self-reflection
④ non-subjectivity

01	02	03	04	05
③	②	④	②	④
06	**07**	**08**	**09**	**10**
②	③	③	④	③
11	**12**	**13**	**14**	**15**
②	③	④	④	②
16	**17**	**18**	**19**	**20**
③	④	④	①	②

01 밑줄 친 부분의 의미와 가장 가까운 것은? 　어휘

The guests arrived at the party in a <u>simultaneous</u> manner, causing the entrance to become very crowded.

① gradual
② multiple
③ coincident
④ complicated

해설 simultaneous는 '동시의'라는 뜻으로, 이와 의미가 가장 가까운 것은 ③ 'coincident(동시의)'이다.
① 점진적인 ② 다양한 ④ 복잡한
해석 파티에 손님들이 동시에 도착하여 입구가 매우 혼잡해졌다.
어휘 entrance 입구 crowded 붐비는

정답 ③

02 밑줄 친 부분에 들어갈 말로 가장 적절한 것은? 　어휘

There was a _____ in electricity usage across the city. This is because the rising temperatures made citizens highly dependent on air conditioning.

① reign
② surge
③ plunge
④ margin

해설 기온이 상승하여 에어컨에 대한 의존도가 커졌다는 뒤 문장의 내용으로 보아, 전기 사용량이 많아졌을 것을 유추할 수 있다. 따라서 빈칸에 들어갈 말로 가장 적절한 것은 ② 'surge(급증)'이다.
① 통치 ③ 급락 ④ 차이
해석 도시 전역에서 전기 사용량 급증이 있었다. 이는 기온 상승으로 인해 시민들이 에어컨에 매우 의존하게 되었기 때문이다.
어휘 electricity 전기 dependent on ~에 의존하는 air conditioning 에어컨

정답 ②

03 밑줄 친 부분에 들어갈 말로 가장 적절한 것은? 　빈칸완성

As Theodore Roosevelt aptly noted, _____ robs us of joy and erodes our confidence, particularly when our standards are distorted. Research highlights that people frequently overestimate the performance and social activity of their peers, which contributes to feelings of inadequacy and discontent. The inclination to perceive others' lives as more fulfilling further compounds our own sense of inferiority.

① failure
② unlikeness
③ depression
④ comparison

해설 글에서 부족감, 불만감, 열등감의 원인으로 언급되고 있는 것은 다른 사람의 성과를 과대평가하고 다른 사람의 삶을 더 좋게 보는 경향이다. 즉, 우리의 기쁨을 앗아가고 자신감을 떨어뜨리는 것은 남들과 자신을 비교하는 행위이므로, 빈칸에 들어갈 말로 가장 적절한 것은 ④ '비교'이다.
① 실패 → 남의 성과를 과대평가한다는 내용만 언급될 뿐, 자신이 실패하는 내용에 관한 언급은 전혀 없다.
② 다름 → 단순히 남과 다르다는 것보다도, 남보다 '못하다'는 느낌이 불만, 불안, 열등감 등을 야기하는 것이다.
③ 우울감 → 소외나 외로움을 낳는 '요인'이 우울인 것은 아니다. 우울은 '남들과의 비교'로 인해 소외감과 더불어 추가로 생길 수 있는 감정에 불과하다.
해석 Theodore Roosevelt가 적절하게 지적했듯이, 특히 우리의 기준이 왜곡되어 있을 때 비교는 우리로부터 기쁨을 앗아 가고 우리의 자신감을 떨어뜨린다. 연구는 사람들이 흔히 자기 또래의 성과와 사회 활동을 과대평가하는데, 이는 부족감과 불만감의 원인이 된다고 강조한다. 다른 사람들의 삶이 더 충만하다고 여기는 경향은 우리 자신의 열등감을 더 악화시킨다.
어휘 aptly 적절히 rob 빼앗다 erode 약화시키다 distort 왜곡하다 highlight 강조하다 overestimate 과대평가하다 inadequacy 부족 discontent 불만 inclination 경향 fulfilling 충족하는, 성취감을 주는 compound 악화시키다 inferiority 열등

정답 ④

04 밑줄 친 부분에 들어갈 말로 가장 적절한 것은? 　이어동사

Shakespeare is one of the greatest writers to have lived, and his work is performed, read, and taught across the world. His legacy has also _____ changing times; for example, in the 20th and 21st centuries his plays have been adapted into hundreds of feature films.

① given out
② kept up with
③ wiped out
④ made up with

해설 빈칸 뒤에서 제시된 예시가 현대에 Shakespeare의 희곡이 영화로 각색되었다는 내용이므로, 그의 유산이 시대가 변해도 시류에 뒤처지지 않는다는 것을 알 수 있다. 따라서 빈칸에 들어갈 말로 가장 적절한 것은 ② 'kept up with(따라잡다, 뒤지지 않다)'이다.

① 나눠 주다 ③ 완전히 파괴하다 ④ 화해하다

해석 Shakespeare는 역사상 가장 위대한 작가 중 한 명이고, 그의 작품은 전 세계에서 공연되고, 읽히고, 가르쳐지고 있다. 그의 유산은 또한 변화하는 시대를 따라잡아 왔는데, 그 예로 20세기와 21세기에 그의 희곡은 수백 편의 장편 영화로 각색되었다.

어휘 legacy 유산 adapt 각색하다 feature film 장편 영화

정답 ②

---

05 밑줄 친 부분의 의미와 가장 가까운 것은? [어휘]

King James I oppressed the Catholics who attempted to seize control of the government and the Protestants who refused to follow the revised canons. He pursued his absolutist policies rather than sided with any particular faith and suppressed all who tried to <u>undermine</u> his authority.

① detest   ② forbid
③ reverse   ④ weaken

해설 undermine은 '약화시키다'라는 뜻으로, 이와 의미가 가장 가까운 것은 ④ 'weaken(약화시키다)'이다.

① 몹시 싫어하다 ② 금지하다 ③ 뒤집다

해석 James 1세는 정부에 대한 통제력을 쥐려는 가톨릭 신자들과 개정된 교리를 따르기를 거부하는 개신교 신자들을 탄압했다. 그는 어느 특정한 신앙의 편을 들기보다는 자신의 절대주의적 정책을 추구했고, 자신의 권위를 약화시키려는 모든 이들을 탄압했다.

어휘 oppress 탄압하다 Catholic 가톨릭 신자 seize 쥐다, 장악하다 Protestant 개신교 신자 revise 개정하다 canon 교리, 교회법 absolutist 절대주의적인 side with ~의 편을 들다 faith 신앙 suppress 탄압하다 authority 권위

정답 ④

---

06 우리말을 영어로 잘못 옮긴 것은? [문법]

① 그녀는 그를 다시 믿을 정도로 어리석지 않다.
→ She knows better than to believe him again.

② 회의에 늦게 도착해서 죄송합니다.
→ I apologize for arriving lately to the meeting.

③ 중요한 것은 바로 양이 아니라 질이다.
→ It's not the quantity but the quality that matters.

④ 그는 버스를 타기 위해 서두르다 자기 발에 걸려 넘어졌다.
→ He fell over his own feet, rushing to catch the bus.

해설 (lately → late) late는 '늦게'라는 뜻이고, lately는 '최근에'라는 뜻이다. 주어진 우리말에 따르면 '늦게' 도착한 것이므로 late가 쓰여야 한다. 참고로 전치사 for의 목적어로 동명사 arriving이 온 것은 적절하다.

① 'know better than to RV'는 '~할 정도로 어리석지 않다'라는 뜻의 관용 표현으로 주어진 우리말에 맞게 적절히 쓰였다.

---

③ 'It ~ that' 강조 구문을 이용하여 'A가 아니라 B'를 의미하는 상관접속사 구문 'not A but B'를 강조하고 있다. 'not A but B'가 주어로 쓰이는 경우 동사를 B에 수일치해야 하므로, 불가산명사 the quality에 수일치한 단수 동사 matters도 적절하게 쓰였다.

④ 분사구문의 의미상 주어인 He가 '서두른' 것이므로 능동의 현재분사 rushing은 적절하게 쓰였다.

어휘 apologize 사과하다 quantity 양 matter 중요하다 fall over ~에 걸려 넘어지다 rush 서두르다

정답 ②

---

07 우리말을 영어로 잘못 옮긴 것은? [문법]

① 이 차는 다른 어떤 모델보다도 연료 효율이 좋다.
→ This car is more fuel-efficient than any other model.

② 나는 소설을 다 쓰면 출판사에 제출할 예정이다.
→ I will submit my novel to publishers once I finish writing it.

③ 손으로 쓴 메모가 케이스 안에 든 바이올린과 함께 있었다.
→ A handwritten note accompanied the violin placing in the case.

④ Ian은 불로 소득을 얻기 위해 부동산에 투자했다.
→ Ian invested in real estate with a view to making passive income.

해설 (placing → placed) placing in the case는 the violin을 수식하는 분사구인데, '놓다'라는 뜻의 타동사로 쓰인 place 뒤에 목적어가 없고 의미상으로도 바이올린이 케이스 안에 '놓인' 것이므로 수동의 과거분사 placed가 되어야 한다. 참고로 메모가 '손으로 쓴' 것이므로 과거분사형 형용사 handwritten의 쓰임은 적절하고, 완전타동사 accompany가 전치사 없이 목적어를 바로 취하고 있는 것도 적절하다.

① 비교급을 이용하여 최상급을 표현하는 경우, '비교급 ~ than + all the other + 복수 명사' 또는 '비교급 ~ than + any other + 단수 명사' 구조를 취한다. 여기서는 any other가 쓰이고 있으므로 뒤에 단수 명사 model이 오는 것은 적절하다.

② once가 이끄는 조건 부사절에서는 현재시제가 미래시제를 대신하므로 finish의 쓰임은 적절하다. 또한 finish는 동명사를 목적어로 취하는 동사이므로 writing도 적절하게 쓰였으며, it은 앞서 나온 my novel을 가리켜 수일치가 적절하다.

④ 'with a view to RVing'는 '~할 목적으로'라는 뜻의 동명사 관용 표현으로 주어진 우리말에 맞게 적절히 쓰였다.

어휘 fuel-efficient 연료 효율이 좋은 submit 제출하다 accompany 동반하다, 함께하다 real estate 부동산 passive income 불로 소득

정답 ③

08 어법상 옳은 것은?

① The extreme sports have been greatly thrilled them.
② We supposed to contact two major clients tomorrow.
③ He was seen to enter the building shortly after the guard left.
④ I solved the problem in the way how my mentor had taught me.

해설 지각동사로 쓰인 see가 수동태로 전환되면 to 부정사를 보어로 취하므로 to enter의 쓰임은 적절하며, 완전타동사인 enter가 전치사 없이 목적어를 바로 취하고 있는 것도 적절하다.

① (have been → have) 타동사인 thrill 뒤에 목적어 them이 있으며, 의미상으로도 익스트림 스포츠가 '흥분된' 것이 아니라 그들을 '흥분시킨' 것이므로 수동태가 아닌 능동태로 써야 한다.

② (supposed → are supposed) suppose는 '가정하다'라는 뜻으로 쓰이면 to 부정사 목적어를 취하지 않는 동사이다. 여기서는 문맥상 '~하기로 되어 있다'라는 의미가 자연스러우므로 'be supposed to RV'가 쓰여야 한다. 따라서 supposed를 are supposed로 고쳐야 한다. 참고로 contact는 완전타동사이므로 전치사 없이 바로 목적어를 취하고 있는 것은 적절하다.

④ (how → in which 또는 that) the way와 how는 함께 사용할 수 없으므로, 관계부사 how 대신 the way를 선행사로 취해 종속절과 연결하면서, 완전한 절을 이끌 수 있는 '전치사 + 관계대명사'인 in which로 고쳐야 한다. 또는 관계부사 대용으로 쓸 수 있는 that으로 고치는 것도 가능하다.

해석 ① 익스트림 스포츠는 그들을 매우 흥분게 했다.
② 우리는 내일 두 주요 고객과 연락하기로 되어 있다.
③ 그가 경비원이 떠난 직후 건물에 들어가는 것이 보였다.
④ 나는 내 멘토가 내게 가르쳐 준 방식으로 문제를 풀었다.

어휘 thrill 짜릿하게 하다, 흥분시키다 shortly after ~직후에

정답 ③

---

09 다음 글의 제목으로 가장 적절한 것은?

Anxiety is an uncomfortable emotion. It can create intense, excessive, and persistent worry and fear, not just about stressful events but also about everyday situations. But while too much anxiety can be debilitating, a normal amount is meant to help keep us safe. Anxiety and the underlying physiological stress response evolved to protect us. Remind yourself that this is the emotional reaction that occurs when you anticipate bad things will happen. It is an internal alarm system that prompts physical responses like racing heartbeats and constricted blood vessels. These responses compel us to pay attention and sharpen focus, allowing us to be prepared when faced with challenges. These feelings and symptoms are a part of our innate way of dealing with potential risks.

① Different Methods to Manage Anxiety
② Signs That Show You're under Stress
③ What You Can Gain from Reducing Anxiety
④ The Gift of Discomfort: Why Anxiety Matters

해설 불안은 인간을 보호하기 위해 진화한 감정인만큼, 우리가 위험이나 어려움에 직면했을 때 이에 적절히 대처할 수 있게 해준다는 내용의 글이다. 따라서 글의 제목으로 가장 적절한 것은 ④ '불편이라는 선물: 불안이 중요한 이유'이다.

① 불안을 관리하는 다양한 방법 → 불안이 우리에게 도움 되는 측면을 서술할 뿐, 불안을 다루는 여러 방법을 소개하는 글은 아니다.

② 당신이 스트레스를 받고 있음을 나타내는 신호 → 스트레스를 받을 때 생기는 생리적 반응이 언급되긴 하나, 글의 핵심은 그 반응이 어떤 역할을 하는지이다.

③ 불안을 줄여서 얻을 수 있는 것 → 오히려 불안으로부터 얻을 수 있는 이점을 기술하는 글이므로 적절하지 않다.

해석 불안은 불편한 감정이다. 이것은 스트레스를 주는 사건뿐만 아니라 일상적인 상황에서도 강렬하고, 과도하며, 지속되는 걱정과 두려움을 유발할 수 있다. 그러나 지나친 불안은 심신을 약화시킬 수 있지만, 정상적인 양은 우리를 안전하게 지키는 데 도움된다. 불안과 그 기저의 생리적 스트레스 반응은 우리를 보호하기 위해 진화했다. 이것은 당신이 나쁜 일이 생길 것이라고 예상할 때 일어나는 감정적 반응이라는 점을 기억하라. 이것은 빠른 심장 박동 및 수축된 혈관과 같은 신체적 반응을 유발하는 내부 경보 시스템이다. 이러한 반응은 우리가 주의를 기울이고 집중력을 날카롭게 하여 어려움에 직면했을 때 대비되어 있을 수 있게 만든다. 이러한 감정과 증상은 잠재적 위험에 대처하는 우리의 선천적인 방식의 일부분이다.

어휘 anxiety 불안 intense 강렬한 excessive 과도한 persistent 지속되는 debilitate 심신을 약화시키다 underlying 근본적인 physiological 생리적인 anticipate 예상하다 internal 내부의 prompt 유도하다 constrict 수축시키다 blood vessel 혈관 compel ~하게 만들다 sharpen 날카롭게 하다 symptom 증상 innate 선천적인 deal with ~에 대처하다

정답 ④

10 주어진 글 다음에 이어질 글의 순서로 가장 적절한 것은? [순서배열]

> There is an exercise that I use in my seminars to demonstrate the power of taking action.

(A) But I just continue standing there holding up the $100 bill until someone actually gets out of their chair, comes up, and takes it out of my hand. After the exercise, when I ask the group how many of them thought about coming up to take the money but stopped themselves, half the room raises their hands.

(B) So, what did the person who actually got the money do differently to end up $100 richer? She took action — she did what was necessary to get the money — and that's exactly what you need to do if you want to be successful.

(C) I hold up a $100 bill and ask, "Who would like this $100 bill?" Lots of people start waving their hands back and forth. Other people shout out, "I want it!" or "Give it to me!"

① (B) - (A) - (C)
② (B) - (C) - (A)
③ (C) - (A) - (B)
④ (C) - (B) - (A)

[해설] 행동의 힘을 보여 주기 위해 자신이 하는 활동이 있다는 주어진 글 이후에는 그 활동에 관해 설명하기 시작하는 (C)가 이어져야 한다. 그다음으로, (C)에서 언급된 a $100 bill을 the $100 bill로 받으며 많은 사람이 그것을 원하지만, 화자는 실제로 누군가가 그 돈을 직접 가져갈 때까지 기다린다고 말하는 (A)가 But을 통해 자연스럽게 연결된다. 마지막으로, (B)에서 결국 돈을 가져간 사람이 다른 사람과 어떤 차이가 있었는지를 설명한 후 그 활동의 목적을 상기시키며 글을 마무리한다. 따라서 글의 순서로 가장 적절한 것은 ③ '(C) - (A) - (B)'이다.

[해석] 내가 세미나에서 행동을 취하는 것의 힘을 증명하기 위해 하는 활동이 있다. (C) 나는 100달러 지폐를 들고 "누가 이 100달러 지폐를 원하십니까?"라고 묻는다. 많은 사람이 앞뒤로 손을 흔들기 시작한다. 다른 사람들은 "제가 원해요!" 또는 "저한테 주세요!" 라고 소리친다. (A) 하지만 나는 누군가가 실제로 의자에서 일어나 올라와서 내 손에서 100달러 지폐를 가져갈 때까지 계속해서 그 자리에 서서 100달러 지폐를 들고 서 있는다. 그 활동 이후에 나는 그 집단에 그들 중 몇 명이 그 돈을 가져가려고 올라올 생각을 했지만 자제했는지를 물으면 그 방 안의 절반이 손을 든다. (B) 그렇다면, 실제로 돈을 받은 사람은 무엇을 다르게 했길래 결국 100달러 더 부자가 되었을까? 그녀는 행동을 취했다. 즉, 그녀는 돈을 얻기 위해 필요한 것을 했다. 그리고 당신이 성공하고 싶다면 그 것이 바로 당신이 해야 할 일이다.

[어휘] exercise 활동 demonstrate 보여 주다, 증명하다 take action 행동에 옮기다 back and forth 앞뒤로

[정답] ③

---

11 밑줄 친 부분에 들어갈 말로 가장 적절한 것은? [생활영어]

A: Are you heading home?
B: Yes, I was about to. How about you?
A: Not in a while. I still have some work left. By the way, did you bring an umbrella? It's pouring outside.
B: No, I didn't. I'll probably have to run to the subway station.
A: _____
B: Really? Are you sure you have another one for yourself?
A: Yup. Don't worry.
B: Thanks! I'll return it to you tomorrow.

① Could I borrow yours?
② Take this umbrella. I have two.
③ Be careful not to slip on the way.
④ Same. The forecast didn't mention any rain.

[해설] B가 우산이 없다고 말하자 A가 빈칸 내용을 언급하였다. 이에 B는 A가 쓸 우산이 또 있는 것이 확실한지 물었고, A는 그렇다고 답했다. 이를 통해 A는 여분의 우산이 있는 것을 알 수 있다. 또한, 글 마지막에서 B가 고맙다며 내일 우산을 돌려주겠다고 했으므로 A가 우산 하나를 B에게 건넸을 것으로 추측할 수 있다. 따라서 빈칸에 들어갈 말로 가장 적절한 것은 ② '이 우산 가져가세요. 저 두 개 있어요.'이다.

① 당신 것을 빌려도 될까요?
③ 가는 길에 미끄러지지 않게 조심하세요.
④ 저도 그래요. 일기 예보에 비가 온다는 말이 없었어요.

[해석] A: 집에 가시나요?
B: 네, 가려고 했어요. 당신은요?
A: 좀 이따가 갈 거예요. 아직 일이 좀 남았어요. 그건 그렇고, 우산 가져왔어요? 밖에 비가 쏟아져요.
B: 아뇨, 안 가져왔어요. 그냥 지하철역까지 달려가야 할 것 같아요.
A: 이 우산 가져가세요. 저 두 개 있어요.
B: 정말요? 당신이 쓸 우산이 또 있는 게 확실한 거죠?
A: 네. 걱정 마세요.
B: 고마워요! 내일 돌려드릴게요.

[어휘] head 향하다 pour (비가) 쏟아지다 slip 미끄러지다 forecast (일기) 예보 mention 언급하다

[정답] ②

12 두 사람의 대화 중 가장 어색한 것은?

① A: Let's get going! It's a quarter to six.
B: Don't worry. We'll be able to get there by six.

② A: Did you prepare well for your presentation?
B: No, I didn't have much time. I'll have to wing it.

③ A: We are back to square one with the plan.
B: I'm delighted to hear the plan was successful.

④ A: Can you lend me a hand with setting up the party?
B: Sorry, I have to run some errands at the moment.

[해설] 계획이 다시 원점으로 돌아갔다는 A의 말은 그것을 처음부터 다시 시작해야 함을 의미하므로, 계획이 성공적이어서 기쁘다는 B의 응답은 모순된다. 따라서 대화 중 가장 어색한 것은 ③이다.

[해석] ① A: 어서 가자! 지금 5시 45분이야.
B: 걱정하지 마. 우린 6시까지 그곳에 도착할 수 있을 거야.
② A: 발표 준비는 잘했어?
B: 아니, 시간이 별로 없었어. 즉흥적으로 해야 해.
③ A: 우리 계획이 다시 원점으로 돌아갔어.
B: 계획이 성공적이었다는 말을 들으니 기쁘네.
④ A: 파티 준비를 좀 도와줄 수 있어?
B: 미안해, 지금 볼일이 좀 있어서.

[어휘] quarter to ~시 15분 전 wing it 즉흥적으로 하다 square one 원점 run errands 볼일을 보다, 심부름하다

[정답] ③

13 다음 글의 내용과 일치하지 않는 것은?

The history of cocoa begins in Mesoamerica (now Central America and Mexico), where it's believed the ancient Olmec civilization first cultivated cacao beans as early as 1750 BC. The Olmecs used the cacao plant for religious rituals and as medicine. But the first evidence of cocoa as a drink comes from the Mayan people. Mayan cocoa was very different from the cocoa we know today. It was a drink made from crushed cacao beans, chili peppers, and water. Sugar wasn't added as there was no sugar in Central America. In fact, the word 'chocolate' is said to come from the Mayan word 'xocolatl' which means 'bitter water.' Cocoa was often used during religious ceremonies, and was consumed in marriage ceremonies for the upper classes. Cocoa was so revered that images of cocoa pods were painted on the walls of stone temples and Mayan artifacts have been found that show kings drinking cocoa.

① 올멕 문명 때 카카오 콩이 처음 재배되었다.
② 올멕인들은 카카오 식물을 약으로 사용하였다.
③ 마야 문명의 코코아 음료는 고추를 함유하였다.
④ 마야 문명의 결혼식에서 코코아 섭취는 금지되었다.

[해설] 마지막 2번째 문장에서 상류층의 결혼식에서 코코아가 섭취되었다고 언급되므로, 글의 내용과 일치하지 않는 것은 ④ '마야 문명의 결혼식에서 코코아 섭취는 금지되었다.'이다.
① 올멕 문명 때 카카오 콩이 처음 재배되었다. → 첫 문장에서 언급된 내용이다.
② 올멕인들은 카카오 식물을 약으로 사용하였다. → 2번째 문장에서 언급된 내용이다.
③ 마야 문명의 코코아 음료는 고추를 함유하였다. → 5번째 문장에서 언급된 내용이다.

[해석] 코코아의 역사는 빠르게는 기원전 1750년경 고대 올멕 문명이 처음으로 카카오 콩을 재배한 것으로 추정되는 메소아메리카(현 중앙아메리카와 멕시코)에서 시작되었다. 올멕인들은 카카오 식물을 종교의식과 약으로 사용했다. 그러나 코코아 음료의 최초 흔적은 마야인들에게서 나온다. 마야의 코코아는 오늘날 우리가 알고 있는 코코아와는 매우 달랐다. 그것은 으깬 카카오 콩과 고추, 물로 만든 음료였다. 중앙아메리카에는 설탕이 없었기 때문에 설탕은 첨가되지 않았다. 사실 '초콜릿'이라는 단어는 '쓴 물'이라는 뜻의 마야어 'xocolatl'에서 유래했다고 한다. 코코아는 종교의식에서 자주 쓰였고 상류층의 결혼식에도 섭취되었다. 코코아는 매우 숭배되어 석조 사원의 벽에 코코아 꼬투리 이미지가 그려졌고, 왕이 코코아를 마시는 모습을 보여 주는 마야 유물도 발견되었다.

[어휘] civilization 문명 cultivate 경작하다 religious 종교의, 종교적인 ritual 의식 crushed 으깨진 chili pepper 고추 bitter 쓴 consume 소비[소모]하다 revere 숭배하다 pod 꼬투리 temple 신전, 사원 artifact 유물

[정답] ④

14 다음 글의 흐름상 적절하지 않은 문장은?

In 2006, the International Astronomical Union downgraded the much-loved Pluto from its position as the ninth planet from the Sun to one of five "dwarf planets." ① It was a defining moment for the rest of the solar system as well. ② Fiercely debated by the members of the union, the resolution that was passed officially defined the term *planet*. ③ What was once a loose word used to describe a large object within the solar system was now specific: a planet is a celestial object that orbits a star, and is large enough for its own gravity to make it round and to clear its orbit of neighboring objects and debris. ④ Seen as divine or supernatural entities, planets were named after gods or goddesses from Roman myth. Pluto was downgraded because, while it is large enough to have become round, it is not big enough to clear the neighborhood surrounding its orbit.

[해설] 명왕성이 새롭게 규정된 행성의 정의에 부합하지 않아 왜소행성으로 강등되었음을 설명하는 글이다. 따라서 글의 흐름상 적절하지 않은 문장은 태양계 행성의 이름이 명명된 배경을 언급하는 ④이다.

[해석] 2006년, 국제천문연맹은 많은 사랑을 받았던 명왕성을 태양으로부터 아홉 번째 행성이라는 위치에서 다섯 개의 '왜소행성' 중 하나로 강등시켰다. 이것은 태양계의 나머지에 대해서도 본질적 의미를 규정하는 순간이었다. 연맹 회원들에 의해 치열하게 논의된 후 통과된 결의안은 '행성'이라는 용어를 공식적으로 정의했다. 한때 태양계 내의 커다란 물체를 설명하는 데 사용되던 엄밀하지 못한 단어가 이제 명확해졌는데, 행성은 별의 궤도를 돌며, 자기 모양을 둥글게 형성할 만큼, 그리고 주변 물체와 파편을 자기 궤도에서 내보낼 만큼 자체 중력이 충분히 큰 천체라는 것이다. (신성하거나 초자연적인 존재로 여겨진 행성은 로마 신화의 신이나 여신의 이름을 따라 명명되었다.) 명왕성은 모양이 둥글게 될 만큼 크기가 크지만, 자기 궤도 주변의 이웃한 것을 내보낼 만큼 크지는 않기에 강등되었다.

어휘 astronomical 천문학의 downgrade ~의 지위를 떨어뜨리다 dwarf planet 왜소행성 defining 본질적 의미를 규정하는, 결정적인 solar system 태양계 fiercely 치열하게 resolution 결의안 term 용어 loose 엄밀하지 못한, 애매한 celestial 천체의, 하늘의 orbit 궤도를 돌다; 궤도 clear 내보내다, 치우다 divine 신성한 supernatural 초자연적인 entity 존재 name after ~의 이름을 따서 명명하다

정답 ④

15 밑줄 친 부분 중 어법상 옳지 않은 것은? 문법

A cashless society is one ① in which cash in the form of both physical banknotes and coins ② aren't accepted in any financial transaction. Instead, people and businesses transfer money to ③ one another digitally. Many economists believe that consumer preferences, competitive pressures on businesses, and government policies ④ designed to facilitate cashless transactions will soon lead to a few cashless societies.

해설 (aren't → isn't) 관계사절 내의 주어는 불가산명사인 cash이므로 동사도 그에 수일치하여 단수로 쓰여야 한다. 참고로 현금이 거래에서 '수용되지' 않는 것이므로 수동태로 쓰인 것은 적절하다.

① which는 one을 선행사로 받고 있으며, '전치사 + 관계대명사' 형태인 in which 뒤에 완전한 절이 온 것은 적절하다. 참고로 one은 society를 가리키는 대명사로 쓰였다.

③ one another는 '서로'라는 뜻의 대명사로, 전치사 to의 목적어로 쓰인 것은 적절하다.

④ designed ~ transactions가 government policies를 수식하는 분사구로 쓰이고 있는데, 정부 정책이 '고안한' 것이 아니라 '고안된' 것이므로 수동의 과거분사 designed는 적절하게 쓰였다.

해석 현금 없는 사회는 실물 지폐 및 동전 형태의 현금이 어떤 금융 거래에도 수용되지 않는 사회이다. 대신 사람들과 기업들은 디지털 방식으로 서로에게 돈을 넘겨준다. 많은 경제학자는 소비자의 선호, 기업에 대한 경쟁 압력, 현금 없는 거래를 촉진하고자 고안된 정부 정책이 곧 몇몇 현금 없는 사회로 이어질 것이라고 믿는다.

어휘 banknote 지폐 financial 금융의 transaction 거래 transfer 넘겨주다 preference 선호 competitive 경쟁의 facilitate 촉진하다 lead to ~으로 이어지다

정답 ②

16 밑줄 친 부분에 들어갈 말로 가장 적절한 것은? 이어동사

Yesterday, the final of the League of Legends World Championship between T1 and JDG was held. The match was incredibly close as both teams displayed mastery and strategic brilliance. Spectators were all watching the game with breathless interest, unable to predict the outcome. In the end, however, T1 defeated JDG. Those who _____ T1 could not contain their excitement and screamed in celebration.

① ran for
② called up
③ rooted for
④ messed up

해설 접전 끝에 T1이 승리했다는 내용으로 보아, 흥분을 못 참고 축하의 함성을 지른 사람들은 T1의 팬들이었을 것으로 유추할 수 있다. 따라서 빈칸에 들어갈 말로 가장 적절한 것은 ③ 'rooted for(응원하다)'이다.

① 입후보하다 ② 전화 걸다, 소집하다 ④ 엉망으로 만들다

해석 어제 T1과 JDG 간의 리그오브레전드 월드챔피언십 결승전이 열렸다. 양 팀 다 숙달한 모습과 전략적 탁월함을 선보여 경기는 우열을 가리기 매우 힘들었다. 관중들은 모두 결과를 예측하지 못한 채 숨죽이며 경기를 지켜보고 있었다. 하지만 결국엔 T1이 JDG를 이겼다. T1을 응원하던 사람들은 흥분을 참지 못하고 축하의 함성을 질렀다.

어휘 incredibly 엄청나게 close 우열을 가리기 힘든, 막상막하의 display 내보이다 mastery 숙달 strategic 전략적인 brilliance 탁월 spectator 관중 with breathless interest 숨을 죽이고 outcome 결과 defeat 이기다, 패배시키다 contain 참다 celebration 축하

정답 ③

17 밑줄 친 부분에 들어갈 말로 가장 적절한 것은? 빈칸완성

A team of psychology researchers tested 283 white children aged six to seven, and nine to ten years old. The children were asked to allocate money to white and black children, sometimes with a white adult in the room and sometimes with no adult in the room, to see if having an adult present influenced their behavior. The researchers found that the younger group discriminated against black children in both conditions, while the older group discriminated against the black children only when no adult was present. This finding is significant because it showed that the children did not become less racially biased with age, but that they had learned to _____ their racism in front of adults.

① admit
② justify
③ expose
④ conceal

해설 실험에 따르면 나이가 더 어린 아이들은 어른이 있든 없든 흑인 아이들을 차별했지만, 나이가 더 많은 아이들은 어른이 없을 때만 차별했다. 마지막 문장에서도 아이들이 나이가 들며 실제로 인종적 편견이 줄어든 것이 아니라고 한 것을 보아, 단지 어른 앞에서 차별하지 않는 것'처럼' 보이려 했던 것을 알 수 있다. 즉, 그들은 어른 앞에서 그러한 편견을 숨기는 법을 배운 것이므로 빈칸에 들어갈 말로 가장 적절한 것은 ④ '숨기는'이다.

① 인정하는 → 어른 앞에서는 자기가 인종적 편견이 있다는 사실을 오히려 숨겼다는 글의 내용과 반대된다.

② 정당화하는 → 어른 앞에서 자신의 편견을 정당화하는 모습은 보이지 않았다.

③ 드러내는 → ①과 마찬가지로 글의 내용과 반대되는 선지이다.

해석 한 심리학 연구팀은 6-7세 및 9-10세의 백인 아이들 283명을 대상으로 실험을 진행했다. 아이들은, 어른이 존재하는 것이 아이들의 행동에 영향을 미치는지 보기 위해 때로는 백인 어른이 방에 있는 상황에서, 때로는 어른이 방에 없는 상황에서 백인과 흑인 아이들에게 돈을 할당하도록 요청받았다. 연구 결과, 나이가 적은 집단은 두 상황 모두에서 흑인 아이들을 차별했지만, 나이가 더 많은 집단은 어른이 없을 때만 흑인 아이들을 차별하였다. 이 결과는 아이들이 나이가 들면서 인종적 편견이 줄어든 것이 아니라, 어른들 앞에서 인종 차별을 숨기는 법을 배웠다는 것을 보여 주었다는 점에서 중요한 의미를 가진다.

어휘 psychology 심리학 allocate 할당하다, 배분하다 discriminate 차별하다 significant 중요한, 의미 있는 racially 인종적으로 biased 편견을 가진 racism 인종차별주의

정답 ④

18 다음 글의 요지로 가장 적절한 것은? 요지

We often face situations requiring us to shift people away from their resistant stances, seeking their cooperation or a change in their undesirable behavior. However, approaches such as pleading, arguing, or trying to induce guilt typically trigger defensiveness. Although these tactics might sometimes yield results, the support obtained is usually superficial, merely extracting resources such as time and money from them. This, in turn, leads them to close off from further influence. In situations where we aim to persuade others to change their behavior, they can detect our neediness and insecurity, and our overeagerness can come across as desperation and defeat. Persistently confronting resistance without making progress can result in their apparent wariness towards us.

① Appearing desperate effectively induces guilt in others.
② Individuals who are resistant do not give their resources.
③ Resistance is best overcome through persistent persuasion.
④ Efforts to change resistant stances make people more defensive.

해설 저항 또는 반대하는 입장에 있는 사람들의 마음을 되돌리려 할 때 도리어 방어적인 태도만 강해지게 해서 실패하는 경우가 있다는 내용이다. 따라서 글의 요지로 가장 적절한 것은 ④ '저항적인 자세를 바꾸기 위한 노력은 사람들을 더 방어적으로 만든다.'이다.

① 절박해 보이는 것은 타인에게서 효과적으로 죄책감을 유도할 수 있다. → 절박한 인상을 주는 것은 타인의 죄책감을 유발하기보다는 부정적인 인상을 심어준다고 했다.

② 저항적인 사람은 자신의 자원을 주지 않는다. → 저항적인 사람한테서는 자원과 같은 피상적인 지지를 얻어낼 뿐이라고 언급되므로 적절하지 않다.

③ 저항은 꾸준한 설득으로 가장 잘 극복될 수 있다. → 꾸준한 설득 전략이 상황 진전을 적절히 끌어내지 못한 채로 지속되면 우리가 더 절박해 보이게 하고, 설득의 효과를 더 '떨어뜨린다'는 것이 글의 핵심이다.

해석 종종 우리는 사람들을 저항적인 자세에서 벗어나게 하여 그들의 협조나 바람직하지 않은 행동에서의 변화를 끌어내야 하는 상황에 직면한다. 하지만 간청, 논쟁, 혹은 죄책감을 끌어내려는 접근법은 보통 방어적인 태도를 유발한다. 이런 전략들이 가끔 성과를 낼 수 있기는 하지만, (그렇게) 얻어낸 지지는 대개 피상적이라 단지 그들에게서 시간 및 돈과 같은 자원을 추출하는 것에 그친다. 이는 결국 그들로 하여금 더 이상의 영향력을 차단하게 한다. 우리가 다른 사람들이 그들의 행동을 바꾸도록 설득하려는 상황에서 그들은 우리의 결핍과 불안을 감지할 수 있으며, 우리의 지나친 갈망은 필사와 패배의 인상을 줄 수 있다. 진전 없이 끈질기게 저항에 직면하는 것은 우리를 향한 그들의 명백한 경계심을 초래할 수 있다.

어휘 resistant 저항하는 stance 입장, 자세 cooperation 협력 undesirable 바람직하지 않은 plead 간청하다 induce 유도하다 guilt 죄책감 trigger 유발하다 defensiveness 방어적임 tactic 전략 yield (성과를) 내다, 산출하다 superficial 피상적인 merely 단지 extract 추출하다 close off 차단하다 persuade 설득하다 neediness 결핍 insecurity 불안 overeagerness 지나친 갈망 come across (특정한) 인상을 주다 desperation 필사적임 defeat 패배 persistently 끈질기게 confront 직면하다, 마주하다 apparent 명백한 wariness 경계심

정답 ④

19 (A)와 (B)에 들어갈 말로 가장 적절한 것은?

Caffeine is well known for its broad range of effects. Its ability to block adenosine not only increases focus but also has been found to improve mood. One study in people who consumed caffeine regularly found that consuming 1.5 mg per kg of body weight led to a more positive mood, compared to a placebo. ___(A)___, many studies have linked regular caffeine consumption to a reduced risk of depression. For example, a large study in over 50,000 women found that women who drank four or more cups of coffee per day had a 20% lower risk of depression than women who drank little or no coffee. The stimulant effects of caffeine can lead to feelings of well-being and increased energy, which go away when caffeine intake ends. ___(B)___, your mood may take a hit if you decide to quit caffeine. Symptoms may include irritability, fatigue, feelings of depression, and decreased motivation.

	(A)	(B)
①	Additionally	For this reason
②	However	As a result
③	On the contrary	Moreover
④	Moreover	Nevertheless

해설 (A) 앞에서 카페인 섭취가 집중력을 높이고 기분을 향상한다고 설명한 후, (A) 뒤에서 그것이 우울증 위험 감소와도 연관 있다며 '추가적인' 효능을 제시했으므로 (A)에 들어갈 연결사로 적절한 것은 Additionally 또는 Moreover이다. 또한, (B) 앞에서 카페인을 섭취하지 않으면 각성 효과에서 비롯되는 긍정적인 효과가 사라진다고 했는데, (B) 뒤에서는 그에 따른 결과로 카페인을 끊기로 결심하면 기분에 타격이 갈 수 있다는 점을 언급했다. 따라서 (B)에 들어갈 연결사로 적절한 것은 For this reason이다.

해석 카페인은 광범위한 효능으로 잘 알려져 있다. 아데노신을 차단하는 이것의 능력은 집중력을 높여줄 뿐 아니라 기분을 향상한다고 밝혀졌다. 카페인을 정기적으로 섭취한 사람들을 대상으로 한 한 연구는 체중 1kg당 1.5mg을 섭취하는 것이 위약에 비해 더 긍정적인 기분으로 이어진다는 것을 발견했다. 게다가, 많은 연구에서 정기적인 카페인 섭취를 우울증 위험 감소와 연관시켰다. 예를 들어, 5만 명 이상의 여성을 대상으로 한 대규모 연구는 하루에 커피 4잔 이상을 마신 여성이 커피를 거의 혹은 전혀 마시지 않은 여성보다 우울증 위험이 20% 낮다는 것을 발견했다. 카페인의 각성 효과는 행복감과 에너지 증가로 이어질 수 있는데, 이것은 카페인 섭취가 끝나면 사라져 버린다. 이런 이유로, 카페인을 끊기로 결심하면 기분에 타격이 갈 수 있다. 증상에는 과민성, 피로감, 우울감, 의욕 저하가 있을 수 있다.

어휘 block 차단하다 compared to ~와 비교하면 placebo 위약 depression 우울(증) stimulant 자극성의 intake 흡입[섭취]량 take a hit 타격을 입다 quit 그만두다, 중지하다 irritability 과민성 fatigue 피로 motivation 동기 부여

정답 ①

20 주어진 문장이 들어갈 위치로 가장 적절한 것은?

This is because, unbeknown to them, the computer is also flashing up another word only for a few hundredths of a second just before the target word appears.

In a lab, participants are tasked with staring at a dot on a computer screen and reacting to flashed words. They must quickly tap a key with their left hand for positive or likable words, and a key with their right hand for negative or dislikable ones. (①) While seemingly easy, participants occasionally hesitate. (②) Though this additional process is conducted *subliminally*, or without their conscious awareness, the word influences participants' likeability ratings. (③) For example, if the subliminal word is "fear," it triggers a tiny flash of displeasure, and this influences their evaluation of the following word. (④) If the word following "fear" is "garden," they would take longer to say that garden is good, because of the time it takes for their evaluation to shift from bad to good.

해설 주어진 문장은 이것이 컴퓨터가 그들이 모르게(unbeknown to them) 목표 단어 직전 또 다른 단어(another word)를 순간적으로 제시하기도(also) 하기 때문이라는 내용이다. 주어진 문장 뒤에는, 이를 this additional process로 받고 주어진 문장의 또 다른 단어는 the word로 받으면서, 이 추가 과정이 참가자가 모르게(*subliminally*, or without their conscious awareness) 진행된다는 것을 다시 짚어 주는 ② 뒤 문장이 와야 한다. 또한 참가자들이 때때로 망설인다는 내용의 ② 앞 문장을 This is because로 이어서, 주어진 문장의 내용이 그 원인이 되어야 글이 자연스럽게 연결된다. 따라서 주어진 문장이 들어갈 위치로 가장 적절한 것은 ②이다.

해석 한 실험실에서, 참가자들은 컴퓨터 화면의 한 점을 응시하고 깜박이는 단어에 반응하는 과업을 맡는다. 그들은 긍정적이거나 호감이 가는 단어는 왼손으로, 부정적이거나 비호감인 단어는 오른손으로 재빨리 키를 눌러야 한다. 겉으로 보기에는 쉽지만, 참가자들은 때때로 망설인다. 이는 컴퓨터가 그들이 모르게 목표 단어가 나타나기 직전에 수백 분의 1초 동안만 또 다른 단어를 깜박이기도 하기 때문이다. 이 추가 과정은 '잠재의식적으로', 즉 그들의 의식적인 자각 없이 진행되지만, 그 단어는 참가자들의 호감도 평가에 영향을 미친다. 예를 들어, 잠재의식적 단어가 '두려움'이면, 그것은 약간의 불쾌감을 유발하고, 뒤이은 단어에 대한 그들의 평가에 영향을 미친다. 만일 '두려움' 다음에 나오는 단어가 '정원'이면, 그들은 정원이 좋다고 말하는 데 더 오랜 시간을 들이는데, 이는 그들의 평가가 나쁜 것에서 좋은 것으로 바뀌는 데 드는 시간 때문이다.

어휘 unbeknown to ~이 모르는 사이에 flash (잠깐) 깜박이다, 휙 지나가다 be tasked with ~을 맡다 likable 호감이 가는 occasionally 때때로 hesitate 망설이다 subliminally 잠재의식적으로, 알지 못하는 사이에 conscious 의식적인 awareness 자각 displeasure 불쾌감 evaluation 평가

정답 ②

01	02	03	04	05
③	②	③	②	④
06	**07**	**08**	**09**	**10**
①	③	②	①	③
11	**12**	**13**	**14**	**15**
③	①	④	④	③
16	**17**	**18**	**19**	**20**
②	③	③	④	①

01 밑줄 친 부분의 의미와 가장 가까운 것은? [어휘]

Reciprocal feedback in the workplace fosters a culture of continual improvement.

① Valid
② Steady
③ Mutual
④ Positive

해설 Reciprocal은 '상호 간의'라는 뜻으로, 이와 의미가 가장 가까운 것은 ③ 'Mutual (상호 간의)'이다.
① 타당한 ② 꾸준한 ④ 긍정적인
해석 직장 내 상호 간의 피드백은 지속적인 향상 문화를 조성합니다.
어휘 foster 조성하다 continual 지속적인, 끊임없는
정답 ③

02 밑줄 친 부분의 의미와 가장 가까운 것은? [어휘]

The structural instability of the building was ultimately traced back to a defect in its foundation, which had been overlooked during the initial construction.

① halt
② fault
③ erosion
④ collision

해설 defect는 '결함'이라는 뜻으로, 이와 의미가 가장 가까운 것은 ② 'fault(결함)' 이다.
① 중단 ③ 부식 ④ 충돌
해석 그 건물의 구조적 불안정성은 결국 초기 건설 과정에서 간과되었던 토대 내 결함 에서 비롯된 것으로 밝혀졌다.
어휘 structural 구조적인 instability 불안정성 ultimately 결국 trace back to (원 인을) 추적하여 밝혀내다 overlook 간과하다 initial 초기의 construction 건설
정답 ②

03 밑줄 친 부분의 의미와 가장 가까운 것은? [이어동사]

Timothy finds joy in showing off his favorite comic book and figure collection.

① owning
② sharing
③ boasting
④ describing

해설 show off는 '자랑하다'라는 뜻으로, 이와 의미가 가장 가까운 것은 ③ 'boasting (자랑하다)'이다.
① 소유하다 ② 공유하다 ④ 설명하다
해석 Timothy는 그가 좋아하는 만화책과 피규어 컬렉션을 자랑하는 데서 즐거움을 찾는다.
정답 ③

04 밑줄 친 부분의 의미와 가장 가까운 것은? [이어동사]

I hope my performance can live up to the standards set by previous actors in this role.

① lower
② satisfy
③ upgrade
④ challenge

해설 live up to는 '부응하다'라는 뜻으로, 이와 의미가 가장 가까운 것은 ② 'satisfy (충족하다)'이다.
① 낮추다 ③ 높이다 ④ 이의를 제기하다
해석 내 연기가 이 역할을 맡았던 이전 배우들이 세운 기준에 부응할 수 있기를 바란다.
어휘 previous 이전의
정답 ②

05 밑줄 친 부분에 들어갈 말로 가장 적절한 것은? [어휘]

The prevalence of _____ attitudes in society contributes to the persistence of discrimination and deepens existing inequalities.

① objective
② prolonged
③ instinctive
④ prejudiced

해설 차별을 지속시키고 기존의 불평등을 심화시키는 태도는 공평하지 못한 성질을 띠고 있을 것이므로, 빈칸에 들어갈 말로 가장 적절한 것은 ④ 'prejudiced(편견 있는)' 이다.
① 객관적인 ② 장기적인 ③ 본능적인
해석 사회에서 편견 있는 태도가 만연하는 것은 지속적인 차별의 원인이 되고 기존의 불평등을 심화시킨다.
어휘 prevalence 만연 contribute to ~의 원인이 되다 persistence 지속 discrimination 차별 existing 기존의 inequality 불평등
정답 ④

06 밑줄 친 부분 중 어법상 옳지 않은 것은?

문법

① Because of the Bible calls 666 the number of the Beast, Christians feared the end of the world in 1666. The Great London Fire, ② which lasted from September 2 to 5 that year, destroyed much of the city. Many saw ③ it as a realization of the prophecy, but ④ given extensive property damage, the death toll was remarkably low.

해설 (Because of → Because) 전치사 because of 뒤에는 명사(구)가 와야 하는데, 여기서는 절이 오고 있으므로 Because of를 접속사 Because로 고쳐야 한다. 참고로 종속절에서 call이 5형식 동사로 쓰여 the number of the Beast를 목적격 보어로 취하고 있는 구조이다.

② 관계대명사 which가 The Great London Fire를 선행사로 받아 주어가 없는 불완전한 절을 이끌고 있는 것은 적절하다.

③ 맥락상 it이 가리키는 것은 앞 문장에서 언급된 The Great London Fire이므로, 단수로 수일치한 것은 적절하다.

④ given은 '~을 고려하면'이라는 뜻의 분사형 전치사로, 뒤에 명사구 extensive property damage를 목적어로 취하고 있는 것은 적절하다.

해석 성경이 666을 야수의 숫자라고 불러서 기독교인들은 1666년에 세상의 종말을 두려워했다. 그해 9월 2일부터 5일까지 지속된 런던 대화재는 그 도시의 상당 부분을 파괴했다. 많은 사람이 그것을 예언의 실현으로 보았지만, 막대한 재산 피해를 감안하면 사망자 수는 현저히 적었다.

어휘 the Bible 성경 beast 야수 last 지속되다 realization 실현 prophecy 예언 extensive 대규모의, 막대한 property 재산 death toll 사망자 수 remarkably 현저하게

정답 ①

07 밑줄 친 부분이 어법상 옳지 않은 것은?

문법

① Many a person dreams of traveling the world.
② The more oxygen iron has bound to it, the redder it is.
③ His work excessively piled up as staying on vacation longer.
④ My advice is that you may as well watch the movie at the cinema.

해설 (staying → he stayed) 분사구문의 의미상 주어는 주절의 주어와 같을 때만 생략할 수 있다. 여기서 주절의 주어는 '그의 일'이고, 맥락상 휴가를 더 오래 보낸 것은 그의 일이 아닌 '그'이므로 주어가 달라 생략할 수 없다. 따라서 as staying을 as he stayed로 고쳐 주어를 명시해 줘야 한다.

① many a 뒤에는 '단수 명사 + 단수 동사'가 나와야 하므로 a person dreams는 적절하게 쓰였다.

② '~하면 할수록 더 ~하다'라는 의미의 'the 비교급, the 비교급' 구문이 쓰이고 있는데, the redder는 is의 형용사 보어로 적절하게 쓰였으며 이때 redder는 red의 비교급 형태이다. it은 앞서 나온 iron을 가리키는 대명사이다.

④ 'may as well RV'는 '~하는 것이 더 낫다'라는 뜻이고, 'may well RV'는 '~하는 것도 당연하다'라는 뜻의 구문이다. 여기서는 맥락상 영화관에서의 관람이 '더 낫다'고 조언하는 것이므로 may as well watch는 적절하게 쓰였다.

해석 ① 많은 사람이 세계 여행하는 것을 꿈꾼다.
② 철이 더 많은 산소를 결속되게 할수록 그것은 더 붉은색을 띠게 된다.
③ 그가 휴가를 더 오래 보내면서 그의 일이 과하게 쌓였다.
④ 내 조언은 네가 그 영화를 영화관에서 보는 편이 낫다는 것이다.

08 우리말을 영어로 잘못 옮긴 것은?

문법

① 그들은 비위 맞추기 어려운 사람들이 아니다.
→ They aren't those who are hard to please.
② 그녀는 휴대폰을 항상 충전해 둔다.
→ She keeps her phone charging at all times.
③ 이 책들을 다음 주 수요일까지 반납하셔야 합니다.
→ You should return these books by next Wednesday.
④ 그는 9년 동안 졸업장을 받기를 고대해 왔다.
→ He has looked forward to receiving his diploma for 9 years.

해설 (charging → charged) keep이 5형식 동사로 쓰여 분사형 형용사를 목적격 보어로 취하고 있다. 그런데 목적어인 her phone이 '충전하는' 것이 아니라 '충전되는' 것이므로 수동의 과거분사 charged가 쓰여야 한다.

① those는 불특정 다수를 칭하는 대명사로 쓰였으며, 이를 선행사로 받는 주격 관계대명사 who가 주어 없는 불완전한 절을 이끌고 있는 것은 적절하다. 또한 관계사절에서 hard가 포함된 난이형용사 구문이 쓰이고 있는데, to 부정사의 목적어가 주어로 와서 중복을 피해 to 부정사의 목적어 자리가 비어 있는 것도 적절하다.

③ by는 동작의 완료, until은 동작의 지속을 나타내는 표현과 함께 사용된다. 여기서는 동작의 완료를 나타내는 return이 있으므로 by의 쓰임은 적절하다.

④ for 9 years라는 기간을 나타내는 부사구가 나왔으므로 현재완료시제가 함께 쓰인 것은 적절하다. 또한 'look forward to RVing'는 '~을 고대하다'라는 뜻의 동명사 관용 표현이며, 이때 to는 전치사이므로 뒤에 동명사 receiving이 온 것은 적절하다.

어휘 please 비위를 맞추다 charge 충전하다 diploma 졸업장

정답 ②

09 밑줄 친 부분에 들어갈 말로 가장 적절한 것은?

생활영어

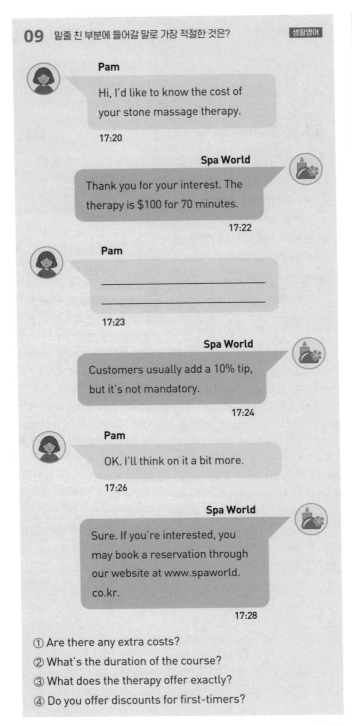

Pam
Hi, I'd like to know the cost of your stone massage therapy.
17:20

Spa World
Thank you for your interest. The therapy is $100 for 70 minutes.
17:22

Pam
_____
_____
17:23

Spa World
Customers usually add a 10% tip, but it's not mandatory.
17:24

Pam
OK. I'll think on it a bit more.
17:26

Spa World
Sure. If you're interested, you may book a reservation through our website at www.spaworld.co.kr.
17:28

① Are there any extra costs?
② What's the duration of the course?
③ What does the therapy offer exactly?
④ Do you offer discounts for first-timers?

해설 마사지 테라피 가격을 문의하는 상황이다. 마사지 비용을 들은 Pam이 빈칸 내용
을 묻자, Spa World는 고객 재량에 따라 팁이 추가로 지불되기도 한다는 점을 언급하
였다. 따라서 빈칸에서 Pam은 추가 비용을 물었음을 알 수 있으므로, 빈칸에 들어갈 말
로 가장 적절한 것은 ① '추가 비용이 있나요?'이다.
② 그 코스 시간은 어떻게 되나요?
③ 그 테라피는 정확히 무엇을 제공하나요?
④ 첫 이용자에게 할인 혜택을 제공하나요?
해석 Pam: 안녕하세요, 돌 마사지 테라피 비용을 알고 싶어요.
Spa World: 관심에 감사합니다. 그 테라피는 70분에 100달러입니다.
Pam: 추가 비용이 있나요?
Spa World: 고객분들은 일반적으로 10%의 팁을 추가해 주시지만, 필수는 아닙니다.
Pam: 알겠습니다. 좀 더 생각해 볼게요.
Spa World: 네. 관심 있으시면 저희 웹사이트 www.spaworld.co.kr를 통해 예약하
실 수 있습니다.

10 밑줄 친 부분에 들어갈 말로 가장 적절한 것은?

생활영어

A: Hi. May I speak to Jennifer Lee, please?
B: I'm afraid she's in a meeting now. _____?
A: Yes. It's Lara Coles from BM Industries calling to discuss contract details.
B: Okay. I'll let her know as soon as possible.

① Did she call in sick
② Is this the Lee residence
③ Would you like to leave a message
④ When should I have her call you back

해설 B가 A에게 Jennifer Lee와 통화 연결이 어렵다고 한 뒤에 빈칸 내용을 물어보
았다. 이에 A는 간단한 용건을 전했으므로, 빈칸에 들어갈 말로 가장 적절한 것은 ③ '메
시지를 남기시겠어요'이다.
① 그녀가 전화로 병가를 냈나요
② 여기가 Lee 씨 댁인가요
④ 그녀가 언제 다시 전화드리도록 할까요
해석 A: 안녕하세요, Jennifer Lee와 통화할 수 있을까요?
B: 죄송하지만, 그녀는 지금 회의 중입니다. 메시지를 남기시겠어요?
A: 네. BM Industries의 Lara Coles인데, 계약 세부 사항을 논의하기 위해 전화했어요.
B: 알겠습니다. 가능한 한 빨리 그녀에게 알리겠습니다.
어휘 contract 계약 call in sick 전화로 병가를 내다 residence 거주지

정답 ③

11 두 사람의 대화 중 자연스럽지 않은 것은?

① A: Can you take care of some chores for me?
　 B: Sorry, I have a lot on my plate right now.

② A: Do you feel the effects of the medicine kicking in?
　 B: Yes, my nose stopped running and my coughs got better.

③ A: That project was difficult, but everyone pitched in.
　 B: That's terrible. Why didn't anyone help out?

④ A: I hope you don't hold a grudge against me for this.
　 B: Don't worry. I'm not that narrow-minded.

해설 프로젝트에 모두가 힘을 보탰다는 A의 말에 안타까워하면서 왜 아무도 도와주지 않았냐고 묻는 B의 반응은 모순된다. 따라서 대화 중 가장 어색한 것은 ③이다.

해석 ① A: 나를 위해서 집안일을 좀 처리해 줄 수 있어?
B: 미안해, 지금 할 일이 쌓여있어서.
② A: 약 효과가 나타나는 게 느껴져?
B: 응, 콧물이 멈췄고 기침도 나아졌어.
③ A: 그 프로젝트는 힘들었지만, 모두가 힘을 보태줬어.
B: 너무 안됐다. 왜 아무도 도와주지 않았던 거야?
④ A: 이 일로 나한테 양심을 품지 않았으면 좋겠어.
B: 걱정하지 마. 나 그렇게 편협하지 않아.

어휘 take care of ~을 처리하다 chore 잡일 have a lot on one's plate 할 일이 쌓여있다 kick in 효과가 나타나다 pitch in 힘을 보태다 hold a grudge 양심[악감정]을 품다 narrow-minded 편협한

정답 ③

12 다음 글의 제목으로 가장 적절한 것은?

In Greek mythology, Tantalus, king of Lydia, was the son of Zeus. A favorite of the gods, he was often invited to dine at their feasts. But Tantalus angered the gods. Some stories say that he betrayed their secrets to mortals, while others claim that he stole the food of the gods. Another myth gives a more gruesome explanation, saying that Tantalus killed his son Pelops and served the flesh to the gods to prove they could not tell the difference between human and animal. To punish Tantalus, the gods placed him in a pool of water in the underworld that was surrounded by fruit trees. When he went to drink, the water would recede. When he tried to eat the fruit, it moved out of reach. Tantalus's punishment gave rise to the word *tantalizing*, meaning something is tempting but out of reach.

① The Mythical Origin of the Term *Tantalizing*
② Contrasting Endings of the Story of Tantalus
③ How the Word *Tantalizing* Changed in Meaning
④ Tantalus: The Most Beloved Figure in Greek Myth

해설 그리스 신화 속 Tantalus라는 인물이 저지른 죄와 형벌을 이야기하면서, 그로부터 'tantalizing'이라는 단어가 생겨났다고 진술하는 글이다. 따라서 글의 제목으로 가장 적절한 것은 ① ''tantalizing'이라는 용어의 신화적 기원'이다.
② Tantalus의 이야기에 관한 상반된 결말 → Tantalus가 어떠한 잘못을 저질렀는지에 관한 다양한 견해가 있다고 언급되나, 그 이야기에 상반되는 결말이 있다는 내용은 없다.
③ 'tantalizing'이라는 단어의 의미가 변한 방식 → 글의 마지막 문장에서 이 단어의 유래에 관한 설명이 나왔으나, 이 단어의 의미가 변했다는 내용은 없다.
④ Tantalus: 그리스 신화에서 가장 총애받는 인물 → Tantalus가 신들의 사랑을 받은 인물이라고 언급되나, 글의 핵심은 그가 저지른 잘못과 그에 따른 형벌이므로 적절하지 않다.

해석 그리스 신화에서, 리디아의 왕인 Tantalus는 Zeus의 아들이었다. 신들이 가장 좋아했던 그는 종종 그들의 축제에서 식사하도록 초대받았다. 그러나 Tantalus는 신들의 노여움을 샀다. 어떤 이야기들은 그가 신들의 비밀을 인간들에게 누설했다고 말하고, 다른 이야기들은 그가 신들의 음식을 훔쳤다고 주장한다. 또 다른 신화는 Tantalus가 신들이 인간과 동물을 구별할 수 없다는 것을 증명하려고 그의 아들 Pelops를 죽이고 그 살을 신들에게 바쳤다고 말하며 더 섬뜩한 설명을 한다. Tantalus를 벌하기 위해 신들은 과일나무로 둘러싸인 지하 세계에 있는 물웅덩이에 그를 두었다. 그가 (물을) 마시러 갈 때, 물이 빠지곤 했다. 그가 과일을 먹으려 할 때, 그것은 손이 닿지 않는 곳으로 움직였다. Tantalus의 벌은 유혹적이지만 손이 닿지 않는 것을 의미하는 'tantalizing(감질나는)'이라는 단어를 탄생시켰다.

어휘 mythology 신화 dine 식사하다 feast 잔치 betray (정보를) 누설하다, 팔아먹다 mortal 인간 claim 주장하다 gruesome 섬뜩한, 소름 끼치는 flesh 살 underworld 지하 세계 recede 물러나다, 멀어지다 give rise to ~을 탄생시키다 tempting 유혹적인, 솔깃한 out of reach 손이 닿지 않는 mythical 신화의 contrasting 상반되는 beloved 총애받는 figure 인물

정답 ①

13 다음 글의 주제로 가장 적절한 것은?

Affective forecasting refers to our ability to guess whether something will feel good or bad. Though we are generally good at judging if something is positive or negative, we're often very poor at judging how much happiness or sadness there is going to be. Research results reveal that, in general, we're going to be less sad and less happy than we imagine. If we ask those in happy relationships how they'd feel if they were dumped tomorrow, they reply that it would devastate them and that they'd never love again. But when we talk to single people who've just been dumped, they're just as happy as people in couples. Similarly, when people are asked how happy a pay raise would make them, they tend to overestimate its impact on their overall happiness. Experts attribute this gap between our expectations and reality to our "psychological immune system," which helps us rebound from life's challenges.

① the pros and cons of psychological immunity
② the devastating effects of heartbreak on our resilience
③ unrealistic expectations regarding the duration of happiness
④ the gap between anticipated and actual emotional experiences

[해설] 우리는 우리가 어떤 상황에서 어느 감정을 느낄지 대략 예측할 수 있지만, 그 감정의 깊이와 그것이 우리의 삶에 미칠 영향에 대해서는 과대평가하는 경향이 있다는 내용의 글이다. 따라서 글의 주제로 가장 적절한 것은 ④ '예상된 감정적 경험과 실제 감정적 경험 사이의 차이'이다.

① 심리적 면역의 장단점 → 심리적 면역의 긍정적 역할에 관해 언급되긴 하나, 그것의 단점은 논하고 있지 않다.

② 실연이 우리의 회복력에 미치는 파괴적 영향 → 글에서 '실연'은 우리의 감정적 예측이 부정확할 수 있다는 것을 보여주기 위한 부수적 소재이다. 또한, 이것이 우리 회복력에 파괴적 영향을 미친다는 내용도 다루지 않았다.

③ 행복의 지속 기간에 관한 비현실적인 기대 → 행복뿐 아니라 '슬픔'에 관해서도 언급하고 있으므로, '행복'에 한정된 선지는 정답이 되기에 지엽적이다.

[해석] 감정적 예측은 어떤 것이 좋게 느껴질지 나쁘게 느껴질지를 추측하는 우리의 능력을 가리킨다. 우리가 종종 어떤 것이 긍정적인지 부정적인지 판단하는 데 능하다 할지라도, 우리는 흔히 그 행복 또는 슬픔이 얼마나 클지 예측하는 데는 매우 서툴다. 연구 결과는 우리가 대체로 우리가 상상하는 것보다 덜 슬프고 덜 행복할 것이라고 밝힌다. 우리가 행복한 연애 중인 사람들에게 내일 차이면 기분이 어떨 것 같은지 물으면, 그들은 그것이 그들을 비탄에 빠뜨릴 것이고, 그들이 다시는 사랑하지 않을 것이라고 답한다. 하지만 우리가 방금 차인 싱글과 이야기를 나눠 보면, 그들은 커플인 사람만큼이나 행복하다. 마찬가지로, 급여 인상이 그들을 얼마나 행복하게 해줄지에 대해 사람들이 질문을 받을 때, 그들은 그것이 그들의 전반적인 행복에 미칠 영향을 과대평가하는 경향이 있다. 전문가들은 우리의 기대와 현실 사이 이러한 격차를 우리의 '심리적 면역 체계' 때문이라고 하는데, 이것은 우리가 인생의 고난으로부터 회복하게 도와준다.

[어휘] affective 정서적인 in general 일반적으로 dump (애인을) 차다 devastate 비탄에 빠뜨리다, 파괴하다 overestimate 과대평가하다 overall 전반적인 attribute A to B A를 B의 탓으로 돌리다 immune 면역의 rebound 회복하다, 튀어 오르다 pros and cons 장단점 heartbreak 실연, 비통 resilience 회복력 unrealistic 비현실적인 anticipate 예상하다

14 다음 글의 요지로 가장 적절한 것은?

You are probably aware of studies showing that green and blue natural environments are associated with a reduction in stress and improved mood. But there is growing evidence that nature exposure also benefits cognitive function — all the processes involved in gaining knowledge and understanding, including perception, memory, judgment, and problem-solving. Psychologist Marc Berman at the University of Chicago challenged subjects' brains with a test known as the backwards digit-span task, requiring them to repeat back sequences of numbers in reverse order. Then he sent them for a 50-minute walk, in either an urban setting or a nature setting. On their return, they repeated the task. "Performance improved by about 20% when participants had walked in nature, but not when they had walked in an urban environment," he says.

① Taking a walk before tests brings about better results.
② Nature exposure proves irrelevant to cognitive function.
③ Natural colors help weaken symptoms of mood disorder.
④ Spending time in nature leads to improved brain function.

[해설] 자연환경에 노출되는 것의 긍정적 영향을 설명하는 글이다. 자연에의 노출이 인지 기능에 도움이 된다는 증거가 늘어나고 있으며, 실험에서도 자연환경에서 산책한 피험자의 성과가 20% 향상되었다고 했으므로, 글의 요지로 가장 적절한 것은 ④ '자연 속에서 시간을 보내는 것은 뇌 기능을 향상한다.'이다.

① 시험 전에 산책하는 것은 더 좋은 결과를 초래한다. → 산책 자체보다는 어떤 환경에서 산책했는지가 실험 결과에 영향을 준 것이므로 적절하지 않다.

② 자연에 대한 노출은 인지 기능과 관련이 없는 것으로 판명되었다. → 글의 논지와 반대된다.

③ 자연의 색은 기분 장애 증상을 약화하는 데 도움이 된다. → 자연환경의 색이 스트레스를 감소시키고 기분을 좋아지게 한다고 했을 뿐, 기분 장애라는 질병의 증상 완화에 도움이 되는지는 언급되지 않았다. 또한, 이 글의 핵심은 자연환경에의 노출이 지각, 기억, 문제 해결 등 '인지 기능'을 향상하는 데 기여한다는 것이므로 적절하지 않다.

[해석] 당신은 아마도 녹색과 파란색의 자연환경이 스트레스 감소 및 기분 개선과 관련이 있다는 연구 결과를 알고 있을 것이다. 하지만, 자연에 대한 노출이 인지 기능에도 도움이 된다는 증거가 늘어나고 있는데, 인지 기능은 지각, 기억, 판단, 문제 해결 등 지식과 이해를 얻는 데 관련된 모든 과정이다. Chicago 대학의 심리학자 Marc Berman은 역순 숫자 폭 과제라고 알려진 시험으로 피험자들의 뇌를 자극했는데, 이 시험은 피험자에게 연속적인 숫자들을 역순으로 다시 말하도록 요구했다. 그런 다음 그는 그들을 50분 동안 도시 환경이나 자연환경에서 걷게 했다. 돌아오고 나서, 그들은 그 과제를 다시 했다. 그는 "참가자들이 자연 속에서 걸었을 때는 성과가 약 20% 향상되었지만, 도시 환경에서 걸었을 때는 그렇지 않았다"라고 말한다.

[어휘] be aware of ~을 알다 be associated with ~와 관련되다 reduction 감소 exposure 노출 benefit 도움이 되다 cognitive 인지의 perception 지각, 인지 digit-span 숫자 폭 sequence 연속적인 사건들, 순서 reverse 반대의 order 순서, 차례 urban 도시의 bring about 초래하다 irrelevant 무관한, 상관없는 disorder 장애

15 다음 글의 내용과 일치하지 않는 것은?

The expression "the green revolution" is permanently linked to Norman Borlaug's name. He obtained a degree in plant protection, and worked in Mexico in the 1940s and 1950s to make the country self-sufficient in grain. Borlaug developed a robust strain of wheat — semi-dwarf wheat — that was adapted to Mexican conditions. By 1956, the country had become self-sufficient in wheat. In the mid-1960s, he introduced the semi-dwarf wheat into India and Pakistan, and production increased enormously. He was awarded the Nobel Peace Prize in 1970 for his contributions to world peace through increasing food supply. Following this recognition, he dedicated the last years of his life to working on the problems of food production in African nations.

① Borlaug는 식물 보호 분야에서 학위를 취득했다.
② Borlaug는 멕시코 환경 조건에 적합한 밀 품종을 개량했다.
③ Borlaug는 노벨상을 받은 후 인도에 그가 개량한 밀을 가져왔다.
④ Borlaug는 말년에 아프리카 식량 문제 해결을 위해 힘썼다.

해설 5, 6번째 문장에서 그는 1960년대 중반에 인도와 파키스탄에 반왜성 밀을 가져왔고 1970년에 노벨상을 받은 것을 알 수 있으므로, 글의 내용과 일치하지 않는 것은 ③ 'Borlaug는 노벨상을 받은 후 인도에 그가 개량한 밀을 가져왔다.'이다.
① Borlaug는 식물 보호 분야에서 학위를 취득했다. → 2번째 문장에서 언급된 내용이다.
② Borlaug는 멕시코 환경 조건에 적합한 밀 품종을 개량했다. → 3번째 문장에서 언급된 내용이다.
④ Borlaug는 말년에 아프리카 식량 문제 해결을 위해 힘썼다. → 마지막 문장에서 언급된 내용이다.

해석 "녹색 혁명"이라는 표현은 Norman Borlaug의 이름과 영원히 연결되어 있다. 그는 식물 보호 분야에서 학위를 취득하고 1940년대와 1950년대에 멕시코에서 그 나라가 곡물에 있어 자급자족할 수 있도록 일했다. Borlaug는 멕시코의 조건에 맞는 강력한 밀 품종인 반왜성 밀을 개발했다. 1956년에 멕시코는 밀을 자급자족할 수 있게 되었다. 1960년대 중반에는 인도와 파키스탄에 반왜성 밀을 도입하여 생산량이 엄청나게 증가했다. 그는 식량 공급 증대를 통해 세계 평화에 기여한 공로로 1970년 노벨 평화상을 수상했다. 이 공로를 인정받은 후 그는 말년을 아프리카 국가의 식량 생산 문제를 해결하는 데 바쳤다.

어휘 permanently 영구히 obtain 얻다, 획득하다 degree 학위 protection 보호 self-sufficient 자급자족할 수 있는 robust 튼튼한 strain 변종, 품종 wheat 밀 adapted to ~에 알맞은 enormously 엄청나게, 대단히 award (상을) 주다 contribution 기여, 공헌 recognition 인정, 승인 dedicate 바치다, 헌신하다

정답 ③

16 다음 글의 흐름상 어색한 문장은?

Online reviews have become integral in many consumers' decision-making processes. According to a survey, 75.5% of consumers trust online reviews when purchasing. ① Given this situation, negative reviews pose a threat that strikes fear into reputation-conscious brands. ② Online platforms are now adopting features allowing users to report hate comments targeting certain ethnic groups. ③ While bad feedback may not be the end of everything and can sometimes even be turned around to one's advantage, the impact of poor feedback that is visible to all is undeniable. ④ Left unaddressed, even a solitary bitter review can be enough to put many buyers off. No company, no matter the size, is immune to the issues that can come with public negative customer reviews.

해설 많은 소비자가 상품 구매 시 온라인 리뷰에 의존하기 때문에 기업은 부정적인 리뷰에 큰 영향을 받으며, 방치된 부정적 피드백은 구매자의 불신을 살 수 있다는 점을 설명하고 있다. 따라서 글의 흐름상 어색한 문장은 온라인 플랫폼의 혐오 댓글 신고 기능 도입에 대해 언급하는 ②이다.

해석 온라인 리뷰는 많은 소비자의 의사 결정 과정에서 필수적인 것이 되었다. 한 설문조사에 따르면, 75.5%의 소비자가 구매 시 온라인 리뷰를 신뢰한다고 한다. 이러한 상황에서 부정적인 리뷰는 평판을 중시하는 브랜드에 두려움을 주는 위협이 되고 있다. (온라인 플랫폼은 이제 사용자가 특정 인종 집단을 겨냥한 혐오 댓글을 신고할 수 있는 기능을 채택하고 있다.) 부정적인 피드백이 모든 것의 끝은 아닐 것이며 때로는 자신에게 유리한 방향으로 전환될 수조차 있지만, 모두에게 보이는 부정적인 피드백의 영향은 부인할 수 없다. 해결되지 않은 채 남게 된다면 단 한 건의 적대적인 리뷰라도 많은 구매자가 흥미를 잃게 만들 수 있다. 규모에 상관없이 어떤 회사도 공개적인 부정적 고객 리뷰에 동반될 수 있는 문제를 면할 수 없다.

어휘 integral 필수의 purchase 구입하다 pose (문제 등을) 제기하다 strike fear into ~에게 두려움을 심어 주다 reputation 평판 conscious 의식하는 adopt 취하다, 채택하다 feature 기능 advantage 유리, 이익 visible 보이는 undeniable 부인할 수 없는 unaddressed 해결되지 않은 solitary 단 하나의 put sb off ~가 흥미를 잃게 만들다

정답 ②

17 주어진 글 다음에 이어질 글의 순서로 가장 적절한 것은?

Prejudice can arise either from direct experience or from the indirect influence of peers, parents, and the community.

(A) It's known that early hunter-gatherers relied heavily on this way of judgment. That's because their survival often depended on quickly identifying others by sight as potential trading partners or enemies.

(B) This survival strategy could explain why people today still instantly categorize others on the basis of physically observable features, including age, gender, and race.

(C) In both instances, prejudice is often made on the basis of physical appearance. In fact, forming prejudice based on appearance may have deep roots in our evolutionary past.

① (B) - (A) - (C)　　　② (B) - (C) - (A)
③ (C) - (A) - (B)　　　④ (C) - (B) - (A)

해설 주어진 글은 편견이 습득되는 두 경로를 언급하는 내용으로, 이 두 경우를 both instances로 지칭하며 편견이 모두 외모를 기준으로 이루어진다고 설명하는 (C)가 뒤에 이어져야 한다. 그다음으로 외모 기준 편견을 형성하는 데 진화적 요인이 있을 수 있음을 암시하는 (C)에 이어, 그러한 편견을 this way of judgment로 받아서 과거 수렵 채집인이 그 덕분에 생존할 수 있었다고 말하는 (A)가 오는 것이 자연스럽다. 마지막으로, 그 생존 방식을 This survival strategy로 받아, 그것이 오늘날 사람들이 여전히 외모로 사람들을 분류하는 이유일 수 있음을 말하는 (B)로 글이 마무리되어야 한다. 따라서 글의 순서로 가장 적절한 것은 ③ '(C) - (A) - (B)'이다.

해석 편견은 직접적인 경험이나 또래, 부모, 지역 사회의 간접적인 영향에서 비롯될 수 있다. (C) 두 경우 모두, 편견은 종종 외모를 기준으로 이루어진다. 사실 외모에 기반한 편견 형성은 진화의 과거에 깊은 뿌리를 두고 있을지도 모른다. (A) 초기 수렵 채집인들은 이 판단 방식에 크게 의존한 것으로 알려져 있다. 자신의 생존이 다른 사람을 눈으로 봐서 빠르게 잠재적인 거래 파트너나 적으로 식별하는 데 달려 있었기 때문이다. (B) 이 생존 전략은 오늘날에도 사람들이 나이, 성별, 인종 등 신체적으로 관찰할 수 있는 특징을 기준으로 다른 사람을 즉각적으로 분류하는 이유를 설명할 수도 있다.

어휘 prejudice 편견 indirect 간접적인 peer 또래 hunter-gatherer 수렵 채집인 rely on ~에 의존하다 identify 식별하다 potential 잠재적인 strategy 전략 instantly 즉각적으로 categorize 분류하다 observable 관찰 가능한 feature 특징 on the basis of ~을 기준으로 physical appearance 외양 evolutionary 진화의

정답 ③

---

18 주어진 문장이 들어갈 위치로 가장 적절한 것은?

However, if not, the condition can turn into a negative progression.

If we do not brush our teeth for several days, each tooth develops a thin biofilm called dental plaque that is filled with acid-producing bacteria. With plaque buildup comes inflammation of the gums as our immune system tries to fight off the infection. (①) Gingivitis, the mildest form of gum disease, is still easily treatable. (②) Regular brushing and removing the plaque will typically allow the gums to heal. (③) As the gums swell, larger spaces develop between the teeth and gum tissue, creating a favorable environment for bacterial growth. (④) This can lead to damage to not only the gums but also the underlying bone, ultimately resulting in tooth loss.

해설 장기간 양치질을 하지 않았을 때 발생할 수 있는 문제에 관해 설명하는 글이다. ③ 앞에서 정기적인 칫솔질과 치태 제거는 잇몸이 회복되도록 할 것이라고 말했는데, 주어진 문장의 However이 이 흐름을 뒤바꿔 회복되지 않는 경우를 if not으로 적절히 제시한다. 또한 ③ 뒤에서는 잇몸이 부어오르면서 생기는 문제를 언급하고 있으므로 주어진 문장 없이는 맥락이 끊기는 것을 알 수 있다. 따라서 주어진 문장이 들어갈 위치로 가장 적절한 것은 ③이다.

해석 우리가 며칠 동안 양치질을 하지 않으면, 각 치아에 산을 생성하는 박테리아로 가득 찬 치태라는 얇은 생물막이 생긴다. 우리의 면역 체계가 감염과 싸우려 하면서 치태 축적과 동시에 잇몸에 염증이 생긴다. 가장 가벼운 형태의 잇몸 질환인 치은염은 그래도 쉽게 치료할 수 있다. 보통 정기적인 칫솔질과 치태 제거는 잇몸이 회복되도록 할 것이다. 그러나, 그렇게 되지 않는다면 그 질환은 부정적인 방향으로 진행될 수 있다. 잇몸이 부어오르면서 치아와 잇몸 조직 사이에 더 큰 공간이 생겨 박테리아가 자라기에 좋은 환경을 조성한다. 이는 잇몸뿐만 아니라 밑에 있는 뼈에도 손상을 주어, 궁극적으로 치아 상실을 야기할 수 있다.

어휘 progression 진행 develop 생기다, 발생하다 biofilm 생물막 dental 치아의 plaque 치태 inflammation 염증 gum 잇몸 immune 면역의 infection 감염 (매체) gingivitis 치은염 mild 가벼운 treatable 치료 가능한 swell 붓다 tissue 조직 favorable 좋은, 적합한 ultimately 궁극적으로

정답 ③

19 밑줄 친 부분에 들어갈 말로 가장 적절한 것은?

빈칸완성

If someone does you a favor, you feel a need to return the favor at some point, and with strangers you actually feel a bit anxious until you have repaid this debt. This is why car salesmen will always offer you a cup of coffee. By performing a small favor for you, they create a sense of _____. The only thing you can really do for them in return is buy a car, yielding a commission worth far more than that cup of coffee. Obviously a free drink alone doesn't always lead to a purchased car, but it can nudge people in that direction. Although the car salesmen might appear to give up more than they gain in the short run, their act is with the expectation that they will benefit in the long run.

① regret ② courage
③ sympathy ④ obligation

해설 상대방이 호의를 베풀 때 우리는 그 호의를 돌려주고자 하는 마음이 생긴다는 것이 이 글의 요지이다. 자동차 판매원이 커피를 제공하는 이유도 작은 호의가 자동차 판매로 이어질 수 있기 때문인데, 이는 그 호의를 돌려주어야 할 '의무감'에서 비롯되는 것이다. 따라서 빈칸에 들어갈 말로 가장 적절한 것은 ④ '의무'이다.

① 후회 → 호의를 돌려주는 것에 대해 후회하게 된다는 내용은 언급되지 않았다.

② 용기 → 용기를 내는 것과는 관계없는 글이다.

③ 동정 → 호의를 돌려주는 이유는 자동차 판매원을 동정해서가 아니라, 호의에 대한 의무감을 느끼기 때문이다.

해석 누군가가 당신에게 호의를 베풀면, 당신은 언젠가 그 호의를 돌려줄 필요를 느끼며, 낯선 사람에 대해서는 이 빚을 갚을 때까지 실제로 약간의 불안감을 느끼기도 한다. 자동차 판매원이 항상 당신에게 커피 한 잔을 제공하는 이유가 바로 이 때문이다. 당신을 위해 작은 호의를 베풂으로써, 그들은 의무에 대한 의식을 조성한다. 당신이 그 대가로 그들에게 실제로 해줄 수 있는 유일한 일은 자동차를 사는 것인데, 이것은 그 커피 한 잔보다 훨씬 더 가치 있는 수수료를 가져온다. 당연히 항상 무료 음료 한 잔이 자동차 구매로 이어지는 것은 아니지만, 사람들을 그런 방향으로 몰고 갈 수는 있다. 비록 자동차 판매원이 단기적으로는 얻는 것보다 더 많은 것을 포기하는 것처럼 보일 수 있지만, 장기적으로 그들은 이익을 얻을 것이라는 기대를 가지고 행동하는 것이다.

어휘 do sb a favor ~에게 호의를 베풀다 repay 갚다 debt 빚 yield 가져오다, 낳다 commission 수수료 purchase 구매하다 nudge 몰고 가다

정답 ④

20 밑줄 친 부분에 들어갈 말로 가장 적절한 것은?

빈칸완성

Wolfgang Amadeus Mozart loved Vienna. He loved not only its musicality but also its seemingly bottomless reservoir of possibility. But most of all, he loved its _____. The Viennese were a picky bunch, "and even the most unassuming citizen demanded good music from the wind band just as he demanded good value from the landlord," observes Stefan Zweig in his memoir, adding, "This awareness of being under constant and pitiless observation forced every artist in the city to do his best." The city brought out the best in its musicians because it accepted no less.

① high standards
② diverse culture
③ education fever
④ free atmosphere

해설 빈에서는 평범한 시민조차 좋은 음악을 요구했고, 그 도시 사람들의 냉철한 시선 때문에 모든 예술가는 최선을 다할 수밖에 없었다고 했다. 특히, 그 도시는 최고가 아닌 것은 수용하지 않았다는 마지막 문장으로 보아, 빈 사람들은 매우 높은 기준을 가지고 있었다는 점을 알 수 있다. 따라서 빈칸에 들어갈 말로 가장 적절한 것은 ① '높은 기준'이다.

② 다양한 문화 → 빈에 다양한 문화가 있었는지는 글에서 알 수 없다.

③ 교육열 → 빈의 교육열은 언급되지 않았다.

④ 자유로운 분위기 → 오히려 냉철한 시선으로 바라보았다고 언급되므로 자유로운 분위기와는 반대된다.

해석 Wolfgang Amadeus Mozart는 빈을 사랑했다. 그는 그곳의 음악성뿐만 아니라 그곳의 겉보기에 무한해 보이는 가능성의 공급원도 사랑했다. 그러나 무엇보다도 그는 그곳의 높은 기준을 사랑했다. 빈 사람들은 까다로운 사람들이었고, "아무리 잘난 체하지 않는 시민이라도 집주인에게 좋은 값을 요구하는 것처럼 관악단에 좋은 음악을 요구했다"라고 Stefan Zweig는 회고록에서 말하며, "지속적이고 냉철한 관찰을 받고 있다는 이러한 인식은 도시의 모든 예술가가 최선을 다할 수밖에 없게 만들었다"라고 덧붙인다. 그 도시는 (최고보다) 덜한 것을 수용하지 않았기 때문에 그곳 음악가들에게서 최고의 것을 끌어냈다.

어휘 musicality 음악성 seemingly 겉으로 보기에 bottomless 바닥없는 reservoir 저장소 picky 까다로운 bunch 사람들 unassuming 잘난 체하지 않는 landlord 집주인 memoir 회고록 awareness 인식 pitiless 냉혹한

정답 ①

01	02	03	04	05
③	③	④	①	④
06	**07**	**08**	**09**	**10**
④	①	①	①	①
11	**12**	**13**	**14**	**15**
③	④	④	③	③
16	**17**	**18**	**19**	**20**
③	④	①	③	①

01 밑줄 친 부분의 의미와 가장 가까운 것은?   어휘

The endangered species have continued to dwindle in spite of conservation efforts.

① roam   ② suffer
③ shrink   ④ recover

해설 dwindle은 '줄어들다'라는 뜻으로, 이와 의미가 가장 가까운 것은 ③ 'shrink (줄어들다)'이다.
① 방랑하다 ② 고통받다 ④ 회복되다
해석 멸종 위기종은 보존 노력에도 불구하고 계속해서 줄어들어 왔다.
어휘 endangered 멸종 위기에 처한 conservation 보호, 보존

정답 ③

02 밑줄 친 부분의 의미와 가장 가까운 것은?   어휘

The team's enthusiastic response to the project was evident in its lively discussion.

① stiff   ② curious
③ eager   ④ sensible

해설 enthusiastic은 '열렬한'이라는 뜻으로, 이와 의미가 가장 가까운 것은 ③ 'eager(열렬한)'이다.
① 경직된 ② 호기심 많은 ④ 분별 있는
해석 프로젝트에 대한 팀의 열렬한 반응은 활발한 논의에서 잘 드러났다.
어휘 evident 눈에 잘 띄는 lively 활발한 discussion 논의

정답 ③

03 밑줄 친 부분의 의미와 가장 가까운 것은?   이디엄

Quality time spent with loved ones can be few and far between in our busy lives, but it's essential.

① ended   ② neglected
③ weary   ④ infrequent

해설 few and far between은 '아주 드문'이라는 뜻으로, 이와 의미가 가장 가까운 것은 ④ 'infrequent(드문)'이다.
① 끝난 ② 도외시된 ③ 피곤한
해석 우리의 바쁜 일상에서 사랑하는 사람들과 보내는 양질의 시간은 아주 드물 수 있지만 필수이다.
어휘 quality 양질의 essential 필수적인

정답 ④

04 밑줄 친 부분에 들어갈 말로 가장 적절한 것은?   이어동사

Let's _____ the clothes and shoes we no longer wear for donation.

① sort out   ② take off
③ shut down   ④ throw away

해설 기부하기 위해서는 안 입는 옷과 신발들을 따로 분류해야 할 것이므로, 빈칸에 들어갈 말로 가장 적절한 것은 ① 'sort out(가려내다)'이다.
② 벗다 ③ 폐쇄하다, 정지시키다 ④ 버리다
해석 기부를 위해 더는 안 입는 옷과 신발들을 가려내 보자.
어휘 donation 기부

정답 ①

05 어법상 옳지 않은 것은?   문법

① She is one of the candidates considered for the job.
② They can either launch a new item or improve existing ones.
③ Scarcely had I closed my eyes before the alarm clock went off.
④ He prefers to cook from scratch than using pre-packaged foods.

해설 (using → (to) use) prefer의 목적어 뒤에 비교 대상이 있는 경우, 'prefer RVing to RVing' 또는 'prefer to RV (rather) than (to) RV'의 형태로 사용되므로, using을 (to) use로 고쳐야 한다.
① one of 뒤에는 복수 명사가 와야 하므로 the candidates의 쓰임은 적절하며, considered 이하는 the candidates를 수식하는 분사구인데 후보자가 그 직무에 '고려되는' 것이므로 수동의 과거분사 considered도 적절하게 쓰였다.
② 'A 또는 B'라는 뜻의 상관접속사 'either A or B' 구문이 쓰여, 동사 launch와 improve가 병렬되고 있다. ones는 앞서 나온 item을 가리키는 대명사다.
③ '~하자마자 ~했다'라는 뜻의 'Scarcely + had + S + p.p. ~ before + S + 과거동사' 구문이 적절하게 쓰였다.

[해석] ① 그녀는 그 일에 고려되는 후보 중 한 명이다.

② 그들은 새 상품을 출시하거나 기존 상품들을 개선할 수 있다.

③ 내가 눈을 감자마자 알람 시계가 울렸다.

④ 그는 미리 포장된 음식을 사용하는 것보다 처음부터 요리하는 것을 선호한다.

[어휘] candidate 후보 launch 출시하다 go off 울리다 from scratch 맨 처음부터 pre-packaged 사전 포장된

[정답] ④

06 어법상 옳지 않은 것은? [문법]

① Relaxing is the scent of pine trees in the air.

② I don't know which restaurant they went to last night.

③ You should be spoken to about the importance of punctuality.

④ Environmental economics focused on resources are on the rise.

[해설] (are → is) 문장의 주어는 분사구 focused on resources로 수식된 Environmental economics이므로 동사도 그에 수일치하여 단수 동사 is가 되어야 한다. 이때 economics와 같은 학문명은 항상 단수 취급해야 함에 유의해야 한다. 참고로 여기서 focus는 '~에 초점을 맞추다'라는 뜻의 타동사로 쓰였고, 환경 경제학이 자원에 '초점 맞춰진' 것이므로 수동의 과거분사 focused의 쓰임은 적절하다.

① be동사 is의 보어로 쓰인 형용사가 문두에 나와 주어와 동사가 의문문의 어순으로 적절하게 도치되었다. 이때 주어가 단수 명사인 the scent이므로 단수 동사 is의 수일치는 적절하며, 소나무 향이 '마음 편하게 되는' 것이 아니라 '마음 편하게 하는' 것이므로 능동의 현재분사형 Relaxing으로 쓰인 것도 적절하다.

② 의문형용사 which가 명사 restaurant를 수식하여, know의 목적어 역할과 went to의 목적어 역할을 동시에 하고 있다. 관계사절 내에서 last night라는 명백한 과거 시점 부사구가 나와 동사가 과거시제로 쓰인 것도 적절하다.

③ speak to는 '~에게 이야기하다'라는 의미의 '자동사 + 전치사'인데, 뒤에 목적어가 없고 맥락상 You가 시간 엄수의 중요성을 말하는 행위의 대상이 되는 것도 자연스러우므로 수동태 be spoken to는 적절하게 쓰였다. 참고로 speak to가 수동태로 쓰일 때도 전치사 to는 생략되지 않는 것에 유의해야 한다.

[해석] ① 공기 중의 소나무 향은 마음을 편하게 해 준다.

② 나는 그들이 어젯밤 어느 식당에 갔는지 모른다.

③ 너는 시간 엄수의 중요성에 관해 이야기 들어야 한다.

④ 자원에 초점을 둔 환경 경제학이 부상하고 있다.

[어휘] pine tree 소나무 punctuality 시간 엄수 on the rise 오름세에 있는

[정답] ④

07 우리말을 영어로 잘못 옮긴 것은? [문법]

① 우리는 미래가 어떤 모습일지 궁금할 수밖에 없다.

→ We cannot help wondering that the future looks like.

② 시민들은 자신의 투표권을 당연하게 생각해서는 안 된다.

→ Citizens ought not to take their voting rights for granted.

③ 이 제품의 내구성은 동급 제품들보다 덜 튼튼하다.

→ This product's durability is less robust than that of its peers.

④ 실리콘 밸리에 설립된 연구소에 가보신 적이 있나요?

→ Have you ever been to an institute founded in Silicon Valley?

[해설] (that → what) that은 관계대명사로 쓰일 땐 앞에 선행사가 있어야 하고, 접속사로 쓰일 땐 뒤에 완전한 절이 와야 한다. 여기서는 앞에 선행사가 없고 뒤에도 불완전한 절이 오고 있으므로, that을 wondering의 목적어 역할과 like의 목적어 역할을 동시에 할 수 있는 관계대명사 what으로 고쳐야 한다. 참고로 'cannot help RVing'는 '~할 수밖에 없다'라는 뜻의 구문으로 주어진 우리말에 맞게 적절히 쓰였다.

② '~해야 한다'라는 뜻을 지닌 구조동사 'ought to RV'의 부정형은 'ought not to RV'이므로 주어진 우리말에 맞게 적절히 쓰였다.

③ 비교급 표현 'less ~ than'이 쓰인 문장이다. 비교 대상은 '이 제품의 내구성'과 '동급 제품들의 내구성'이므로, than 이하에서 소유격 표현 that of its peers가 쓰인 것은 적절하다. 이때 that과 its는 각각 durability와 This product를 가리키는 대명사로 각각 단수로 수일치한 것도 적절하다.

④ '~에 간 적 있다'라는 뜻의 경험을 나타내는 have been to가 주어진 우리말에 맞게 의문문으로 적절히 쓰였다. 또한 founded 이하는 명사 an institute를 수식하는 분사구인데, 연구소가 '설립한' 것이 아니라 '설립된' 것이므로 수동의 과거분사 founded의 쓰임도 적절하다.

[어휘] take sth for granted ~을 당연시하다 durability 내구성 robust 튼튼한 peer (질 등이) 동등한 것 institute 기관, 연구소 found 설립하다

[정답] ①

08 우리말을 영어로 잘못 옮긴 것은? [문법]

① 나는 잠든 아기를 살며시 내려놓았다.

→ I gently put down the asleep baby.

② Adam은 사촌의 영어 말하기 연습을 도왔다.

→ Adam helped his cousin practice speaking English.

③ 그 음악을 틀면 그것은 듣는 사람을 모두 사로잡을 것이다.

→ When turned on, the music will hook all the listeners.

④ 자전거를 탈 때는 헬멧을 쓰는 것을 원칙으로 해라.

→ Make it a rule to wear a helmet while riding a bicycle.

[해설] (asleep → sleeping) '잠든'이라는 뜻의 asleep은 서술적 용법으로만 쓰이는 형용사이므로 보어로만 사용되고 뒤에 명사가 올 수 없다. 그런데 여기서는 뒤에 baby라는 명사가 나오고 있으므로, asleep을 같은 의미를 지니면서 명사를 앞에서 수식할 수 있는 분사형 형용사 sleeping으로 고쳐야 한다.

② 준사역동사 help는 '(to) RV'를 목적격 보어로 취하므로 practice는 적절하게 쓰였으며, practice는 동명사를 목적어로 취하는 동사이므로 speaking의 쓰임도 적절하다.

③ 분사구문의 의미상 주어인 the music이 '트는' 것이 아니라 '틀어지는' 것이므로 수동의 과거분사 turned on은 적절하게 쓰였다. 또한 all이 전치한정사로 쓰여 한정사 the보다 앞에 온 것도 적절하다.

④ 'make it a rule to RV'는 '~하는 것을 원칙으로 삼다'라는 뜻의 관용 표현이므로 to wear는 적절하게 쓰였다. 또한 while 이하의 분사구문에서 의미상 주어인 청자(you)가 자전거를 '타는' 것이므로 능동의 현재분사 riding의 쓰임도 적절하다.

[어휘] hook 사로잡다

[정답] ①

09 두 사람의 대화 중 가장 어색한 것은? `생활영어`

① A: My investments this year seem to be going south.

B: Awesome! What's your secret to such success?

② A: I can't wrap my head around why I was blamed.

B: Me neither. You had no part in it.

③ A: Dan keeps asking me if he could borrow money.

B: You should put your foot down and refuse firmly.

④ A: Did you get around to fixing the toilet?

B: Yes, finally. It should work well now.

`해설` 투자가 실패하고 있다는 A의 말에 굉장하다고 말하며 그 성공의 비결을 물어보는 B의 반응은 모순된다. 따라서 대화 중 가장 어색한 것은 ①이다.

`해석` ① A: 올해 투자가 실패하고 있는 것 같아.

B: 굉장하다! 그런 성공의 비결이 뭐야?

② A: 왜 내가 비난을 받았는지 도무지 모르겠어.

B: 나도. 넌 아무런 관련도 없었잖아.

③ A: Dan이 계속 돈을 빌릴 수 있냐고 나한테 물어봐.

B: 입장을 확실히 하고 단호하게 거절해야 해.

④ A: 변기는 결국 고쳤어?

B: 응, 드디어. 이제 잘 작동할 거야.

`어휘` go south 실패하다, 악화하다 wrap one's head around (힘들고 어렵지만) 이해하다, 헤아리다 put one's foot down 입장을 단호히 하다 firmly 단호하게 get around to 마침내 ~을 하다

`정답` ①

10 밑줄 친 부분에 들어갈 말로 가장 적절한 것은? `생활영어`

A: I'd like a large iced Americano to go, please.

B: Sure. That'll be $4.95.

A: May I use this coupon? I've collected ten stamps.

B: _____

A: I see. I'll use this next time, then. Here's $5.

B: Thank you. Here's your change.

① Sorry, but this is valid for small-sized drinks only.

② Can you recommend me a nice coffee shop?

③ I'm afraid this coupon has expired.

④ Would you like it hot or cold?

`해설` 쿠폰을 사용할 수 있냐는 A의 물음에 B가 빈칸 내용을 언급하였다. 이에 A는 그렇다면 그 쿠폰을 다음에 사용하겠다고 하였으므로, 이번 주문에서는 사용할 수 없음을 유추할 수 있다. 따라서 빈칸에 들어갈 말로 가장 적절한 것은 ① '죄송하지만, 이 쿠폰은 작은 사이즈 음료에만 유효합니다.'이다.

② 좋은 카페를 추천해 주실 수 있나요?

③ 죄송하지만, 이 쿠폰은 유효기간이 지났습니다.

④ 뜨겁게 드시겠어요, 차갑게 드시겠어요?

`해석` A: 아이스 아메리카노 큰 거 한 잔 포장해 주세요.

B: 네. 4.95달러입니다.

A: 이 쿠폰을 사용해도 되나요? 도장 10개를 모았어요.

B: 죄송하지만, 이 쿠폰은 작은 사이즈 음료에만 유효합니다.

A: 그렇군요. 그럼 다음에 사용하겠습니다. 여기 5달러입니다.

B: 감사합니다. 잔돈 여기 있습니다.

`어휘` to go (음식을 식당에서 먹지 않고) 가지고 가는, 포장하는 change 잔돈 valid 유효한 expire 만료되다

`정답` ①

11 주어진 글 다음에 이어질 글의 순서로 가장 적절한 것은? `순서배열`

If you want to accelerate your progress with online marketing and grow your audience faster, what do you need to do?

(A) For example, if you can find a video streamer who has 500,000 subscribers, then all you need to do is to message them and get them to mention your website or blog in their next video.

(B) Then, you can potentially generate hundreds of thousands of visits to your website that very day. This can completely alter the fortunes of your business overnight.

(C) One of the most powerful and popular methods is to use something called "influencer marketing." This simply means that you are going to borrow the power of an existing influencer.

① (B) - (A) - (C)　　② (B) - (C) - (A)

③ (C) - (A) - (B)　　④ (C) - (B) - (A)

`해설` 온라인 마케팅에서 성과를 내려면 어떻게 해야 할지 묻는 주어진 글 뒤에는 One of the ~ methods로 그 방법 중 하나를 제시하는 (C)가 와야 한다. 그다음으로, (C)에서 소개된 인플루언서 마케팅에 관한 예시가 (A)에서 For example로 자연스럽게 연결된다. 마지막으로, (A)에서 언급된 시도가 성공한다면 어떤 일이 벌어질지를 Then으로 이어서 설명하는 (B)가 와야 한다. 따라서 글의 순서로 가장 적절한 것은 ③ '(C) - (A) - (B)'이다.

`해석` 당신의 온라인 마케팅 진전을 가속하고 독자를 더 빠르게 늘리려면 어떻게 해야 할까? (C) 가장 강력하고 보편적인 방법 중 하나는 "인플루언서 마케팅"이라고 불리는 것을 사용하는 것이다. 이는 단순히 당신이 기존 인플루언서의 힘을 빌릴 것이라는 의미이다. (A) 예를 들어, 당신이 구독자 수가 50만 명인 동영상 스트리머를 찾을 수 있다면 그에게 메시지를 보내 다음 동영상에서 당신의 웹사이트나 블로그를 언급하도록 유도하기만 하면 된다. (B) 그러면 그날 바로 당신의 웹사이트에 수십만 번의 방문을 발생시킬 수 있다. 이는 하룻밤 사이에 당신 사업의 운명을 완전히 바꿀 수 있다.

`어휘` accelerate 가속하다 progress 진행, 진전 subscriber 구독자 potentially 잠재적으로 generate 만들어 내다, 창출하다 alter 바꾸다 overnight 하룻밤 사이에 existing 기존의, 현존하는

`정답` ③

12 주어진 문장이 들어갈 위치로 가장 적절한 곳은?　문장삽입

> They also utilize texts in their business bargaining because they can often be reliable proof.

Entrepreneurs highly correlate the success of their business with the ways they use their mobile phones. (①) The characteristics of business proficiency are clearly demonstrated in their skillful uses of mobile phones in dealing with business negotiation. (②) In frequent business bargaining, voice calls are preferred. (③) Most entrepreneurs use voice calls to negotiate business terms, especially when they are out of the office. (④) As Amy Lin mentions, "When the customers deny we had an agreement, I can say I have your confirmation message in my phone. I can find it and use it to protect myself."

해설 주어진 문장에서 also가 나오기 때문에 문맥상 앞에는 문자의 다른 쓰임이 나오거나 They가 사업 협상에서 사용하는 또 다른 기능이 나와야 한다. 글에서 협상할 때 사업가들이 음성 전화 기능을 사용한다고 나오므로, 주어진 문장은 그와 관련된 설명 다음인 ④에 들어가는 것이 자연스럽다. 또한 ④ 뒤에서 휴대전화 메시지를 보호 수단으로 사용할 수 있다고 하였는데, 이는 주어진 문장에서 문자가 reliable proof가 될 수 있다는 설명과 연결된다. 따라서 주어진 문장이 들어갈 위치로 가장 적절한 곳은 ④이다.

해석 사업가는 자기 사업의 성공과 자기가 휴대전화를 사용하는 방식을 잘 연관 짓는다. 사업에서의 능숙함의 특징은 사업 협상을 할 때 휴대전화의 능숙한 사용에서 분명히 드러난다. 빈번한 사업 협상에서는 음성 전화가 선호된다. 대부분의 사업가는 특히 자신이 사무실 밖에 있을 때, 사업상의 계약 조건들을 협상하기 위해 음성 전화를 사용한다. 그들은 또한 종종 (문자가) 믿을 만한 증거가 될 수 있기 때문에 문자를 사업 협상에서 활용하기도 한다. "고객이 합의 사실을 부인할 때, 전 제 휴대전화에 당신의 확인 메시지가 있다고 말할 수 있습니다. 전 이것을 찾아서 저 자신을 보호하는 데 사용할 수 있습니다."라고 Amy Lin은 말한다.

어휘 utilize 사용하다 bargaining 협상, 흥정 reliable 믿을 만한, 확실한 proof 증거 entrepreneur 사업가 correlate 서로 연관시키다 proficiency 능숙 demonstrate 증명하다 negotiation 협상, 교섭 terms 조건 deny 부정[부인]하다 confirmation 확정, 확인

정답 ④

13 다음 글의 제목으로 가장 적절한 것은?　제목

The phrase "canary in a coal mine" finds its roots in the historical practice of miners utilizing caged canaries in coal mines as a clever safety measure. These birds, highly sensitive to toxic gases like methane, would exhibit signs of distress long before atmospheric conditions became hazardous to human health, serving as a vital early warning system for miners. Over time, this concept has evolved into a potent metaphor representing an early indicator of potential dangers in various contexts beyond mining. For instance, in the realm of ecology, the declining populations of bees have emerged as a modern-day "canary in a coal mine" for environmental health. It signals underlying issues such as pesticide overuse or habitat loss, offering an opportunity for proactive intervention to prevent more extensive ecological damage.

① The Evolution of Mine Safety Warnings
② The Decline of Bees: Causes and Consequences
③ What Makes Canaries So Vulnerable to Toxic Gases?
④ Canary in a Coal Mine: From Warning Signal to Metaphor

해설 '탄광의 카나리아'는 과거 탄광에서 광부들이 실제로 카나리아를 위험의 전조로 사용하던 관행에서 비롯된 표현이지만 오늘날에는 다양한 분야에 걸쳐 '위험에 대한 조기 신호'를 나타내는 비유로 쓰인다는 내용이다. 따라서 글의 제목으로 가장 적절한 것은 ④ '탄광의 카나리아: 경고 신호에서 은유로'이다.

① 탄광 안전 경고의 발전 → 탄광의 안전 경보 체계 발전보다는, '탄광의 카나리아'라는 표현의 의미가 발전되고 확장되었음을 설명하는 글이다.
② 벌의 감소: 원인과 결과 → 벌의 개체 수 감소의 원인과 결과를 분석하는 것이 글의 주된 내용은 아니다. 벌은 '탄광의 카나리아'가 오늘날 어떤 의미로 확장되었는지 설명하는 예시일 뿐이다.
③ 무엇이 카나리아를 유독 가스에 그토록 취약하게 만들까? → 카나리아가 유독 가스에 취약한 '원인'을 밝히는 글이 아니다.

해석 '탄광의 카나리아'라는 표현은 광부들이 탄광에서 새장에 넣은 카나리아를 기발한 안전 조치로 활용했던 역사적 관행에서 그 뿌리를 찾는다. 이 새들은 메탄과 같은 유독 가스에 매우 민감해서, 대기 상태가 인간 건강에 위험해지기 훨씬 전부터 고통의 징후를 보이며, 광부들에게 중요한 조기 경고 체계 역할을 해주었다. 시간이 지나면서, 이 개념은 광업 너머의 다양한 상황에서 잠재적 위험의 초기 지표를 나타내는 강력한 은유로 발전했다. 예컨대, 생태학 분야에서 감소하는 벌 개체 수는 환경 건성성에 대한 현대의 '탄광의 카나리아'로 부상했다. 이는 살충제 남용이나 서식지 손실과 같은 근본적인 문제를 알리고, 더 광범위한 생태학적 피해를 예방하기 위한 사전 개입의 기회를 제공한다.

어휘 coal mine 탄광 sensitive 민감한 distress 고통 atmospheric 대기의, 공기의 hazardous 해로운 vital 매우 중요한 evolve 발전하다 potent 강력한 metaphor 비유 indicator 지표 decline 감소하다 emerge 부상하다, 떠오르다 underlying 근본적인 pesticide 살충제 habitat 서식지 proactive 사전적인 intervention 개입

정답 ④

14 글의 흐름상 가장 어색한 문장은?

일관성

If you want to remember something, you need to *notice*. And noticing requires two things: perception and attention. Imagine you're standing in front of the colossal Christmas tree in New York City. ① The image that you see is converted into signals that travel to your visual cortex. ② This is the area of your brain where images are processed and actually perceived. ③ It is commonly believed that you will remember the things you're seeing and giving attention to, but experiments show this is not necessarily true. ④ But unless you add your attention to seeing this Christmas tree, the activated neurons will not be linked, and a memory will not be formed. If you don't pay attention, you won't even remember seeing it.

해설 무언가를 기억하기 위해서는 '지각'과 '관심' 두 가지가 필요하다는 내용의 글이다. 따라서 글의 흐름상 가장 어색한 문장은 어떤 것을 보고 그것에 관심을 가진다고 그것을 반드시 기억하는 것은 아니라고 말하는, 이 글의 맥락과 상반되는 내용의 ③이다.

해석 당신이 무언가를 기억하고 싶다면, 당신은 '의식해야' 한다. 이는 두 가지, 즉 지각과 관심을 필요로 한다. 당신이 뉴욕에 있는 거대한 크리스마스트리 앞에 서 있다고 가정해 보자. 당신의 보는 이미지는 당신의 시각 피질로 이동하는 신호로 전환된다. 이곳은 이미지가 처리되고 실제로 인지되는 뇌 영역이다. (당신이 보고 관심을 가지는 것은 당신이 기억할 것이라고 일반적으로 생각되지만, 실험들은 반드시 그렇지는 않다는 사실을 보여 준다.) 하지만 당신이 이 크리스마스트리에 당신의 관심을 더하지 않는다면 활성화된 신경 세포들은 연결되지 않을 것이며, 기억은 형성되지 않을 것이다. 관심을 가지지 않는다면, 당신은 그것을 봤다는 것조차 기억하지 못할 것이다.

어휘 perception 지각 attention 주목, 관심 colossal 거대한, 엄청난 convert 전환하다 visual cortex 시각 피질 process 처리하다 necessarily 반드시 activated 활성화된 neuron 신경 세포

정답 ③

15 SOUNDWAVE ROCK FESTIVAL에 관한 다음 글의 내용과 일치하지 않는 것은?

불일치

SOUNDWAVE ROCK FESTIVAL

Friday, June 14 - Sunday, June 16
2 : 00 p.m. - 8 : 00 p.m.

· TICKET & WRISTBAND
If you are purchasing or collecting your tickets at the festival site, you must go to the Main Gate where the Festival Box Office is located. The type of wristband you get depends on the type of ticket you present at the gate.
- Three-day pass for the whole weekend
- A Single Day ticket for each day (Fri/Sat/Sun)

On the first day, any patron with all three Single Day Tickets may choose to present all three tickets for a three-day wristband.

Your wristband is required to be worn at all times while on site to verify your admittance to site. All festival patrons, including children entering free, must have a wristband.

· LIQUOR SERVICE
We proudly serve a variety of beers, cocktails, and wines. You can enjoy alcoholic beverages anywhere on our festival site except for the Smoking Area.

Tickets 780-649-2727 | soundwaverockfest.or

① 입장권 현장 수령은 정문에서 해야 한다.
② 1일권 3장은 첫날 3일권 손목 밴드로 교환할 수 있다.
③ 무료 입장객은 손목 밴드 미착용이 허용된다.
④ 흡연 구역을 제외한 모든 곳에서 음주가 가능하다.

해설 글의 중후반부에서 무료로 입장한 아이들을 포함해 모든 관객이 손목 밴드를 착용해야 한다고 언급되므로, 글의 내용과 일치하지 않는 것은 ③ '무료 입장객은 손목 밴드 미착용이 허용된다.'이다.
① 입장권 현장 수령은 정문에서 해야 한다. → 글의 초반부에서 언급된 내용이다.
② 1일권 3장은 첫날 3일권 손목 밴드로 교환할 수 있다. → 글의 중반부에서 언급된 내용이다.
④ 흡연 구역을 제외한 모든 곳에서 음주가 가능하다. → 글의 후반부에서 언급된 내용이다.

해석 **사운드웨이브 록 페스티벌**

6월 14일 금요일 - 6월 16일 일요일
오후 2 : 00 - 오후 8 : 00

· 입장권 & 손목 밴드
페스티벌 현장에서 입장권을 구매하거나 수령하는 경우, 페스티벌 매표소가 있는 정문으로 가야 합니다. 입구에서 제시하는 입장권의 종류에 따라 수령하는 손목 밴드의 종류가 달라집니다.
- 주말 전체용 3일권
- 하루용 1일권 (금/토/일)

첫날, 1일권을 3장 모두 가지고 있는 관객은 누구나 3장의 입장권을 모두 제시하여 3일권 손목 밴드를 수령하기를 택할 수 있습니다.

현장 입장 확인을 위해 현장에서는 항상 손목 밴드를 착용해야 합니다. 무료입장 어린이를 포함한 모든 페스티벌 관객은 손목 밴드를 착용해야 합니다.

· 주류 서비스
저희는 자랑스럽게도 다양한 맥주, 칵테일, 와인을 제공하고 있습니다. 여러분은 흡연 구역을 제외한 페스티벌 현장 어디서든 주류를 즐길 수 있습니다.

입장권 780-649-2727 | soundwaverockfest.or

어휘 purchase 구매하다 box office 매표소 depend on ~에 달려 있다 patron 고객 verify 확인하다 admittance 입장 liquor 술, 주류 beverage 음료

정답 ③

롯되었다. 이 말은 이후 1500년대 중반에 네덜란드 학자 Erasmus에 의해 라틴어로 번역되었는데, 그는 이것을 '… 삽을 삽이라 말하다'로 바꿨다. 이 문맥에서 '삽'이라는 단어는 단순히 원예 도구를 가리켰다. 하지만, 이 단어는 1920년대 동안 미국에서 다른 의미를 띠게 되었고, 아프리카계 미국인들에게 모욕적인 용어가 되었다. 그 결과, 이 전체 표현이 (인종주의와는 상관없는) 고대적 기원에도 불구하고 때때로 인종차별주의적이라 여겨진다. 그러므로 오늘날 이 표현을 사용할 때 이것의 역사적인 함의를 염두에 두는 것이 중요하다.

어휘 spade 삽 frankly 솔직하게 soften 누그러뜨리다, 부드럽게 하다 originate 기원하다 fig 무화과 trough 구유, 여물통 translate 번역하다 context 문맥 refer 나타내다, 가리키다 take on ~을 띠다 insulting 모욕적인 racist 인종차별주의의 be mindful of ~을 염두에 두다 connotation 함축적 의미 derive from ~에서 유래하다 insult 모욕

정답 ③

16 'to call a spade a spade'에 관한 다음 글의 내용과 일치하지 않는 것은? **불일치**

The phrase 'to call a spade a spade' means to speak frankly and directly, without softening the truth. This expression originated in Ancient Greece, where the Greek philosopher Plutarch used the phrase '… to call a fig a fig and a trough a trough.' The saying was later translated into Latin by the Dutch scholar Erasmus in the mid-1500s, who changed it to '… to call a spade a spade.' In this context, the word 'spade' simply referred to a gardening tool. However, the word took on a different meaning in the United States during the 1920s, becoming an insulting term for African-Americans. As a result, the whole phrase is sometimes considered racist despite its ancient origins. Therefore, it's important to be mindful of its historical connotations when using this phrase today.

① Its original expression derives from Ancient Greece.
② The word 'spade' was not included in its original Greek form.
③ In the Latin translation, the word 'spade' was used as an insult.
④ Regardless of its origin, the phrase may be perceived as offensive.

해설 3, 4번째 문장에서 Erasmus의 라틴어 번역에서 spade는 단순히 원예 도구(삽)를 의미했다고 언급되므로, 글의 내용과 일치하지 않는 것은 ③ '라틴어 번역에서 '삽'이라는 단어는 모욕으로 썼다.'이다.
① 이것의 원래 표현은 고대 그리스에서 유래한다. → 2번째 문장에서 언급된 내용이다.
② '삽'이라는 단어는 원래 그리스어 형태에는 들어가 있지 않았다. → 2, 3번째 문장에서 언급된 내용이다.
④ 그 기원과는 상관없이, 그 구절은 불쾌하다고 여겨질 수 있다. → 마지막 2번째 문장에서 언급된 내용이다.

해석 'to call a spade a spade(삽을 삽이라 말하다)'라는 구절은 진실을 누그러뜨리지 않고 솔직하고 직설적으로 말한다는 뜻이다. 이 표현은 고대 그리스에서 그리스 철학자 Plutarch가 '… 무화과를 무화과라 하고 구유를 구유라 하다'라는 구절을 쓴 데서 비

17 다음 글의 요지로 가장 적절한 것은?   `요지`

Nowadays, businesses and employees rely heavily on virtual communication, with companies shifting from physical offices to virtual spaces that connect employees globally. Despite these advancements, research consistently emphasizes the invaluable role of face-to-face interactions. More than eighty percent of executives prefer in-person meetings, citing their ability to facilitate critical business decisions and enhance strategic thinking. Also, the importance of colleagues and potential partners spending time together in a shared physical space cannot be overstated. Studies show that face-to-face requests are 34 times more effective than those made via email and that a physical handshake promotes cooperation and influences negotiation outcomes positively.

① Sharing physical space hinders employee efficiency.
② The significance of face-to-face interaction is overrated.
③ Differences in communication style preference are growing.
④ Face-to-face interactions remain essential for business outcomes.

해설 사업 및 업무 관련 소통을 할 때 직접 상대를 대면하여 소통하는 것이 가상 공간을 통해 소통하는 것보다 훨씬 효과적이라는 내용의 글이다. 따라서 글의 요지로 가장 적절한 것은 ④ '대면 소통은 사업 성과를 위해 여전히 필수적이다.'이다.

① 물리적 공간을 공유하는 것은 직원의 능률을 저해한다. → 동료들이 물리적 공간에서 함께 시간을 보내는 것의 중요함을 강조하는 글의 내용과 반대된다.
② 대면 소통의 중요성이 과대평가 되고 있다. → 연구 및 전문가의 의견을 통해 대면 소통의 중요성과 긍정적 효과를 설명하는 글의 내용과 반대된다.
③ 소통 방식 선호도에 대한 차이가 더 벌어지고 있다. → 온라인 소통과 대면 소통 중 어느 방식을 선호하는지에 대한 차이가 더 뚜렷해지고 있다는 내용의 글이 아니다.

해석 오늘날, 기업과 직원은 가상 소통에 크게 의존하고 있으며, 회사는 물리적(실제) 사무실에서 전 세계적으로 직원을 연결하는 가상 공간으로 바꾸고 있다. 이러한 발전에도 불구하고, 연구 결과는 대면 소통의 귀중한 역할을 지속해서 강조하고 있다. 80% 이상의 경영진은 중요한 사업적 결정을 내리도록 촉진하고 전략적 사고를 향상하는 그것의 능력을 이유로 들며 직접 만나서 하는 회의를 선호한다. 또한, 동료 및 잠재적 동업자가 공동의 물리적 공간에서 함께 시간을 보내는 것의 중요성도 과장될 수 없다(아무리 강조해도 지나치지 않다). 연구에 따르면, 대면 요청은 이메일을 통한 요청보다 34배 더 효과적이며, 실제 악수는 협력을 촉진하고 협상 결과에 긍정적으로 영향을 미친다고 한다.

어휘 virtual 가상의 shift 바꾸다, 변화하다 consistently 지속적으로 invaluable 유용한, 귀중한 face-to-face 대면하는 interaction 소통, 상호 작용 executive 경영진, 운영진 in-person 직접의 cite 이유[예]를 들다 facilitate 촉진하다 enhance 향상하다 overstate 과장하다 cooperation 협력 hinder 저해하다 efficiency 능률 overrate 과대평가하다

`정답` ④

---

18 (A)와 (B)에 들어갈 말로 가장 적절한 것은?   `연결사`

Mattering describes the feeling of being valued for who we are by the people around us. By prioritizing mattering, parents can help children develop self-worth that transcends external achievements. Parents today often place excessive emphasis on their children's achievements, associating their value primarily with academic performance. This approach may be effective in motivating and preparing children for a competitive world.   (A) , it often leads to unintended consequences such as heightened anxiety, stress, and a distorted self-concept. Thus, it's important that parents adopt a more balanced approach by fostering a sense of mattering within the family. This way, children will be able to develop a healthy sense of self and overcome obstacles with greater confidence.   (B) , mattering can be extended beyond parenting and into other spheres of life, including the workplace. The concept of mattering holds the potential to humanize organizational cultures, enhance employee satisfaction, and contribute to overall well-being in the workplace.

	(A)	(B)
①	However	Furthermore
②	Similarly	In the same way
③	However	For example
④	Similarly	In other words

해설 (A) 앞은 학업적 성취를 강조하는 접근법이 효과적인 측면을 언급하는 내용이고, (A) 뒤는 그것의 부작용에 관한 내용이므로, 역접으로 연결되어야 한다. 따라서 (A)에 들어갈 연결사로 가장 적절한 것은 However이다. 또한, (B) 앞까지는 양육에서 매터링의 중요성을 설명했는데 (B) 뒤에서 이러한 매터링의 중요성을 다른 삶의 영역으로 확장하여 설명했으므로, (B)에 들어갈 연결사로 적절한 것은 Furthermore이다.

해석 '매터링'은 우리 주변 사람들에 의해 우리 모습 그대로 존중받는 느낌을 묘사한다. 매터링을 우선시함으로써 부모는 아이가 외적인 성취를 넘어서는 자존감을 발달시킬 수 있게 돕는다. 오늘날 부모는 흔히 아이의 가치를 주로 학업적 성취와 연관 지어 아이의 성취를 지나치게 강조한다. 이러한 접근 방식은 아이에게 동기 부여를 하고 경쟁이 심한 세상에 대비하게 하는 데 효과적일지는 모른다. 그러나, 그것은 종종 고조된 불안, 스트레스, 왜곡된 자기 개념과 같은 의도하지 않은 결과를 초래한다. 따라서 부모는 가정 내 매터링 느낌을 조성하여 더 균형 잡힌 접근 방식을 채택하는 것이 중요하다. 이렇게 하면, 아이는 건강한 자아의식을 발달시키고 더 큰 자신감으로 난관을 극복할 수 있을 것이다. 더불어, 매터링은 양육을 넘어 직장을 포함한 다른 삶의 영역으로 확장될 수 있다. 매터링 개념은 조직 문화를 인간적이게 만들고 직원 만족도를 높이며 직장에서의 전반적인 복지에 기여할 수 있는 잠재력을 지닌다.

어휘 valued 귀중한, 소중한 prioritize 우선시하다 self-worth 자존감 transcend 넘다, 능가하다 external 외부의 heighten 증가시키다 anxiety 걱정, 불안 distort 왜곡하다 self-concept 자아상 adopt 채택하다 foster 발전시키다, 촉진하다 obstacle 장애(물) sphere 영역, 범위 humanize 인간답게 만들다 satisfaction 만족(감) overall 종합적인, 전체의

`정답` ①

19 밑줄 친 부분에 들어갈 말로 가장 적절한 것은? [빈칸완성]

_____. To understand why, take biologists studying living organisms. Organisms are composed of cells, which in turn consist of water, nucleic acids, proteins, and other similar substances, all made up of molecular chains. However, these molecules are ultimately formed from atoms, which are physical particles. This reveals that the objects biologists examine are essentially complex physical entities, leading to the widespread belief that physics forms the foundation of other sciences. The same even applies to social sciences, such as economics, which focuses on the behavior of firms and consumers in the marketplace and the effects of these actions. Both consumers and firms are composed of human beings, and human beings are living organisms composed of physical entities. Thus, it can be said that physics can subsume all the other sciences.

① Exploring physics is different from studying social sciences
② Not all branches of science have developed at the same pace
③ Some branches of science are more fundamental than others
④ Each field of science offers a unique perspective on the world

해설 생물학이나 경제학과 같은 사회 과학의 연구 대상을 분석하다 보면 결국 '물리적 실체'로 귀결된다는 예시를 통해, 물리학이 다른 과학 분야의 근간을 이룬다는 내용을 제시하고 있다. 첫 문장의 빈칸은 이 내용을 적절히 일반화한 것이어야 한다. 따라서 빈칸에 들어갈 말로 가장 적절한 것은 ③ '어떤 과학 분야는 다른 분야보다 더 근본적이다'이다.
① 물리학을 탐구하는 것은 사회 과학을 연구하는 것과 다르다 → 사회 과학을 포함한 모든 과학의 근간이 물리학에 있다는 점을 강조하는 글이므로, 사회 과학을 연구하는 것은 결국 물리학을 연구하는 것과 '같다'라는 결론이 글의 요지에 더 가깝다.
② 모든 과학 분야가 똑같은 속도로 발전해 온 것은 아니다 → 서로 다른 과학 분야의 발전 속도를 비교하는 글이 아니다.
④ 각 과학 분야는 세계에 관한 고유한 시각을 제공한다 → 학문별로 서로 다른 세계관을 제시해 준다는 내용은 언급되지 않았다.

해석 어떤 과학 분야는 다른 분야보다 더 근본적이다. 그 이유를 알기 위해, 생물을 연구하는 생물학자들을 생각해 보자. 생물들은 세포로 구성되어 있고, 세포는 다시 물, 핵산, 단백질, 그리고 기타 유사 물질로 구성되어 있으며, 이 모든 것은 분자 사슬로 이루어져 있다. 하지만 이 분자들은 궁극적으로 원자들로 만들어진 것인데, 이것들은 물리적 입자이다. 이는 생물학자들이 조사하는 대상들이 본질적으로 복잡한 물리적 실체임을 드러내어, 물리학이 다른 과학의 근간을 형성한다는 널리 퍼진 믿음으로 귀결된다. 똑같은 것(논리)이 심지어 경제학과 같은 사회 과학에도 적용되는데, 경제학은 시장 내 기업과 소비자의 행동과 이 행동의 결과에 초점을 둔다. 소비자와 기업 둘 다 인간으로 구성되어 있으며, 인간은 물리적 실체로 구성된 생물이다. 따라서 물리학이 다른 모든 과학을 포괄할 수 있다고 말할 수 있다.

어휘 biologist 생물학자 be composed of ~으로 구성되다 nucleic acid 핵산 protein 단백질 substance 물질 molecular 분자의 ultimately 궁극적으로 atom 원자 particle 입자 examine 조사하다 essentially 본질적으로 entity 실체 widespread 널리 퍼진 foundation 기초, 근간 subsume 포괄하다 branch 분야 pace 속도 fundamental 기초[근본]적인 perspective 시각, 관점

정답 ③

20 밑줄 친 부분에 들어갈 말로 가장 적절한 것은? [빈칸완성]

When Susanne Simard, a professor of forest ecology, began working in forestry after college, conventional theory held that trees were _____ beings engaged in a fierce Darwinian competition for water, sunlight, and food. Based on this theory, timber companies planted rows of the most lucrative tree and removed most of the competition — an approach that Simard felt ignored the messy genius of nature, with its many interwoven species. Later, in a series of breakthrough experiments conducted while dodging grizzly bears in western Canada's rainforests, Simard discovered that trees are in fact connected through vast fungal root systems known as mycorrhizal networks. Via this underground pipeline, they share carbon, water, and nutrients with other trees, including other species. The fungi extract sugars from the tree roots that they can't produce on their own, and in return the fungi carry water and nutrients drawn from deep in the soil from tree to tree.

① isolated
② durable
③ dynamic
④ interconnected

해설 빈칸은 나무에 대한 '전통적인' 이론에 관한 설명으로, 이 이론에 기초하여 목재 업체들은 특정 나무를 제외한 다른 경쟁 종들을 제거했다고 한다. Simard는 이것이 자연이 서로 얽힌 종들로 이루어져 있다는 점을 무시한다고 여겼고, 실제로 나무들이 종에 상관없이 서로 균근망으로 연결되어 있다는 사실을 밝혀냈다고 한다. 따라서 나무가 다른 종과 맺는 관계를 '상생'이 아닌 '경쟁'으로 여긴 전통적인 이론은 나무를 다른 종과 연결되어 있지 않은 '독립된' 존재로 여겼을 것으로 추측할 수 있다. 따라서 빈칸에 들어갈 말로 가장 적절한 것은 ① '고립된'이다.
② 튼튼한 → 나무를 튼튼한 존재로 여겼기 때문에 경쟁을 제거했다는 말은 성립되지 않으며, 거대한 균근 체계를 통해 서로 연결되어 있다는 사실을 몰랐던 이전 상황에서 나무를 '튼튼한' 존재로 보았을 것이라는 근거는 찾을 수 없다.
③ 역동적인 → 나무가 다른 종과 분리되어 있다고 간주한 전통적인 이론이 나무를 '역동적인' 존재로 보았으리라 추측하기는 어렵다.
④ 상호 연결된 → 이는 Simard가 실험을 통해 실제로 발견한 나무의 특성에 해당하므로 반대된다.

해석 삼림 생태학 교수인 Susanne Simard가 대학교 졸업 후 삼림 관리업에서 일하기 시작했을 때, 나무에 대한 전통적인 이론은 나무가 물, 햇빛, 양분을 두고 치열한 다윈주의적 경쟁을 벌이는 고립된 존재라고 간주했다. 이 이론에 따라 목재 업체들은 가장 수익성이 좋은 나무를 줄지어 심고 경쟁 상대(다른 종) 대부분 제거해 버렸는데, 이는 Simard가 많은 서로 얽힌 종들이 존재하는 복잡한 자연의 천재성을 무시하는 것이라고 느꼈던 접근 방법이었다. 이후, 캐나다 서부의 우림에서 회색곰을 피해 다니며 진행한 일련의 획기적인 실험을 통해 Simard는 나무들이 균근망이라고 불리는 거대한 균근 체계를 통해 서로 연결되어 있다는 사실을 발견했다. 이 땅속 도관을 통해, 나무들은 다른 종을 포함한 다른 나무들과 탄소, 물, 양분을 공유한다. 균류는 나무의 뿌리에서 자기들 스스로 만들어 내지 못하는 당분을 끌어내고, 그 대가로 토양 깊은 곳에서 끌어올린 물과 양분을 나무에서 나무로 전달한다.

어휘 forestry 산림 관리 conventional 전통적인 fierce 극심한, 맹렬한 timber 목재 lucrative 수익성이 좋은 messy 번잡한 genius 특징, 분위기 interwoven (복잡하게) 서로 얽힌 breakthrough 획기적인 dodge 피하다 fungal 균류의 mycorrhizal 균근의 extract 뽑아내다, 추출하다 in return 대신에, 답례로

정답 ①

01	02	03	04	05
②	③	②	④	②
06	**07**	**08**	**09**	**10**
②	④	③	③	①
11	**12**	**13**	**14**	**15**
④	①	③	④	②
16	**17**	**18**	**19**	**20**
②	③	③	①	③

01 밑줄 친 부분의 의미와 가장 가까운 것은?   어휘

The grave mental health crisis prompted the government to increase funding for psychiatric services.

① utter
② severe
③ timely
④ potential

해설 grave는 '심각한'이라는 뜻으로, 이와 의미가 가장 가까운 것은 ② 'severe(심각한)'이다.
① 완전한 ③ 시기적절한 ④ 잠재적인
해석 심각한 정신 건강 위기는 정부가 정신 의학 서비스에 대한 자금 지원을 늘리게 했다.
어휘 prompt 촉구하다 funding 자금 지원 psychiatric 정신 의학의

정답 ②

02 밑줄 친 부분에 들어갈 말로 가장 적절한 것은?   어휘

Cultural _____ narrows an individual's perspective by taking away exposure to cultural experiences and opportunities.

① addiction
② humiliation
③ deprivation
④ reproduction

해설 by 이하에 유의하면, 빈칸은 개인의 문화적 경험에 대한 기회를 빼앗는 행위를 가리킴을 알 수 있다. 따라서 빈칸에 들어갈 말로 가장 적절한 것은 ③ 'deprivation(박탈)'이다.
① 중독 ② 굴욕 ④ 재생산
해석 문화적 박탈은 문화적 경험 및 기회에 대한 노출을 앗아 개인의 시각을 좁힌다.
어휘 narrow 좁히다 perspective 관점, 시각 take away 치우다, 빼앗다 exposure 노출

정답 ③

03 밑줄 친 부분에 들어갈 말로 가장 적절한 것은?   빈칸완성

It is a mistake to believe that for life to be full, it must be like a room crammed with furniture. Henry David Thoreau, who was wary of excessive materialism, claimed he had only three chairs in his house — "one for solitude, two for friendship, three for society." A crowded life leaves no space and no time for enjoyment. Crowding distracts the mind, dulls the senses, and starves the soul. _____ enriches them.

① Affluence
② Simplicity
③ Meditation
④ Association

해설 이 글은 삶을 공간에 비유하며, 이를 가득 채우기보다는 최소한의 것만 남겨두는 것의 미덕을 말하고 있다. 우리의 마음을 어지럽히는 '붐빔'과 달리 빈칸에 해당하는 것은 우리의 마음을 풍요롭게 한다고 했으므로, 빈칸에는 '붐빔'과 반대되는 표현이 와야 한다. 따라서 빈칸에 들어갈 말로 가장 적절한 것은 ② '소박함'이다.
① 풍요로움 → 오히려 삶을 가득 채우는 것을 경계하라는 글의 내용과 반대된다.
③ 명상 → 명상에 관한 언급은 글에 없다.
④ 교제 → '우정'이나 '사교'와 같은 표현은 소박하게 살면서도 삶을 충분히 누릴 수 있다는 점을 설명하기 위해 쓰였을 뿐, 글의 핵심은 아니다.
해석 삶이 충만하려면 그것이 가구로 가득 찬 방과 같아야 한다고 믿는 것은 잘못된 생각이다. 지나친 물질주의를 경계한 Henry David Thoreau는 자신의 집에는 "고독을 위한 의자, 우정을 위한 의자, 사교를 위한 의자"라는 세 개의 의자만 있다고 주장했다. 붐비는 삶은 즐거움을 위한 공간과 시간을 남겨 두지 않는다. 붐빔은 정신을 산만하게 하고, 감각을 둔하게 하며, 영혼을 굶주리게 한다. 소박함이 그것들을 풍요롭게 한다.
어휘 crammed ~으로 가득 찬 wary of ~을 경계하는 excessive 지나친 materialism 물질주의 solitude 고독 society 사교 crowd 가득 메우다 distract 산만하게 하다 dull 둔하게 하다 starve 굶주리게 하다 enrich 풍요롭게 하다

정답 ②

04 밑줄 친 부분에 들어갈 말로 가장 적절한 것은?

이어동사

Social dynamics drive people to _____ certain behaviors despite personal beliefs. Peer pressure, for instance, can influence adolescents to adopt trends, even if it contradicts their values, as they seek acceptance from their peers. This can extend beyond adolescence, unconsciously shaping everything from professional attire to political views.

① cover up ② bring down
③ point out ④ comply with

해설 2번째 문장의 또래 압력이 청소년들에게 자기 가치관과 모순되어도 유행을 받아들이게 한다는 예시를 보았을 때, 사회적 역학 관계는 사람이 개인적 신념과 다른 행동이라도 취하게 한다는 것을 알 수 있다. 따라서 빈칸에 들어갈 말로 가장 적절한 것은 ④ 'comply with(따르다)'이다.
① 숨기다 ② 줄이다 ③ 지적하다

해석 사회적 역학 관계는 사람들이 개인적 신념에도 불구하고 특정 행동을 따르게 유도한다. 예를 들어, 또래 압력은 청소년들이 또래의 수용을 추구하기에 자신의 가치관과 모순되더라도 유행을 받아들이도록 영향을 미칠 수 있다. 이는 청소년기를 넘어서, 직업 복장부터 정치적 견해까지 모든 것을 무의식적으로 형성할 수 있다.

어휘 dynamics 역학 peer 또래 adolescent 청소년 adopt 채택하다, 받아들이다 contradict 모순되다 acceptance 수용 unconsciously 무의식적으로 attire 복장

정답 ④

05 밑줄 친 부분의 의미와 가장 가까운 것은?

어휘

The British transformed the Dunkirk evacuation into a moment of national pride and perseverance. Prime Minister Winston Churchill roused his country, saying "We shall go on to the end, we shall fight with growing confidence, we shall defend our Island; we shall never surrender."

① balance ② endurance
③ assurance ④ conscience

해설 perseverance는 '인내'라는 뜻으로, 이와 의미가 가장 가까운 것은 ② 'endurance(인내)'이다.
① 균형 ③ 자신감 ④ 양심

해석 영국은 됭케르크 철수 작전을 국가적 자부심과 인내의 순간으로 변화시켰다. Winston Churchill 총리는 "우리는 끝까지 나아갈 것이고, 점점 더 자신감을 가지고 싸울 것이며, 우리의 섬을 지켜낼 것이며, 절대 항복하지 않을 것이다."라고 말하며 자신의 나라를 분발케 했다.

어휘 transform 변화시키다 evacuation 철수 prime minister 총리, 수상 rouse 고무하다, 분발케 하다 confidence 자신감 defend 방어하다 surrender 항복하다

정답 ②

06 우리말을 영어로 잘못 옮긴 것은?

문법

① 그녀가 우리의 저녁 식사비를 내준 것은 후했다.
　→ It was generous of her to pay for our dinner.
② 가장 가까운 주유소가 어디인지 알려주실 수 있나요?
　→ Can you show me where is the nearest gas station?
③ 나는 내 고양이가 부린 영리한 재주에 즐거움을 느꼈다.
　→ I felt amused by the clever tricks my cat performed.
④ 우리는 지난 일요일 동물 보호소에서 봉사하는 데 하루를 보냈다.
　→ We spent the day volunteering at the animal shelter last Sunday.

해설 (is the nearest gas station → the nearest gas station is) 4형식 동사로 쓰인 show의 직접목적어로 의문부사 where가 이끄는 간접의문문이 오고 있다. 이때 간접의문문은 '의문사 + S + V'의 어순을 취하므로, where the nearest gas station is가 되어야 한다.
① generous와 같은 사람의 성격을 나타내는 형용사의 의미상 주어는 'of + 목적격'으로 표현해야 하므로 of her는 적절하게 쓰였다.
③ 2형식 동사로 쓰인 feel이 분사형 형용사를 보어로 취하고 있는데, 주어인 I가 '즐겁게 한' 것이 아니라 '즐거워진' 것이므로 수동의 과거분사 amused는 적절하게 쓰였다. 또한 tricks와 my 사이에는 목적격 관계대명사가 생략되어 있어, 타동사로 쓰인 performed 뒤 목적어 자리가 비어 있는 것도 적절하다.
④ 'spend + 시간 + (in) RVing'는 '시간을 ~하는 데 쓰다'라는 뜻의 구문이다. last Sunday라는 확실한 과거 시점 부사구가 있으므로 과거시제 spent가 쓰인 것도 적절하다.

어휘 generous 후한, 관대한 amuse 즐겁게 하다 clever 영리한 trick 재주 shelter 보호소

정답 ②

07 우리말을 영어로 잘못 옮긴 것은? 문법

① 그 가게는 불법 제품을 판매한 혐의로 기소되었다.
→ The store was charged with selling an illegal product.

② 할머니가 돌아가시기 전에 더 많이 찾아뵈었으면 좋았을 텐데.
→ I wish I had visited my grandmother more before she passed away.

③ 우리는 흡연과 연관된 위험을 결코 경시해서는 안 된다.
→ On no account should we downplay the risks associated with smoking.

④ 케이크를 공들여 꾸미면서 파티 준비는 절정에 달했다.
→ Preparation for the party peaked, with the cake elaborately decorating.

해설 (decorating → decorated) 부대 상황을 나타내는 'with + O + OC'의 분사 구문이 사용되었는데, 케이크가 '꾸민' 것이 아닌 '꾸며진' 것이므로 수동의 과거분사 decorated가 쓰여야 한다.
① 'A를 B에 대해 기소하다'라는 뜻의 'charge A with B' 구문을 수동태로 전환하면 'A be charged with B'가 되므로, 주어인 The store가 '기소되었다'라는 주어진 우리말에 맞게 적절히 쓰였다. 또한 전치사 with 뒤에 동명사 selling이 온 것도 적절하다.
② I wish는 이루지 못한 소망을 표현하는 말로 뒤에 가정법이 와야 한다. before가 이끄는 절에 과거를 나타내는 표현이 있으므로 과거 상황을 반대로 가정하는 가정법 과거완료 had visited는 적절하게 쓰였다.
③ '어떠한 경우에도 ~않다'라는 뜻의 on no account라는 부정어가 문두에 왔으므로, 주어와 동사가 의문문의 어순으로 적절히 도치되었다. 또한 associated 이하는 명사 the risks를 수식하는 분사구인데, 위험이 흡연과 '연관된' 것이므로 수동의 과거분사 associated도 적절하게 쓰였다.
어휘 illegal 불법의 pass away 사망하다 downplay 경시하다 associate 연관시키다 preparation 준비 peak 절정에 달하다 elaborately 공들여서 decorate 꾸미다

정답 ④

08 어법상 옳은 것은? 문법

① They have inside jokes like almost couples.
② Bill is used to wake up early due to his present job.
③ She made her employees valued with fair compensation.
④ Do you know the U.S. had declared independence in 1776?

해설 사역동사 make는 목적어와 목적격 보어의 관계가 능동이면 RV를, 수동이면 p.p.를 목적격 보어로 취한다. 여기서는 타동사 value 뒤에 목적어가 없고, 맥락상으로도 her employees가 공정한 보상을 통해 '가치 있게 여겨진' 것이므로 valued가 적절하게 쓰였다.
① (almost → most 또는 almost all) almost는 '거의'라는 뜻의 부사로, 명사를 수식할 수 없다. 그런데 여기서는 뒤에 couples라는 명사가 나오고 있으므로, almost를 '대부분의'라는 비슷한 의미를 지니면서 명사를 수식할 수 있는 형용사 most로 고치거나, almost와 couples 사이에 형용사 all 정도를 추가해야 한다.
② (wake → waking) 'be used to RV'는 '~하기 위해 사용되다'라는 뜻이고, 'be used to RVing'는 '~하는 데 익숙하다'라는 뜻이다. 여기서는 맥락상 Bill이 일찍 일어나는 데 '사용된' 것이 아니라 일찍 일어나는 데 '익숙한' 것이므로, is used to waking up이 되어야 한다. 참고로 전치사구인 due to 뒤에 명사구 his present job이 온 것은 적절하다.
④ (had declared → declared) 미국 독립 선언과 같은 역사적 사실은 항상 과거시제를 사용하므로, 대과거시제 had declared를 declared로 고쳐야 한다.

해석 ① 그들은 대부분[거의 모든] 커플들처럼 그들만 아는 농담이 있다.
② Bill은 그의 현재 직업 때문에 일찍 일어나는 것에 익숙하다.
③ 그녀는 공정한 보상으로 직원들이 가치를 인정받게 했다.
④ 너는 미국이 1776년에 독립 선언한 것을 알고 있어?
어휘 inside joke 당사자들만 아는 농담 value 가치 있게 여기다 fair 공정한 compensation 보상 declare 선언하다 independence 독립

정답 ③

09 다음 글의 제목으로 가장 적절한 것은? 제목

> Among mammals, primates are unique in that certain species have three different types of light-sensitive cone cells in their eyes rather than two. This enables humans and their close relatives to perceive the full range of colors that we consider the standard spectrum. The common explanation for why primates developed trichromacy, as this kind of vision is called, is that it allowed our early ancestors to see colorful ripe fruit more easily against a background of mostly green forest. A particular monkey, the rhesus macaque, has a genetic distinction that offers a convenient natural test of this hypothesis: A common genetic variation makes some females have three types of cone cells and others have two. Studies with the macaques have shown that trichromatic females are faster than their dichromatic peers at finding fruit.

① Gradual Vision Degradation in Primates
② Trichromatic Vision: Its Costs and Benefits
③ The Competitive Advantage of Trichromacy
④ Humans and Monkeys Don't See the Same Way

해설 이 글은 다양한 색을 볼 수 있는 독특한 능력인 삼색형 색각이 숲에서 다채로운 과일을 더 쉽게 발견하기 위해 발달한 능력이라고 말한다. 붉은털원숭이를 통한 실험에서도 삼색형 색각을 가진 원숭이가 더 빠르게 과일을 찾았다고 말하는 것을 보아, 이 글은 삼색형 색각의 장점에 관한 내용임을 알 수 있다. 따라서 글의 제목으로 가장 적절한 것은 ③ '삼색형 색각의 경쟁적 이점'이다.
① 영장류의 점진적인 시력 저하 → 시력이 '저하'되고 있다는 내용은 언급되지 않았다.
② 삼색형 색각: 비용과 이익 → 삼색형 색각을 가지는 것의 단점이나 그 대가에 관한 내용은 없다.
④ 인간과 원숭이는 같은 방식으로 보지 않는다 → 영장류 중 특정 종이 공통으로 가진 시각 능력에 관한 글로, 그러한 능력에 있어 인간과 원숭이 간 차이를 설명하고 있지는 않다.
해석 포유류 중에서도 영장류는 특정 종이 눈에 두 가지가 아닌 세 가지 서로 다른 유형의 광민감성 원추세포를 가지고 있다는 점에서 독특하다. 이것은 인간과 그 가까운 동류가 우리가 표준 스펙트럼이라고 여기는 모든 범위의 색상을 감지할 수 있게 한다. 영장류가 이러한 종류의 시각으로 일컬어지는 삼색형 색각을 발달시킨 이유에 대한 보편적인 설명은 이것이 우리 초기 조상들로 하여금 대부분 푸른 숲의 배경에서 다채롭게 익은 과일을 더 쉽게 발견할 수 있게 했다는 것이다. 붉은털원숭이라는 특정 원숭이는 이 가설에 대한 간편한 자연적 시험을 제공하는 유전적 특이성을 지니고 있는데, 하나의 흔한 유전적 변이가 어떤 암컷은 세 가지 유형의 원추세포를, 다른 암컷은 두 가지 유형의 원추세포를 가지게 한다. 이 원숭이를 대상으로 한 연구는 삼색형 색각을 지닌 암컷이 이색형 색각을 지닌 동료보다 열매를 찾는 속도가 빠르다는 것을 보여 주었다.

어휘 mammal 포유류 primate 영장류 light-sensitive 빛에 민감한 cone 원뿔체 relative 동류, 동족 perceive 감지[지각]하다 trichromacy 삼색형 색각 vision 시력, 시각 ancestor 조상 ripe 익은 rhesus macaque 붉은털원숭이 genetic 유전의 distinction 차이, 특이성 convenient 편리한 hypothesis 가설 variation 변이, 변형 dichromatic 이색형 색각의

정답 ③

어휘 compensation 보상 financial 금전적인 transaction 거래 restore 복구하다 bond 유대감 party 이해 당사자 reconciliation 화해 initiate 시작하다 sincere 진심 어린 remorse 후회, 자책 commitment 약속 dispute 분쟁 illustrate 예를 들어 보여 주다 heated 열띤 boundary 경계 acknowledge 인정하다 mutual 상호의 sacrifice 희생 renew 새롭게 하다, 갱신하다

정답 ①

10 주어진 글 다음에 이어질 글의 순서로 가장 적절한 것은? [순서배열]

For New Guineans, the concept of compensation goes beyond a mere financial transaction. It is about restoring harmony and repairing the emotional bonds between two parties.

(A) Recognizing the importance of reconciliation, one neighbor initiated a conversation, expressing sincere remorse and understanding for the other's feelings. As a symbol of their commitment to rebuilding trust, they decided to share the cost of repairing the shared fence that had been damaged during their dispute.

(B) To illustrate this, let's consider a story from a small village in Papua New Guinea. In this village, two neighbors had a heated argument over a boundary dispute that caused a break in their relationship.

(C) Through this act of acknowledging each other's emotions and making a mutual sacrifice, the two neighbors were able to restore their relationship and move forward with a renewed sense of respect and understanding.

① (B) - (A) - (C)
② (B) - (C) - (A)
③ (C) - (A) - (B)
④ (C) - (B) - (A)

11 밑줄 친 부분에 들어갈 말로 가장 적절한 것은? [생활영어]

A: Hi, I'm here to get a refund on this book. Some pages have printing errors.
B: We apologize. Just to confirm, you're seeking a refund rather than an exchange, correct?
A: _____
B: Okay. I'll get you a copy that's in good condition.
A: Thank you.

① I have to return the book to the library.
② We do not offer refunds on damaged books.
③ That's correct. I'd prefer a refund for this book.
④ Actually, I wouldn't mind exchanging it for a different copy.

해설 빈칸 뒤에서 B가 상태가 양호한 걸로 가져다 주겠다고 했으므로, 빈칸 앞 B의 물음에 A는 환불이 아닌 '교환'을 하겠다고 답했을 것으로 추측할 수 있다. 따라서 빈칸에 들어갈 말로 가장 적절한 것은 ④ '사실, 다른 걸로 교환해도 괜찮을 것 같네요.'이다.
① 이 책을 도서관에 반납해야 합니다.
② 손상된 책에 대한 환불은 해드리지 않습니다.
③ 맞아요. 이 책에 대한 환불을 원합니다.

해석 A: 안녕하세요, 이 책을 환불받으러 왔어요. 일부 페이지에 인쇄 오류가 있어요.
B: 죄송합니다. 확인을 위해 여쭤보자면, 교환이 아닌 환불을 원하시는 거 맞죠?
A: 사실, 다른 걸로 교환해도 괜찮을 것 같네요.
B: 알겠습니다. 좋은 상태인 걸로 드릴게요.
A: 감사합니다.

어휘 refund 환불 confirm 확인하다 exchange 교환; 교환하다 copy (같은 책의) 권

정답 ④

해설 뉴기니인들에게 보상은 감정적 유대를 회복하는 문제라고 언급한 주어진 글에 이어, 두 마을 사람 간에 감정적 균열이 일어난 갈등 사례를 예로 들어보자고 말하는 (B)가 먼저 와야 한다. 이어서 (A)는 이웃 한쪽에서 진심 어린 유감을 먼저 표하고, 관계 회복의 표시로 울타리 수리 비용을 분담하기로 했다는 해결 과정을 설명한다. (C)는 (A)의 해결 과정을 this act ~ sacrifice로 받으며, 이로 말미암아 관계가 회복될 수 있었다는 결말을 제시한다. 따라서 글의 순서로 가장 적절한 것은 ① '(B) - (A) - (C)'이다.

해석 뉴기니 사람들에게, 보상의 개념은 단순한 금전적 거래를 넘어선다. 그것은 조화를 되찾고, 두 당사자 사이의 감정적 유대를 회복하는 것에 관한 것이다. (B) 이것의 예를 들기 위해, 파푸아 뉴기니의 어느 작은 마을에서 일어난 이야기를 생각해 보자. 이 마을에서, 이웃 주민 두 명이 그들의 관계에 단절을 초래한 경계 분쟁으로 열띤 논쟁을 벌였다. (A) 한쪽 이웃이 화해의 중요성을 인식하고 대화를 시작하여, 상대방의 감정에 대한 진심 어린 반성과 이해를 표했다. 신뢰를 재건하는 데 대한 그들 약속의 표시로, 그들은 자기들의 분쟁 과정에서 훼손된 공유 울타리 보수 비용을 분담하기로 했다. (C) 서로의 감정을 인정하고 서로 희생하는 이 행위를 통해, 두 이웃은 그들의 관계를 회복하고 새로워진 존중과 이해의 마음으로 앞으로 나아갈 수 있었다.

12 두 사람의 대화 중 가장 어색한 것은? 〔생활영어〕

① A: I'm completely broke right now.

B: How were you able to save up so much money?

② A: I'm here to apply for a mortgage loan.

B: Sure. I'll guide you through the application process.

③ A: That strange noise is giving me the creeps.

B: I know. I wonder what's making that sound.

④ A: What do you say to watching a romance movie?

B: Hmm. I'm not really in the mood for that.

〔해설〕 자신이 완전히 빈털터리라는 A의 말에 대한 응답으로 어떻게 그렇게 많은 돈을 모을 수 있었냐는 B의 물음은 모순된다. 따라서 대화 중 가장 어색한 것은 ①이다.

〔해석〕 ① A: 나 지금 완전히 빈털터리야.

B: 어떻게 그렇게 많은 돈을 모을 수 있었던 거야?

② A: 주택 담보 대출을 신청하러 왔어요.

B: 네. 신청 과정을 안내해 드릴게요.

③ A: 저 이상한 소리가 날 소름 끼치게 해.

B: 그러니까. 무엇 때문에 저 소리가 나는 건지 궁금해.

④ A: 로맨스 영화 보는 건 어때?

B: 흠. 난 딱히 그게 내키지 않네.

〔어휘〕 broke 빈털터리인 mortgage loan 주택 담보 대출 application 신청 give sb the creeps ~을 소름 끼치게 하다 in the mood for ~이 내키는, ~할 기분인

〔정답〕 ①

13 Un ballo in maschera에 관한 다음 글의 내용과 일치하지 않는 것은? 〔불일치〕

"Un ballo in maschera," or "A Masked Ball," is an opera composed by Giuseppe Verdi. The opera is based on the true story of the assassination of King Gustav lll of Sweden who was shot while attending a masked ball in Stockholm. However, censors at the time deemed the subject matter too political and violent, and the opera was banned in 1858 before its premiere. Verdi was forced to change the setting, the characters, and even the motive for the murder, resulting in a story about a fictional governor of Boston. But from the mid-20th century, it has become more common for the setting to revert to its original 18th-century Stockholm location. The original and the revised version share the same core plot, featuring forbidden love, jealousy, and ultimately a tragic ending that leaves a lasting impression.

① 스웨덴 국왕의 암살에 관한 실화를 바탕으로 창작되었다.

② 주제의 부적절성으로 원작은 1858년에 상연 금지되었다.

③ 현재 스톡홀름을 배경으로 한 버전은 상연되지 않는다.

④ 원래 버전과 수정 버전 모두 비극적인 결말로 끝난다.

〔해설〕 마지막 2번째 문장에서 20세기 중반부터 스톡홀름을 배경으로 한 버전이 더 일반적이 되었다고 언급되므로, 글의 내용과 일치하지 않는 것은 ③ '현재 스톡홀름을 배경으로 한 버전은 상연되지 않는다.'이다.

① 스웨덴 국왕의 암살에 관한 실화를 바탕으로 창작되었다. → 2번째 문장에서 언급된 내용이다.

② 주제의 부적절성으로 원작은 1858년에 상연 금지되었다. → 3번째 문장에서 언급된 내용이다.

④ 원래 버전과 수정 버전 모두 비극적인 결말로 끝난다. → 마지막 문장에서 언급된 내용이다.

〔해석〕 "Un ballo in maschera" 또는 "A Masked Ball"은 Giuseppe Verdi가 작곡한 오페라이다. 이 오페라는 스톡홀름의 한 가면무도회에 참석했다가 총에 맞은 스웨덴 국왕 Gustav 3세의 암살에 관한 실화를 바탕으로 하였다. 하지만 당시 검열관들은 이 주제가 너무 정치적이고 폭력적이라고 판단하여 1858년 초연을 앞두고 이 오페라의 공연이 금지되었다. Verdi는 배경과 등장인물, 심지어 살인 동기까지 변경해야 했고, 그 결과 가상의 보스턴 주지사에 관한 이야기가 탄생했다. 그러나 20세기 중반부터, 배경이 원래의 18세기 스톡홀름으로 되돌아가는 것이 더 일반적이 되었다. 원래 버전과 수정 버전은 금지된 사랑과 질투, 그리고 궁극적으로 깊은 인상을 남기는 비극적인 결말을 특징으로 하는 핵심 줄거리를 공유한다.

〔어휘〕 compose 작곡하다 assassination 암살 censor 검열관 deem 생각하다, 여기다 subject matter 주제, 소재 ban 금지하다 premiere 초연 motive 동기 fictional 꾸며낸, 허구의 governor 주지사 revert 되돌아가다 original 원형, 원작 revised 수정된 core 핵심, 중심 feature ~을 특징으로 하다 forbidden 금지된 jealousy 질투 ultimately 결국 tragic 비극적인 lasting 오래가는 impression 인상, 감동

〔정답〕 ③

14 다음 글의 흐름상 적절하지 않은 문장은? 〔일관성〕

With a growing need for eco-friendly products around the world, what can we do? ① Moving from incremental sustainability initiatives to ones that create substantial reductions in environmental impacts requires changing the products themselves, and it sometimes involves far-reaching changes. ② It requires changing elements of the design such as the types of materials, the amounts of materials, and the manufacturing technologies. ③ "Designers are the start of everything, and if we can educate the designer to make better choices, then they can become agents of change for the entire industry," said Hannah Jones, vice president of sustainable business and innovation at Nike. ④ The manufacturing sector is increasingly more capital intensive than labor intensive, hence can no longer absorb large amounts of labor as it did in the past. Indeed, design with the environment in mind can lead to reduced impacts caused by sourcing, manufacturing, use, and disposal of the product.

〔해설〕 친환경 제품을 만들기 위해서는 디자인 요소를 바꾸어야 하므로, 친환경 제품에 대한 수요가 커지고 있는 상황에서 디자이너가 가지는 역할과 책임이 크다는 내용의 글이다. 따라서 글의 흐름상 적절하지 않은 문장은 제조업이 자본 집약적으로 변함에 따라 노동력을 예전만큼 수용할 수 없다는 내용의 ④이다.

해설 전 세계적으로 친환경 제품에 대한 요구가 커지고 있는 상황에서 우리는 무엇을 할 수 있을까? 점진적인 지속 가능성 계획에서 환경에 미치는 영향을 실질적으로 줄이는 계획으로 이동하는 것은 제품 자체를 바꾸는 것을 요구하며, 그것은 때때로 광범위한 변화를 수반한다. 그것은 재료의 종류, 재료의 양, 제조 기술과 같은 디자인의 요소를 바꾸는 것을 요구한다. 나이키의 지속 가능한 사업 및 혁신 담당 부사장인 Hannah Jones는 "디자이너는 모든 것의 시작이며, 우리가 디자이너로 하여금 더 나은 선택을 할 수 있도록 교육할 수 있다면 그들은 업계 전체를 위한 변화의 주체가 될 수 있다."라고 말했다. (제조 부문은 점점 더 노동 집약적이라기보다 자본 집약적이고, 따라서 더 이상 과거에 그랬던 것처럼 많은 양의 노동력을 흡수할 수 없다.) 실로, 환경을 염두에 둔 디자인은 제품의 대외 구매, 제조, 사용, 폐기에 의해 발생하는 영향을 줄일 수 있다.

어휘 eco-friendly 친환경적인 incremental 점진적인 sustainability 지속 가능성 initiative 계획 substantial 실질적인 reduction 감소 far-reaching 광범위한 agent 주체, 행위자 vice president 부사장 innovation 혁신 sector 부문 capital intensive 자본 집약적인 sourcing 대외 구매 disposal 폐기

정답 ④

---

15 밑줄 친 부분 중 어법상 옳지 않은 것은?   문법

> Throughout the 1860s, most avant-garde artists had work ① accepted into the Salon, the annual state-sponsored public exhibition, but, by the end of the decade, they ② were rejecting consistently. They came increasingly to recognize the unfairness of the Salon's jury system as well as the disadvantages ③ that relatively small paintings such as ④ their own had at Salon exhibitions.

해설 (were rejecting → were being rejected) 주어인 they가 가리키는 것은 앞서 언급된 most avant-garde artists이고, 타동사 reject 뒤에 목적어가 없으며 의미상으로도 예술가들이 계속 '거절당한' 것이므로 수동형인 were being rejected로 쓰여야 한다.

① 사역동사 have는 목적어와 목적격 보어의 관계가 능동이면 RV를, 수동이면 p.p.를 목적격 보어로 취한다. 여기서는 work가 Salon 전시회에 '접수된' 것이므로 accepted의 쓰임은 적절하다.

③ the disadvantages를 선행사로 받는 목적격 관계대명사 that이 had의 목적어가 없는 불완전한 절을 이끌고 있다.

④ 문맥상 their가 가리키는 것은 주어인 They, 즉 most avant-garde artists이므로 복수로 수일치한 것은 적절하다.

해석 1860년대 내내 대부분의 아방가르드 예술가들은 매년 국가가 후원하는 공공 전시회인 Salon에 작품을 접수시켰지만, 60년대 말까지 시종일관 거절당하고 있었다. 그들은 Salon 전시회에서 그들 자신의 작품과 같은 비교적 작은 그림들이 지닌 불리한 점들뿐만 아니라 Salon 심사위원제의 불공평함까지 점점 더 인식하게 되었다.

어휘 avant-garde 아방가르드(예술에서의 전위적인 사상) annual 매년의 sponsor 후원하다 exhibition 전시회 reject 거절하다 consistently 시종일관하여 unfairness 불공평 jury 심사위원단 disadvantage 불리한 점 relatively 비교적

정답 ②

---

16 밑줄 친 부분에 들어갈 말로 가장 적절한 것은?   이어동사

> In the early 1920s, when immigration to the U.S. reached extreme levels, Congress _____ the protests of labor unions and patriotic organizations: the former worried immigrants would steal jobs, and the latter feared radical immigrants. It eventually passed an act that limited the number of immigrants, discriminated against immigrants from Europe, and barred Asians completely.

① laid out   ② gave in to
③ missed out   ④ objected to

해설 의회가 결국엔 이민자를 제한하고 차별하는 법을 통과시켰다는 뒤 문장의 내용으로 보아, 이민자들이 일자리를 빼앗고 급진주의자일 것을 우려한 노동조합 및 애국 단체의 이민자들에 대한 반감을 반영한 조치를 취했음을 알 수 있다. 따라서 빈칸에 들어갈 말로 가장 적절한 것은 ② 'gave in to(굴복하다)'이다.

① 배치하다, 제시하다 ③ 빠뜨리다 ④ 반대하다

해석 1920년대 초, 미국으로의 이민이 극단적인 수준에 이르렀을 때, 의회는 노동조합과 애국 단체의 시위에 굴복했는데, 전자는 이민자들이 일자리를 빼앗을 것을 우려했고, 후자는 급진파 이민자들을 우려했다. 그것(의회)은 결국 이민자 수를 제한하고, 유럽에서 온 이민자들을 차별하고, 아시아인들을 완전히 막는 법을 통과시켰다.

어휘 immigration 이민 Congress 의회 protest 항의, 시위 labor union 노동조합 patriotic 애국적인 radical 급진파의 act 법률 discriminate 차별하다 bar 막다, 금하다

정답 ②

17 밑줄 친 부분에 들어갈 말로 가장 적절한 것은? 빈칸완성

The ability to be constantly observing, absorbing, and learning from what's going on around you, is a critical component for the individual in charge. Organizations whose leaders do not exhibit _____ are bound to fall behind. Their common refrain? "I didn't see it coming." Make sure that you, the leader, see it coming. In fact, leaders who prevail in the competitive environment are most often those who see things coming when their counterparts aren't even looking. They are quick to identify trends, changes, opportunities, and potential threats and to see weaknesses in their organization and correct them.

① humility　　　　② empathy
③ awareness　　　④ cooperation

해설 주변 환경에 민감하고 신속하게 반응하면서 미래에 닥칠 일을 누구보다 먼저 파악하는 능력이 리더에게 필수적이라는 내용의 글이다. 빈칸에는 이러한 능력을 나타내는 표현이 와야 하므로, 빈칸에 들어갈 말로 가장 적절한 것은 ③ '경각심'이다.
① 겸손 → 리더는 자기를 낮출 줄 알아야 한다고 주장하는 글이 아니다.
② 공감 → 다른 사람에게 공감하는 능력에 관한 내용은 언급되지 않았다.
④ 협동 → 협동은 힘을 합쳐서 다 같이 노력하는 것을 의미하는 것이므로, 글의 맥락에 부합하지 않는다.

해석 주변에서 일어나는 일을 끊임없이 관찰하고, 흡수하고, 배우는 능력은 책임지는 위치에 있는 사람에게 매우 중요한 요소이다. 리더가 경각심을 보이지 않는 조직은 반드시 뒤처진다. 그들이 흔히 자주 반복하는 말은 뭘까? "그렇게 될 줄 몰랐어요."이다. 리더인 당신은 그렇게 될 것을 반드시 알아채도록 해라. 실제로, 경쟁이 심한 환경에서 승리하는 리더는 흔히 상대방이 보지도 못할 때 다가올 일을 알아채는 사람이다. 그들은 신속하게 트렌드, 변화, 기회, 잠재적인 위험을 파악하고 조직의 약점을 알아채 이를 바로잡는다.

어휘 constantly 끊임없이 absorb 흡수하다 critical 중대한 component 구성 요소 in charge ~을 맡은, 담당인 exhibit 보이다 be bound to 반드시 ~하다 fall behind 뒤처지다 refrain 자주 반복하는 말 prevail 승리하다 competitive 경쟁의 counterpart 상대방 identify 확인하다 threat 위협, 위험

정답 ③

18 다음 글의 요지로 가장 적절한 것은? 요지

The goal of medicine as it is currently practiced is to develop procedures and drugs that work equally well on all patients, regardless of gender, age, or genetics. It derives from the prevalent belief that all of us are similar bio-mechanical units that rolled off the same assembly line — a most imperfect conception of human beings. Instead of just suppressing symptoms with drugs, doctors will have to identify and correct root causes of disease. It is easy to reduce the symptoms of ADHD, for example, by putting kids on stimulants like Ritalin, but those symptoms might result from nutritional deficiencies, food sensitivities, or social and emotional issues. Unless the underlying causes are dealt with case-by-case, we're merely offering temporary relief at best.

① Children should not be put on stimulants.
② In addressing emotional issues, finding the cause is key.
③ Individual variations in cause of disease should be considered.
④ Doctors should develop drugs that are effective on most people.

해설 질병 치료에 있어 인간을 동일한 생체 단위로 볼 것이 아니라, 개개인의 특성을 고려하여 같은 병이라도 개인마다 다를 수 있는 질병의 근본적인 원인을 찾아 교정한다고 주장하는 글이다. 따라서 글의 요지로 가장 적절한 것은 ③ '질병의 원인에 대한 개별적인 차이가 고려되어야 한다.'이다.
① 아이에게 각성제를 투여해서는 안 된다. → 치료 목적으로 아이에게 각성제를 투여하는 것은 병을 치료하는 데 개인차를 고려하지 않고 일괄적으로 같은 처방을 하는 것의 문제점을 지적하기 위한 예시에 불과하다.
② 정서적 문제를 해결하는 데는 원인을 찾는 것이 중요하다. → 이 글의 소재는 '질병'으로, '정서적 문제'에 한정되지 않는다.
④ 의사는 대부분의 사람에게 효과가 있는 약물을 개발해야 한다. → 모든 환자에게 동일한 치료법을 일괄적으로 적용해서는 안 되며, 질병의 개인별 원인을 고려해야 한다는 글의 맥락과 반대된다.

해석 현재 행해지는 의학의 목표는 성별, 나이 또는 유전적 특성과 관계없이 모든 환자에게 똑같이 효과가 있는 처치와 약물을 개발하는 것이다. 이는 우리가 모두 같은 조립 라인에서 생산된 유사한 생체 역학적 단위라는 통념에서 비롯되는데, 이는 인간에 대한 가장 불완전한 개념이다. 의사는 단순히 약물로 증상을 억제하는 대신 질병의 근본 원인을 찾아 교정해야 할 것이다. 예를 들어, 아이들에게 리탈린과 같은 각성제를 투여하여 ADHD 증상을 완화하기는 쉽지만, 그러한 증상은 영양 결핍, 식품 민감성 또는 사회적 및 정서적 문제로 인해 발생할 수 있다. 근본적인 원인을 사례별로 해결하지 않는 한, 우리는 그저 기껏해야 일시적으로 고통을 덜어 줄 뿐이다.

어휘 procedure 처치 regardless of ~에 상관없이 derive from ~에서 유래하다 prevalent 만연한, 일반적인 bio-mechanical 생체 역학적인 roll off (생산 라인에서) 굴러 나오다, 생산되다 assembly line 조립 라인 imperfect 불완전한 suppress 진압하다 stimulant 각성제 nutritional 영양의 deficiency 결핍, 부족 sensitivity 민감성 underlying 근원적인 with case-by-case 사례별로 merely 그저 temporary 일시의, 임시의 relief 경감, 완화 at best 기껏해야

정답 ③

19 (A)와 (B)에 들어갈 말로 가장 적절한 것은? [연결사]

Time theft occurs when employees get paid for hours they didn't actually work. This doesn't concern hours devoted to necessary break times or, for mobile employees, travel between jobs which is typically compensated. It concerns deliberate reports of hours logged where employees didn't actually do the work they were being paid to do. Time theft can happen for a number of reasons, but the main one is that it can be difficult to detect or prove. ___(A)___, most employees don't consider it to be a significant cost to the company. A few minutes here or there, or a couple of minutes tacked onto the employee schedule break time doesn't seem like a big deal to most people. And unless it's a deliberate pattern of behavior, small and irregular instances of time theft probably aren't a huge deal to most managers or business owners. ___(B)___, when time theft at work becomes common among many employees, it's a different story. Widespread time theft can be a sign of low morale and productivity for your entire workforce.

	(A)	(B)
①	In addition	However
②	In addition	Similarly
③	For instance	As a result
④	For instance	On the other hand

[해설] (A) 앞에서 시간 절도가 일어나는 이유로 이것이 발견되거나 증명되기가 어렵다는 점을 언급한 후, 추가로 뒤에서 이것이 회사에 큰 손해가 된다고 생각하지 않기 때문이라는 또 다른 이유를 제시하고 있다. 따라서 (A)에 들어갈 연결사로 가장 적절한 것은 In addition이다. 또한, (B) 앞에서 시간 절도가 큰일로 생각되지 않는다고 했는데, (B) 뒤에서 그것이 보편적인 경우에는 이야기가 달라진다고 했으므로 상반되는 흐름이 전개된다. 따라서 (B)에 들어갈 연결사로 적절한 것은 However이다.

[해석] 시간 절도는 직원들이 실제로 일하지 않은 시간에 대해 급여를 받을 때 발생한다. 이것은 필요한 휴식 시간에 할애되는 시간이나, 이동 근로자의 경우 일반적으로 보수를 받는 업장 간의 이동에 들인 시간과는 관련이 없다. 이것은 직원들이 급여를 받고 하는 일을 실제로 하지 않은 상황에서 고의로 (일했다고) 일지에 기록된 시간을 보고하는 것과 관련돼 있다. 시간 절도는 여러 가지 이유로 발생할 수 있지만, 주된 이유는 이것을 발견하거나 증명하기가 어려울 수 있다는 것 때문이다. 게다가, 직원들 대부분은 그것이 회사에 큰 비용이 된다고 여기지 않는다. 여기서 몇 분, 저기서 몇 분, 또는 직원 휴게 시간에 덧붙이는 몇 분은 대부분 사람들에게 큰 문제가 아닌 것처럼 보인다. 그리고 이것이 고의적인 행동 패턴이 아니라면, 시간 절도의 작고 불규칙한 사례들은 아마도 대부분의 관리자나 사업주들에게 큰 문제가 되지 않을 것이다. 그러나, 직장에서의 시간 절도가 많은 직원들 사이에서 일반화되면 그건 다른 이야기다. 광범위한 시간 절도는 전 직원의 낮은 사기 및 생산성의 신호가 될 수 있다.

[어휘] theft 절도 concern ~와 관련되다 devoted to ~에 할애되는 mobile 이동하는 compensate 보수를 주다, 보상하다 deliberate 고의 log 일지에 기록하다 detect 감지하다, 알아차리다 tack onto ~에 부가하다 irregular 불규칙한 morale 사기 productivity 생산성

[정답] ①

20 주어진 문장이 들어갈 위치로 가장 적절한 것은? [문장삽입]

Such a difference in cognitive development is transforming what was a mere age gap into a huge divide resulting in two separate cultures.

Young minds are profoundly impacted by digital technology. These individuals have grown up with constant access to computers, twenty-four-hour news, the Internet, and smartphones. (①) They seldom use libraries, instead relying on online search engines like Google. (②) The neural networks in their brains contrast significantly with those of adults who transitioned to the digital age but developed their brain structure in an era dominated by direct social interaction and limited technology. (③) This cultural split is noticeable in various aspects of daily life, especially in communication. (④) For example, younger generations favor instant messaging and social media platforms for interaction, while older generations value face-to-face conversations or phone calls.

[해설] 주어진 문장은 '이러한 인지 발달의 차이'가 그저 나이 차였던 것을 '두 문화로 나누는 거대한 분열'로 변모시키고 있다는 내용이다. ③의 앞 문장에서는 청년과 어른의 뇌 구조를 대조하고 있고, 뒤 문장에서는 '이 문화적 분열'이 일상생활 중 특히 소통에서 두드러진다고 하고 있는 것으로 보아, 주어진 문장의 Such a difference가 ③ 앞 문장의 뇌 구조 차이를 가리키고, ③ 뒤 문장의 This cultural split가 주어진 문장의 문화적 분열(a huge divide resulting in two separate cultures)을 가리켜야 자연스럽게 연결된다. 따라서 주어진 문장이 들어갈 위치로 가장 적절한 것은 ③이다.

[해석] 청년들의 사고방식은 디지털 기술에 의해 깊은 영향을 받는다. 이 사람들은 컴퓨터, 24시간 뉴스, 인터넷, 그리고 스마트폰을 꾸준히 접하며 자랐다. 그들은 도서관을 거의 이용하지 않고, 대신에 구글 같은 온라인 검색 엔진에 의존한다. 이들의 뇌에 있는 신경망은, 디지털 시대로 넘어왔으나 직접적인 사회적 상호 작용과 제한된 기술에 지배받던 시대에 뇌 구조를 발달시킨 어른들의 신경망과는 확연히 대조된다. 이러한 인지 발달의 차이는 단순 나이 차였던 것을 두 가지 분리된 문화를 낳는 거대한 분열로 변모시키고 있다. 이 문화적 분열은 일상생활의 다양한 면에서 두드러지는데, 특히 소통에 있어 그렇다. 가령, 젊은 세대는 상호 작용을 위해 즉석 메시지와 소셜 미디어 플랫폼을 선호하는 반면, 나이 든 세대는 직접 만나서 하는 대화나 전화 통화를 중시한다.

[어휘] cognitive 인지의 transform 바꾸다 mere 단순한 separate 분리된 profoundly 깊이, 심오하게 neural 신경의 contrast 대조하다 transition 전환하다 split 분열 noticeable 두드러지는 face-to-face 직접 만나서 하는, 대면의

[정답] ③

01	02	03	04	05
④	①	①	③	④
06	**07**	**08**	**09**	**10**
③	①	②	②	③
11	**12**	**13**	**14**	**15**
②	①	④	④	④
16	**17**	**18**	**19**	**20**
③	③	④	③	②

01 밑줄 친 부분의 의미와 가장 가까운 것은? [어휘]

The police encourage residents to be <u>alert</u> and report any suspicious behavior.

① brave　　　　② united
③ trained　　　④ watchful

[해설] alert는 '경계하는'이라는 뜻으로, 이와 의미가 가장 가까운 것은 ④ 'watchful (경계하는)'이다.
① 용감한 ② 단결한 ③ 훈련된
[해석] 경찰은 주민들에게 경계하면서 수상한 행동은 모두 신고할 것을 권장한다.
[어휘] resident 주민 suspicious 수상한

[정답] ④

02 밑줄 친 부분의 의미와 가장 가까운 것은? [어휘]

Governments and non-profit organizations are working together to <u>eradicate</u> illiteracy through comprehensive educational reforms and provision of schooling for all.

① uproot　　　　② prohibit
③ transmit　　　④ interpret

[해설] eradicate는 '근절하다'라는 뜻으로, 이와 의미가 가장 가까운 것은 ① 'uproot (근절하다)'이다.
② 금지하다 ③ 전하다 ④ 이해하다
[해석] 정부와 비영리 단체들은 포괄적인 교육 개혁과 모두를 위한 학교 교육 제공을 통해 문맹을 근절하고자 함께 노력하고 있다.
[어휘] illiteracy 문맹 comprehensive 포괄적인 reform 개혁 provision 제공 schooling 학교 교육

[정답] ①

03 밑줄 친 부분의 의미와 가장 가까운 것은? [이어동사]

Archaeologists couldn't wait to <u>dig into</u> the history of the artifact.

① probe　　　　② outline
③ restore　　　④ introduce

[해설] dig into는 '파헤치다'라는 뜻으로, 이와 의미가 가장 가까운 것은 ① 'probe(캐다, 철저히 조사하다)'이다.
② 윤곽을 그리다 ③ 복원하다 ④ 소개하다
[해석] 고고학자들은 그 유물의 역사를 빨리 파헤치고 싶어 했다.
[어휘] archaeologist 고고학자 artifact 유물

[정답] ①

04 밑줄 친 부분의 의미와 가장 가까운 것은? [이어동사]

HyperBytes, as a startup, often <u>comes up against</u> established competitors.

① inspires　　　② disrupts
③ confronts　　④ surpasses

[해설] come up against는 '부딪치다'라는 뜻으로, 이와 의미가 가장 가까운 것은 ③ 'confronts(부딪치다)'이다.
① 영감을 주다 ② 방해하다 ④ 뛰어넘다
[해석] 신생 기업인 HyperBytes는 종종 기존 경쟁사들과 부딪친다.
[어휘] startup 신생 기업 established 자리 잡은 competitor 경쟁자

[정답] ③

05 밑줄 친 부분에 들어갈 말로 가장 적절한 것은? [어휘]

The project's budget was considered _____ to cover the necessary expenses, and the team had to seek additional financing.

① stable
② implicit
③ significant
④ inadequate

[해설] and 이하의 문장에서 추가 자금을 모색해야 했다는 내용이 언급된 것으로 보아, 기존의 예산이 부족했음을 유추할 수 있다. 따라서 빈칸에 들어갈 말로 가장 적절한 것은 ④ 'inadequate(불충분한)'이다.
① 안정적인 ② 암시적인 ③ 상당한

[해석] 그 프로젝트의 예산이 필요 경비를 충당하기에 불충분한 것으로 여겨져, 팀은 추가적인 자금 조달을 모색해야 했다.

[어휘] budget 예산 cover (비용 등을) 부담[충당]하다 expense 비용, 경비 financing 자금 조달

[정답] ④

06 밑줄 친 부분 중 어법상 옳지 않은 것은? [문법]

Since 1665 scientists ① have been developing increasingly sophisticated microscopy tools, allowing molecules ② to be tracked over time in living cells and whole organisms such as mice, and thus pushing the boundaries of ③ that was once thought ④ impossible.

[해설] (that → what) 관계대명사 that은 전치사의 목적어 자리에 위치할 수 없고, 뒤에 주어가 없는 불완전한 절이 오고 있으므로 선행사를 포함하는 관계대명사 what으로 고쳐야 한다.

① Since 1665라는 부사구가 나왔으며, 복수 명사인 주어 scientists가 도구를 '개발해 온' 것이므로, 복수 현재완료진행 have been developing은 적절하게 쓰였다.

② allow가 5형식 동사로 사용되면 목적격 보어로 to 부정사를 취하는데, 여기서는 맥락상 목적어인 molecules가 '추적되는' 것이므로 수동형 to be tracked는 적절하게 쓰였다.

④ think는 5형식 동사로 쓰여 'think + O + (to be) + 형용사/명사'의 구조를 취할 수 있는데, 수동태로 전환하면 'be thought + (to be) + 형용사/명사' 형태가 되므로 형용사 impossible이 보어로 온 것은 적절하다.

[해석] 1665년 이후 과학자들은 점점 더 정교한 현미경 관찰 도구를 개발하여, 시간이 지남에 따라 살아 있는 세포와 쥐 같은 온전한 유기체에서 분자가 추적될 수 있게 하였고, 따라서 한때 불가능하다고 여겨졌던 것의 경계를 허물어 왔다.

[어휘] sophisticated 정교한 microscopy 현미경 관찰 molecule 분자 track 추적하다 organism 유기체 boundary 경계

[정답] ③

07 밑줄 친 부분이 어법상 옳지 않은 것은? [문법]

① It is time she waits for the results of her efforts.
② On graduating, he immediately went into business.
③ I'll support you as long as you're willing to change.
④ I haven't attended the rehearsal, nor has my friend.

[해설] (waits → waited 또는 should wait) '~할 시간이다'를 의미하는 It is time 가 정법은 'It is time + S + 과거동사' 또는 'It is time + S + should + RV'의 형태로 쓰이며, 후자의 경우엔 should를 생략할 수 없다. 따라서 waits를 waited 또는 should wait로 고쳐야 한다. 참고로 완전자동사 wait는 목적어를 취할 때 전치사를 함께 사용해야 하므로 뒤에 for가 온 것은 적절하다.

② 'on RVing'는 '~하자마자'라는 의미의 관용 표현이므로 동명사 graduating의 쓰임은 적절하다.

③ as long as가 이끄는 조건 부사절에서는 현재시제가 미래시제를 대신하므로 are의 쓰임은 적절하다.

④ 접속사 nor를 사용하여 부정 동의를 나타낼 때는 'nor + V + S'의 형태로 도치가 일어나며, 대동사는 앞에 나온 현재완료시제 동사 haven't attended를 대신하면서 단수 명사 my friend에 수일치해야 하므로 nor has my friend의 쓰임은 적절하다.

[해석] ① 그녀가 자기 노력의 결과를 기다릴 때이다.
② 그는 졸업하자마자 바로 사업에 뛰어들었다.
③ 네가 바뀔 의사가 있는 한, 나는 너를 지지할 것이다.
④ 나는 리허설에 참석한 적이 없고, 내 친구도 마찬가지다.

[어휘] immediately 즉시, 바로 rehearsal 리허설, 예행연습

[정답] ①

08 우리말을 영어로 잘못 옮긴 것은? 문법

① 그녀가 패션에 관심이 없는 것처럼 그는 스포츠에 관심이 없다.

　→ He is no more interested in sports than she is in fashion.

② 강도 사건은 아침에 발생하면 흔히 눈에 띄지 않는다.

　→ If occurred in the mornings, robberies often go unnoticed.

③ 노숙자 문제를 해결하기 위해 많은 계획이 제안되었다.

　→ A number of plans were proposed to address homelessness.

④ 외계인을 찾을 수도 있다는 가능성은 우리의 상상력을 자극한다.

　→ The likelihood that we might find aliens fuels our imagination.

해설 (occurred → occurring) 분사구문이 쓰이고 있는데, '발생하다'라는 뜻의 occur는 수동태로 쓸 수 없는 완전자동사이므로 occurred를 능동의 현재분사 occurring으로 고쳐야 한다. 참고로 2형식 동사로 쓰인 go가 형용사 unnoticed를 보어로 취하고 있는 것은 적절하다.

① 'A is no more B than C is D'는 'A가 B가 아닌 것은 C가 D가 아닌 것과 같다'라는 뜻의 관용 표현으로, 주어진 우리말에 맞게 적절히 쓰였다. 또한 He가 '관심을 두게 하는' 것이 아니라 '관심을 두게 되지' 않은 것이므로 수동태 is interested의 쓰임도 적절하다.

③ the number of는 '~의 수'라는 의미이고, a number of는 '많은'이라는 의미이다. 주어진 우리말에 따라 A number of가 적절하게 쓰였으며, a number of 뒤에는 '복수 명사 + 복수 동사'가 나와야 하므로 plans와 were의 쓰임도 적절하다. 또한 계획이 '제안하는' 것이 아니라 '제안되는' 것이므로 수동태 were proposed의 쓰임도 적절하며, to address는 목적을 나타내는 to 부정사의 부사적 용법으로 적절하게 쓰였다.

④ The likelihood가 주어이고 fuels가 본동사인 문장이다. that 앞에 추상명사인 The likelihood가 선행사로 있고, 뒤에는 완전한 절이 오고 있는 것으로 보아 that이 동격 접속사로 쓰였음을 알 수 있다.

어휘 robbery 강도 (사건) unnoticed 눈에 띄지 않는 address 다루다, 해결하다 homelessness 노숙(자) 상태 likelihood 가능성 alien 외계인 fuel 부채질하다

정답 ②

---

09 밑줄 친 부분에 들어갈 말로 가장 적절한 것은? 생활영어

Peter
Hi, I want to get my car checked. Can you tell me what the fee is roughly?
12:19

IM Auto Repair
Hello. We offer different inspection packages, so the price can vary. The basic one is $50.
12:26

Peter
＿＿＿＿＿＿＿＿＿＿＿＿＿
＿＿＿＿＿＿＿＿＿＿＿＿＿
12:28

IM Auto Repair
It ensures vital components are inspected, but for specific concerns, you might need a more targeted inspection.
12:32

Peter
Alright. Thank you.
12:33

① How long would the basic inspection take?

② Will that package cover all necessary checks?

③ Do I need to make an appointment in advance?

④ Do you have any good deals on car purchases?

해설 기본 점검 패키지는 50달러라는 비용 안내를 받은 뒤에 Peter는 빈칸 내용을 물어보았다. 이에 IM Auto Repair는 빈칸 뒤에서 그것이 어떤 것을 보장하는지와 추가 검사가 필요함을 알려주고 있으므로, 빈칸에 들어갈 말로 가장 적절한 것은 ② '그 패키지는 필요한 모든 점검을 포함하나요?'이다.

① 기본 점검은 얼마나 걸리나요?

③ 사전에 예약해야 하나요?

④ 자동차 구매와 관련된 좋은 조건의 거래가 있나요?

해석 Peter: 안녕하세요, 차량을 점검받고 싶어요. 요금이 대략 얼마인지 알려주실 수 있나요?

IM Auto Repair: 안녕하세요. 저희는 다양한 점검 패키지를 제공하므로 가격은 달라질 수 있습니다. 기본 패키지는 50달러입니다.

Peter: 그 패키지는 필요한 모든 점검을 포함하나요?

IM Auto Repair: 그것은 주요 부품 점검을 보장하지만, 특정 용건에 대해서는 더 집중적인 검사가 필요하실 수 있어요.

Peter: 알겠습니다. 감사해요.

어휘 fee 요금 roughly 대략 inspection 점검 vary 달라지다 ensure 보장하다 vital 필수적인 component 부품 target 겨냥하다 cover 포함하다, 다루다 appointment 예약 in advance 사전에

정답 ②

10 밑줄 친 부분에 들어갈 말로 가장 적절한 것은? 생활영어

> A: Jerry, you should get started on your homework.
> B: Can I just do it tomorrow?
> A: That's what you said yesterday. I'm not falling for that again.
> B: But I promise this time I'll do it tomorrow. Please?
> A: _____ You need to do it today, no excuses.
> B: Okay... Can I play some computer games after I finish my homework, then?
> A: Fine. Just make sure it's for a reasonable amount of time.

① I'm up for that.
② Alright, I'm sold.
③ Enough is enough.
④ That's more like it.

해설 숙제하는 것을 계속 미루려고 하는 B에게 A는 반드시 오늘 숙제를 해야 한다는 점을 분명히 하고 있다. 따라서 빈칸 앞에서 또 숙제를 미루고 싶어 하는 B에게 A는 더는 안 된다는 식의 표현을 했을 것이므로, 빈칸에 들어갈 말로 가장 적절한 것은 ③ '그만하면 됐어.'이다.
① 난 그거 할 의향 있어.
② 알았어, 난 설득되었어.
④ 그게 더 낫네.

해석 A: Jerry, 숙제 시작해야지.
B: 그냥 내일 하면 안 돼요?
A: 그건 어제 네가 한 말이잖아. 또 속지 않아.
B: 하지만 이번엔 내일 하기로 약속할게요. 네?
A: 그만하면 됐어. 오늘 해야 해, 봐줄 순 없어.
B: 알겠어요... 그럼, 숙제 끝내고 컴퓨터 게임 좀 해도 돼요?
A: 좋아. 다만 적당한 시간 동안만 하도록 하렴.

어휘 get started on ~을 시작하다 fall for ~에 속다 excuse 용서, 핑계 reasonable 적당한, 합리적인 up for ~을 기꺼이 하려고 하는 be sold 설득되다

정답 ③

11 두 사람의 대화 중 자연스럽지 않은 것은? 생활영어

① A: Susan, I got this souvenir for you.
　 B: Oh, you shouldn't have. Thank you!
② A: Could you wrap up the leftovers for us?
　 B: I don't think I could finish the whole meal.
③ A: Do you mind if I turn on the air conditioner?
　 B: Not at all. I was about to suggest it myself.
④ A: Excuse me, do you know where the City Hall is?
　 B: Make a right at that intersection, and you'll see it.

해설 남은 음식을 포장해 달라는 A의 요청에 밥을 다 못 먹을 것 같다는 B의 응답은 적절하지 않다. 이는 오히려 A가 할 법한 말이다. 따라서 대화 중 자연스럽지 않은 것은 ②이다.
해석 ① A: Susan, 널 위해서 이 기념품을 샀어.
B: 오, 그러지 않아도 되는데. 고마워!
② A: 남은 음식 좀 포장해 주실 수 있나요?
B: 제가 밥을 다 못 먹을 것 같아요.

③ A: 에어컨을 켜면 좀 불편하실까요?
　 B: 전혀요. 제가 직접 제안하려던 참이었어요.
④ A: 실례합니다만, 시청이 어디 있는지 아시나요?
　 B: 저 사거리에서 우회전하시면 그곳이 보일 거예요.

어휘 souvenir 기념품 wrap up 포장하다 leftovers 남은 음식 air conditioner 에어컨 suggest 건의하다 intersection 교차로, 사거리

정답 ②

12 다음 글의 제목으로 가장 적절한 것은? 제목

> People often imagine their memories to be like vast libraries, where information is written down, filed away, and then brought back when it's needed. However, the act of remembering is far more complicated than that. Every time we recall an old memory, we run the risk of changing it. The old information is in a surprisingly vulnerable state where it can be edited, overwritten, or even deleted. Memories aren't just written once, but every time we remember them. And this process of reconstruction leads to inaccuracies, with details getting embellished or blurred over time. While this allows us to overcome negative experiences like traumas and phobias, it also raises concerns about the reliability of memories.

① Why You Should Doubt Your Memory
② How to Accurately Remember Information
③ Why Some Memories Last Longer Than Others
④ Memory Loss: Why It Happens and How to Prevent It

해설 기억은 회상될 때마다 재구성되기 때문에 우리의 기억을 신뢰하기 어렵다는 점을 알려주는 글이다. 따라서 글의 제목으로 가장 적절한 것은 ① '당신의 기억을 의심해야 하는 이유'이다.
② 정보를 정확하게 기억하는 방법 → 정보를 정확히 기억하는 방법은 언급되지 않았다.
③ 어떤 기억이 다른 기억보다 오래 지속되는 이유 → 글에서는 기억을 그 지속 기간에 따라 구분하지 않았으며, 어떤 이유로 기억이 오래 지속되는지도 설명하지 않았다.
④ 기억 상실: 이것이 발생하는 이유와 이것을 방지하는 방법 → 기억이 없어지기도 한다는 내용은 언급되나, 이를 방지하기 위한 방법은 소개되지 않았다.
해석 사람들은 종종 그들의 기억이 정보가 기록되고, 파일로 정리되고, 필요할 때 다시 꺼내지는 거대한 도서관과 같다고 상상한다. 그러나 기억하는 행위는 그보다 훨씬 더 복잡하다. 우리가 오래된 기억을 회상할 때마다, 우리는 그 기억을 바꿀 위험을 무릅쓰는 것이다. 오래된 정보는 편집되거나, 덮어 쓰이거나, 심지어 삭제될 수도 있는 놀라울 정도로 취약한 상태에 놓여 있다. 기억은 한 번만이 아니라, 우리가 기억할 때마다 기록된다. 그리고 이러한 재구성 과정은 시간이 지남에 따라 세부 사항이 꾸며지거나 흐려지는 오류로 이어진다. 이것은 우리가 트라우마와 공포증과 같은 부정적인 경험을 극복할 수 있게 해주지만, 기억의 신뢰성에 대한 우려도 불러일으킨다.
어휘 imagine 상상하다 vast 거대한 recall 회상하다 vulnerable 취약한 edit 편집하다 overwrite 덮어쓰다 reconstruction 재구성 inaccuracy 오류, 부정확성 embellish 꾸미다 blur 흐리게 하다 overcome 극복하다 phobia 공포증 concern 우려 reliability 신뢰성 doubt 의심하다 prevent 방지하다

정답 ①

13 다음 글의 주제로 가장 적절한 것은? 〔주제〕

For many females in the United Kingdom, who still do most of the "routine" type of domestic shopping, shopping is a skill. It is customary, even among the relatively well-off, to take some pride in doing it well, which is understood to mean 'with a concern for thrift.' There is a tacit understanding among English shoppers to the effect that shopping is not an act of spending, but an act of saving. They do not speak of having 'spent' a certain amount on an item of food or clothing, but of having 'saved' a certain amount on the item. They would certainly never brag about having spent an excessive sum of money on something, but they are allowed to take pride in finding a bargain.

① practicing thrift for sustaining the global economy
② gender differences in shopping attitudes in the U.K.
③ the change in the shopping habits of English women
④ the British approach to shopping with a focus on saving

〔해설〕 영국 사람들은 물건을 살 때 얼마나 '썼는지'보다는 얼마나 '절약했는지'를 늘 염두에 둔다는 내용의 글이다. 따라서 글의 주제로 가장 적절한 것은 ④ '절약에 중점을 둔 쇼핑에 대한 영국식 접근법'이다.
① 세계 경제를 유지하기 위해 절약을 실천하는 것 → 절약을 실천하는 목적이 세계 경제를 살리기 위한 것이라는 언급은 없다.
② 영국 내 쇼핑 태도의 성별 간 차이 → 첫 문장에 영국 여성에 관한 언급이 있긴 하나 남성에 관한 언급은 전혀 없으며, 따라서 그 둘을 비교하는 내용도 아니다.
③ 영국 여성의 쇼핑 습관 변화 → 영국 여성의 쇼핑 습관이 어떻게 '변화'했는지에 관한 글이 아니다.

〔해석〕 여전히 대부분의 "일상적인" 형태의 가정 내 쇼핑을 하는 영국의 많은 여성들에게 쇼핑은 기술이다. 심지어 비교적 부유한 사람들 사이에서도 쇼핑을 잘하는 것에 자부심을 갖는 것이 관습이며, 이는 '절약에 대한 관심'을 의미하는 것으로 이해된다. 영국의 쇼핑객들 사이에는 쇼핑이 지출하는 행위가 아니라, 절약하는 행위라는 취지에 대한 암묵적인 이해가 존재한다. 그들은 음식이나 의류와 같은 물품에 특정 금액을 '소비했다'고 말하지 않고, 그것에 특정 금액을 '절약했다'고 말한다. 그들은 분명 어떤 물건에 과도한 양의 돈을 썼다고 자랑하지는 않겠지만, 저렴한 물건을 찾은 것에 대해 자부심을 가질 수는 있다.

〔어휘〕 routine 일상(의) domestic 가정의 customary 관습적인 well-off 부유한, 유복한 thrift 절약 tacit 암묵적인 to the effect that ~라는 취지의 brag 자랑하다 excessive 과도한, 지나친 sum 합계, 총액 bargain 싼 물건

〔정답〕 ④

---

14 다음 글의 요지로 가장 적절한 것은? 〔요지〕

The belief that workplace support is critical gains even more importance in the face of tragedy, yet it's often not as prevalent as needed. In the scenario of losing a loved one, a mere 60 percent of private sector employees receive paid time off, typically for just a short period. When returning to work, their performance may suffer due to grief, leading to economic stress. In the U.S., productivity losses related to grief are estimated to cost companies up to $75 billion a year. These losses could be reduced, and the burden for grieving employees could be eased, if companies implemented policies for time off, flexible schedules, and financial support.

① Increasing paid time off boosts employee loyalty.
② Grieving people may find excessive support overwhelming.
③ Employees shouldn't let personal hardships affect their work.
④ Support for grief benefits both the employee and the company.

〔해설〕 상실의 아픔을 겪은 직원을 위해 직장에서 휴가와 같은 적절한 지원을 제공하여 잘 극복할 수 있도록 도와주는 것이 생산성 측면이나 직원 개인의 상태를 위해 중요하다는 내용의 글이다. 따라서 글의 요지로 가장 적절한 것은 ④ '애도에 대한 지원은 직원과 회사 모두에 유익하다.'이다.
① 유급 휴가를 늘리는 것은 직원 충성도를 높인다. → 직원 충성도를 높이는 방법에 관한 글이 아니다.
② 애도 중인 사람들은 지나친 지원이 벅차다고 생각할 수도 있다. → 직원들에 대한 지원이 과하다는 언급은 전혀 없다.
③ 직원은 개인적인 어려움이 업무에 영향을 미치게 해서는 안 된다. → 개인적인 고통으로 업무 성과가 저조해질 수 있다는 내용은 언급되지만, 그래서는 안 된다고 말하고 있지는 않다. 오히려 업무 성과에 영향을 주기 때문에 기업 차원에서 이에 관한 적절한 조치가 필요함을 주장하고 있다.

〔해석〕 직장에서의 지지가 중요하다는 믿음은 비극적 상황에 처했을 때 훨씬 더 중요성이 커지지만, 이것이 필요한 만큼 널리 퍼져 있지 않은 경우가 많다. 사랑하는 사람을 잃은 상황에서 민간 부문 직원의 60%만이 유급 휴가를 받으며, (그것도) 대개 짧은 기간이다. 업무에 복귀하면, 이들의 성과는 (상실의) 슬픔으로 인해 타격을 입을 수 있고, 이는 경제적 스트레스로 이어질 수 있다. 미국에서 애도와 연관된 생산성 손실은 회사들에 연간 최대 750억 달러의 비용을 초래하는 것으로 추정된다. 회사에서 휴가, 유연한 근무 일정, 재정적 지원을 위한 정책을 시행한다면, 이런 손실이 줄어들 수 있고, 슬퍼하는 직원들의 부담은 완화될 수 있다.

〔어휘〕 critical 중요한 tragedy 비극 prevalent 널리 퍼진, 만연한 private sector (국가 경제의) 민간 부문 time off 휴가 grief (상실로 인한) 슬픔, 애도 productivity 생산성 estimate 추정하다 cost A B A에게 B를 치르게 하다 ease 완화하다 implement 시행하다 boost 향상하다 loyalty 충성(도) overwhelming 벅찬, 압도적인 hardship 고난

〔정답〕 ④

---

15 다음 글의 내용과 일치하지 않는 것은? 불일치

Children usually do much better with extreme cold than with extreme heat. Because their sweat glands aren't fully developed, they don't sweat freely as adults do. That is in large part why so many of them die so swiftly when left in cars in warm weather. In a sealed car with the temperature outside 30°C, the inside can reach 54°C, and no child can cope with that for long. During the period of 1998 and 2018, about eight hundred children in the United States died when left unattended in hot cars. Half were under two years of age. Remarkably — or rather shockingly, indeed — more states have laws that make it illegal to leave an animal unattended in a car than to leave a child unattended.

① 아이들은 심한 더위보다 심한 추위를 더 잘 견딘다.
② 바깥 온도가 30도일 때, 밀폐된 차 내부는 50도를 넘길 수 있다.
③ 20년간 미국에서 뜨거운 차 안에 방치되어 사망한 아이의 절반이 2세 미만이었다.
④ 동물보다도 아이를 차 안에 방치하는 것을 불법화한 주가 더 많다.

해설 마지막 문장에서 아이를 차에 방치하는 것보다 동물을 차에 방치하는 것을 불법으로 규정하는 주가 더 많다고 언급되므로, 글의 내용과 일치하지 않는 것은 ④ '동물보다도 아이를 차 안에 방치하는 것을 불법화한 주가 더 많다.'이다.
① 아이들은 심한 더위보다 심한 추위를 더 잘 견딘다. → 첫 문장에서 언급된 내용이다.
② 바깥 온도가 30도일 때, 밀폐된 차 내부는 50도를 넘길 수 있다. → 4번째 문장에서 언급된 내용이다.
③ 20년간 미국에서 뜨거운 차 안에 방치되어 사망한 아이의 절반이 2세 미만이었다. → 5, 6번째 문장에서 언급된 내용이다.

해석 아이들은 보통 극심한 더위보다 극심한 추위에서 훨씬 더 잘 지낸다. 이들의 땀샘은 완전히 발달하지 않았기 때문에, 이들은 어른들처럼 자유롭게 땀을 흘리지 못한다. 이것이 대체로 그토록 많은 아이들이 따뜻한 날씨에 차 안에 방치될 때 그토록 빨리 죽는 이유이다. 바깥 온도가 30°C가 넘는 밀폐된 차 안에서, 실내는 54°C에 이를 수 있으며, 어떤 아이도 그것을 오랜 시간 견딜 순 없다. 1998년과 2018년 사이 기간에, 미국에서 약 800명의 아이들이 뜨거운 차에 방치되어 사망했다. 절반은 2세 미만이었다. 놀랍게도, 혹은 실로 다소 충격적이게도, 차에 아이를 방치하는 것보다 동물을 방치하는 것을 불법으로 규정하는 주가 더 많다.

어휘 extreme 극심한 sweat 땀; 땀을 흘리다 gland (분비)샘 swiftly 빠르게 sealed 밀폐된 cope with ~에 대처하다, ~을 극복하다 unattended 방치된, 돌보는 사람이 없는 remarkably 놀랍게도 illegal 불법의

정답 ④

16 다음 글의 흐름상 어색한 문장은? 일관성

Evolutionary anthropologists tell us that despite the remarkable abilities of nonhuman primates, humans are still superior to them in terms of social cognition. ① Human babies show social cognitive skill much earlier than any other species, presumably to allow social integration. ② Human social life is much more complex than animal social life, which may have been the driving force behind developing social cognitive abilities early in life. ③ Several important human cognitive abilities may be simpler than we assume them to be. ④ Also, studies say that these social cognitive abilities have existed since before human beings took their modern forms. This suggests that social cognition is an evolutionarily old ability that probably is the foundation on which modern intelligence is built.

해설 이 글은 인간 사회가 동물 사회보다 훨씬 복잡하므로 인간이 다른 영장류보다 더 일찍 사회적 인지 능력을 발달시킨다고 말한다. 또한 이 우월한 능력은 진화론적으로 오래된 것으로, 현대적 지능이 이것에 기반한다고 설명한다. 따라서 글의 흐름상 어색한 문장은 인간의 인지 능력이 우리 생각보다 더 단순할 수 있다는, 이 글의 맥락과 거리가 먼 내용의 ③이다.

해석 진화 인류학자들은 인간이 아닌 영장류의 놀라운 능력에도 불구하고 사회적 인지의 관점에서는 인간이 여전히 나머지 영장류보다 우월하다고 우리에게 말한다. 인간 아기는 다른 어떤 종보다 훨씬 일찍 사회적 인지 능력을 보이며, 이는 아마도 사회 통합을 허용하기 위함인 것으로 추정된다. 인간의 사회생활은 동물의 사회생활보다 훨씬 더 복잡하며, 이것이 사회적 인지 능력을 초기에 발달시킨 원동력이 되었을 수도 있다. (여러 가지 중요한 인간의 인지 능력은 우리가 추정하는 것보다 더 단순할지도 모른다.) 또한 연구 결과는 이러한 사회적 인지 능력이 인류가 현대적 형태를 갖추기 이전부터 존재했다고 말한다. 이는 사회적 인지가 아마도 현대적 지능의 기반이 되는 토대인 진화론적으로 오래된 능력이라는 것을 시사한다.

어휘 evolutionary 진화론적인 anthropologist 인류학자 primate 영장류 superior 우월한 in terms of ~의 관점에서 cognition 인지 presumably 추정컨대 integration 통합 driving force 원동력 assume 가정[추정]하다 foundation 토대, 기반

정답 ③

17 주어진 글 다음에 이어질 글의 순서로 가장 적절한 것은? 〔순서배열〕

There are two types of emotions: core and inhibitory. Excitement, sadness, and anger are examples of core emotions.

(A) But when it's not safe to express core emotions — when they conflict with what pleases our family, friends or society — inhibitory emotions like anxiety take their place.

(B) For instance, if your parents reacted furiously whenever you expressed anger, you may suppress this emotion by experiencing anxiety instead.

(C) They help us take adaptive actions that support our survival. Excitement motivates us to work hard, while sadness aids in navigating losses.

① (A) - (C) - (B) ② (B) - (A) - (C)
③ (C) - (A) - (B) ④ (C) - (B) - (A)

〔해설〕 주어진 글은 감정의 두 유형을 소개한 후 먼저 핵심 감정에 관해 설명한다. 이 핵심 감정(core emotions)을 They로 지칭하며 그것의 기능과 관련 예시를 제시하는 (C)가 주어진 문장 뒤에 이어지는 것이 자연스럽다. 다음으로, (A)에서는 핵심 감정을 표현하는 것이 안전하지 않은 경우를 설명하므로, But을 통해 문맥이 자연스럽게 전환된다. 마지막으로, (A)에서 억제 감정이 핵심 감정을 대신하는 경우가 언급되었는데, (B)에서 이에 관한 구체적인 예시가 나오는 것을 알 수 있다. 따라서 글의 순서로 가장 적절한 것은 ③ '(C) - (A) - (B)'이다

〔해석〕 감정에는 두 가지 유형이 있는데, 이는 핵심과 억제이다. 흥분, 슬픔, 분노는 핵심 감정의 예이다. (C) 그것들은 우리의 생존을 돕는 적응적인 행동을 취하도록 돕는다. 흥분은 우리가 열심히 일하도록 동기를 부여하고, 슬픔은 상실을 다루는 데 도움이 된다. (A) 그러나 핵심 감정을 표현하는 것이 안전하지 않을 때, 즉 그것들이 우리의 가족, 친구 또는 사회를 기쁘게 하는 것과 충돌할 때, 불안과 같은 억제 감정이 그 자리를 대신한다. (B) 예를 들어, 당신이 분노를 표현할 때마다 부모님이 극단적으로 반응했다면, 당신은 대신 불안을 경험함으로써 그 감정을 억누를 수 있다.

〔어휘〕 core 핵심적인 inhibitory 억제하는 conflict 충돌하다 please 기쁘게 하다 anxiety 불안 take one's place ~을 대신하다 furiously 극단적으로 suppress 억누르다 adaptive 적응하는 motivate 동기를 부여하다 aid 돕다 navigate 처리하다, 다루다

〔정답〕 ③

18 주어진 문장이 들어갈 위치로 가장 적절한 것은? 〔문장삽입〕

Some individual states have established official or preferred languages of their own.

With approximately 90 percent of the United States population possessing some degree of proficiency in English, the majority of official business and communication within the country is conducted in English. (①) Despite this prevalent usage, the United States government has never designated any single language as its official language at the federal level. (②) This is because the linguistic landscape within the United States is remarkably rich. (③) Over 350 distinct languages in the world are spoken in the country. (④) Hawaii, for example, recognizes both English and the indigenous Hawaiian language as official, reflecting the cultural heritage of the island state.

〔해설〕 미국은 공식 언어를 지정한 적이 없으며, 이는 미국에 많은 언어가 공존하기 때문이라는 내용이 ④ 앞까지 전개된다. 그런데 ④ 뒤에서는 공식 언어를 지정한 하와이를 예로 들고 있으므로, 문맥에 단절이 생긴다. 따라서 일부 개별 주들은 자기들만의 공식 언어를 정하기도 했다는 내용이 사이에 들어가야 한다. 따라서 주어진 문장이 들어갈 위치로 가장 적절한 것은 ④이다.

〔해석〕 미국 인구의 약 90%가 어느 정도의 영어 능숙도를 지니고 있어서, 그 나라의 공식적인 비즈니스와 커뮤니케이션의 대부분은 영어로 이루어진다. 이러한 일반적인 사용에도 불구하고 미국 정부는 연방 차원에서 어떠한 단일 언어도 공식 언어로 지정한 적이 없다. 이는 미국 내의 언어 환경이 놀라울 정도로 다양하기 때문이다. 전 세계 350개 이상의 별개 언어가 그 나라에서 사용된다. 일부 개별 주들은 자기들만의 공식 또는 선호 언어를 정했다. 예를 들어, 하와이는 영어와 하와이 토착 언어를 공식 언어로 인정하는데, 이는 그 섬 주의 문화유산을 반영한다.

〔어휘〕 establish 정하다 approximately 대략 possess 지니다 proficiency 능숙도, 숙달 prevalent 만연한, 일반적인 designate 지정하다 federal 연방 정부의 linguistic 언어의 landscape 상황, 환경 distinct 별개의 indigenous 토착의 heritage 유산

〔정답〕 ④

19 밑줄 친 부분에 들어갈 말로 가장 적절한 것은? 빈칸완성

What makes dealing with food waste problems so difficult is that there is no single technology or policy intervention that can nip this thing in the bud. The problem occurs upstream and downstream in fields, warehouses, packaging, distribution, supermarkets, and home. It will require participation not just from a few "food waste sheriffs," but from an army of them at many levels of the private and public sectors. Academics and federal policy makers will be required to play their part by working to standardize expiration dates and incentivize food rescue. Software developers may be needed as well to build apps that connect people with food surpluses to people with food deficit, and materials scientists will have to find new ways to preserve perishable foods and extend shelf life. This is why food waste problems are difficult to tackle; they require _____ to be solved.

① capital　　　　　　② policies
③ collaboration　　　④ independence

해설 음식물 쓰레기 문제를 해결할 수 있는 유일한 기술이나 정책은 존재하지 않으며, 학계, 정책 입안자, 소프트웨어 개발자, 재료 과학자 등 여러 부문에서 '전방위적인' 노력이 필요하다는 내용의 글이다. 즉, 음식물 쓰레기 처리는 다양한 전문가들의 '협력'이 필요한 문제이므로, 빈칸에 들어갈 말로 가장 적절한 것은 ③ '협력'이다.
① 자본 → 음식물 쓰레기 문제를 해결하기 위해 '돈'이 필요하다는 내용의 글이 아니다.
② 정책들 → 정책 입안자의 역할이 언급되었으나, 이는 문제 해결을 위해 필요한 사람의 한 예시로 들었을 뿐이다. 또한 첫 문장에서 음식물 쓰레기 문제 대처가 어려운 것이 '유일한' 정책 개입이 없기 때문이라는 언급이 있긴 하나, 이는 그렇기에 다양한 분야의 협력이 필요하다는 주제를 유도하기 위한 서론에 불과하다.
④ 독립 → 음식물 쓰레기 문제는 어느 한 부문의 노력만으로 해결되는 것이 아니라는 이 글의 논조와 반대된다. 이 문제를 다루기 위해 각 부문이 독립되어야 한다는 내용도 언급된 바 없다.

해석 음식물 쓰레기 문제에 대처하는 것을 그토록 어렵게 만드는 것은 이 문제의 싹을 자를 수 있는 유일한 기술이나 정책 개입이 존재하지 않는다는 것이다. 그 문제는 현장, 창고, 포장, 유통, 슈퍼마켓, 가정에서 전방위적으로 발생한다. 이것은 그냥 몇 명의 "음식물 쓰레기 보안관(음식물 쓰레기 문제 해결을 위해 노력하는 사람)"이 아니라, 민간 및 공공 부문에 걸쳐 여러 계층에 있는 그들 한 부대를 필요로 할 것이다. 학계와 연방 정책 입안자들은 유통기한을 표준화하고 식량 구호를 장려하기 위해 노력함으로써 자신의 역할을 할 것이 요구된다. 소프트웨어 개발자들 또한 식량이 남는 사람과 식량이 부족한 사람들을 연결하는 앱을 만드는 데 필요할 수 있으며, 재료 과학자들은 부패하기 쉬운 음식을 보존하고 유통기한을 늘릴 수 있는 새로운 방법을 찾아야 할 것이다. 이것이 음식물 쓰레기 문제가 해결하기 어려운 이유인데, 그것을 해결하기 위해서는 협력이 필요하기 때문이다.

어휘 intervention 개입 nip sth in the bud ~의 싹을 자르다 upstream and downstream 상류 및 하류로, 전방위적으로 warehouse 창고 distribution 유통 sheriff 보안관 standardize 표준화하다 expiration date 유통 기한 incentivize (보상금을 주어) 장려하다 surplus 잉여, 남는 것 deficit 결핍, 부족 preserve 보존하다 perishable 상하기 쉬운 shelf life 유통 기한 tackle 씨름하다, 해결하다

정답 ③

20 밑줄 친 부분에 들어갈 말로 가장 적절한 것은? 빈칸완성

Often we aim to undermine prejudice by drawing attention to its absurdity through the use of jokes or humor. This tactic is called *subversive humor*. By making jokes about our implicit attitudes and stereotypes, we draw explicit attention to them, provide opportunities for discussion, and create social change. A group of researchers, for example, noted that racist jokes may provide a means for us to discuss our discomfort with racism. That is to say, at the moment we joke about racism, we become open to weakening our beliefs in sustaining a racist attitude. When this happens, our values and norms _____.

① pose a barrier to fighting racism
② shift to diminish our racist attitudes
③ change to emphasize racial differences
④ influence the formation of racial identity

해설 글에 따르면 유머는 우리 내면의 편견을 밖으로 드러내어 그것에 관해 이야기할 기회를 제공함으로써 사회적 변화를 끌어낼 수 있다고 한다. 이처럼 인종 차별적인 농담을 하면서 이에 관한 이야기를 나눌 수 있게 되기 때문에 우리의 편견이 '약화될' 가능성이 생긴다고 했으므로, 이러한 일이 일어날 때 우리의 인종 차별적 태도는 '줄어들' 것으로 추측할 수 있다. 따라서 빈칸에 들어갈 말로 가장 적절한 것은 ② '우리의 인종 차별적 태도를 줄이는 쪽으로 변화한다'이다.
① 인종 차별과 싸우는 것을 가로막는다 → 인종 차별적 믿음이 약해질 수 있다는 빈칸 앞 내용과 상충한다.
③ 인종적 차이를 강조하도록 바뀐다 → 인종 간 '차이'를 강조하는 것은 인종 차별적 편견을 줄이는 것과 거리가 멀다.
④ 인종적 정체성의 형성에 영향을 준다 → 인종적 정체성의 형성에 관해서는 언급된 바 없다.

해석 종종 우리는 농담이나 유머를 사용해 편견의 부조리에 주의를 환기함으로써 편견을 약화시키려고 한다. 이런 전략은 '전복적 유머'라고 불린다. 우리는 우리의 암묵적인 태도와 고정 관념에 대한 농담을 함으로써 그것에 명시적 주의를 끌고, 토론의 기회를 제공하고, 사회 변화를 만들어 낸다. 예를 들어, 한 연구진은 인종 차별적 농담이 우리가 인종 차별에 대한 불편함을 논할 수 있는 수단을 제공해 줄 수도 있다고 설명했다. 즉, 우리가 인종 차별에 대해 농담하는 순간에, 우리는 인종 차별적 태도를 유지하려는 신념을 약화하는 데 마음을 열게 된다는 것이다. 이런 일이 발생하면, 우리의 가치관과 규범은 우리의 인종 차별적 태도를 줄이는 쪽으로 변화한다.

어휘 undermine 약화시키다 absurdity 부조리, 불합리 tactic 전략 subversive 전복적인 implicit 암묵적인 stereotype 고정 관념 explicit 명시적인 racist 인종 차별적인 means 수단 discomfort 불편 weaken 약화시키다 sustain 지속하다 norm 규범 pose a barrier to ~에 장벽을 놓다, ~을 가로막다 shift 변화하다 diminish 줄이다

정답 ②

01	02	03	04	05
①	①	④	①	①
06	**07**	**08**	**09**	**10**
①	②	②	④	④
11	**12**	**13**	**14**	**15**
②	③	④	④	③
16	**17**	**18**	**19**	**20**
②	②	③	①	②

---

01 밑줄 친 부분의 의미와 가장 가까운 것은? [어휘]

Early detection and treatment can help <u>avert</u> serious health complications.

① avoid　　　　② survive
③ reduce　　　　④ regulate

해설 avert는 '피하다'라는 뜻으로, 이와 의미가 가장 가까운 것은 ① 'avoid(피하다)'이다.
② 견뎌 내다 ③ 줄이다 ④ 통제하다
해석 조기 발견 및 치료는 심각한 건강 관련 합병증을 <u>피하는</u> 데 도움이 될 수 있다.
어휘 detection 발견 complication 합병증

정답 ①

---

02 밑줄 친 부분의 의미와 가장 가까운 것은? [어휘]

The season brings <u>plentiful</u> precipitation, filling reservoirs and replenishing groundwater.

① rich　　　　② average
③ fatal　　　　④ continuous

해설 plentiful은 '풍부한'이라는 뜻으로, 이와 의미가 가장 가까운 것은 ① 'rich(풍부한)'이다.
② 평균적인 ③ 치명적인 ④ 지속적인
해석 그 계절은 풍부한 강수량을 동반하여, 저수지를 채우고 지하수를 보충한다.
어휘 precipitation 강수량 reservoir 저수지 replenish 보충하다

정답 ①

---

03 밑줄 친 부분의 의미와 가장 가까운 것은? [이디엄]

The merger with another company has been <u>on the table</u> for years.

① blamed　　　　② decided
③ blocked　　　　④ discussed

해설 on the table은 '논의 중인'이라는 뜻으로, 이와 의미가 가장 가까운 것은 ④ 'discussed(논의된)'이다.
① 비난받는 ② 결정된 ③ 막힌
해석 다른 회사와의 합병이 수년간 <u>논의되어</u> 왔다.
어휘 merger 합병

정답 ④

---

04 밑줄 친 부분에 들어갈 말로 가장 적절한 것은? [이어동사]

Although she came from humble beginnings, she _____ in her career.

① got ahead　　　　② warmed up
③ cropped up　　　　④ asked around

해설 양보 접속사 Although에 유의했을 때, 주절에는 보잘것없는 시작과 반대되는, 즉 성공과 관련된 내용이 와야 할 것을 유추할 수 있다. 따라서 빈칸에 들어갈 말로 가장 적절한 것은 ① 'got ahead(출세하다)'이다.
② 준비 운동하다 ③ 불쑥 나타나다 ④ 이리저리 알아보다
해석 그녀는 보잘것없이 시작했지만 자기 직업에서 <u>출세했다</u>.
어휘 humble 보잘것없는

정답 ①

05 어법상 옳지 않은 것은?

문법

① Portraying as victims, they gained sympathy from the public.
② The lawyer who represented her argued passionately in court.
③ I got the plants to grow taller by locating them in direct sunlight.
④ It is necessary that an individual contribute to improving public health.

해설 (Portraying → Portrayed) 분사구문에서 타동사인 portray 뒤에 목적어가 없고, 맥락상으로도 분사구문의 의미상 주어인 they가 피해자로 '묘사된' 것이므로 수동의 과거분사 Portrayed가 쓰여야 한다.
② 사람 명사인 The lawyer를 선행사로 받는 주격 관계대명사 who가 주어 없는 불완전한 절을 이끌고 있는 것은 적절하며, 부사 passionately가 자동사 argued를 적절하게 수식하고 있다.
③ 준사역동사 get은 목적어와 목적격 보어의 관계가 능동이면 to RV를, 수동이면 p.p.를 목적격 보어로 취한다. 여기서는 식물들이 '자라는' 것이므로 to grow가 적절하게 쓰였으며, 2형식 동사로 쓰인 grow가 형용사 taller를 보어로 취하고 있는 것은 적절하다. 또한 전치사 by 뒤에 동명사 locating이 온 것도 적절하며, them은 앞서 나온 the plants를 가리키는 대명사이다.
④ necessary와 같은 이성적 판단의 형용사가 포함된 가주어(It)-진주어(that절) 구문에서, that절 내의 동사는 '(should) + RV'를 사용하므로 contribute는 적절하게 쓰였다. 또한 'contribute to RVing'는 '~에 기여하다'라는 뜻의 관용 표현으로, 이때 to는 전치사이므로 뒤에 동명사 improving이 온 것은 적절하다.

해석 ① 피해자로 묘사된 그들은 대중의 동정을 얻었다.
② 그녀를 변호한 변호사는 법정에서 열변을 토했다.
③ 나는 식물들을 직사광선 아래 두어 키가 자라게 했다.
④ 개인이 공중 보건 향상에 기여하는 것이 필요하다.

어휘 portray 묘사하다 victim 피해자 sympathy 동정 represent 대변[변호]하다 passionately 열정적으로 court 법정 locate 두다 direct sunlight 직사광선

정답 ①

06 어법상 옳지 않은 것은?

문법

① Only when we face our fears we can conquer them.
② The house once abandoned has become a small library.
③ It is of no use to expect your father to change his opinion.
④ She should have called a taxi instead of walking home at night.

해설 (we can → can we) 'only + 부사절'이 문두에 나올 경우 주어와 동사는 반드시 의문문의 어순으로 도치되므로 can we conquer them이 되어야 한다. 참고로 them은 복수 명사 our fears를 가리키는 대명사이다.
② 분사구 once abandoned가 주어인 The house를 수식하고 있는데, 타동사 abandon 뒤에 목적어가 없고 의미상으로도 집이 '버려진' 것이므로 수동의 과거분사 abandoned는 적절하게 쓰였다.
③ 'It is of no use to RV'는 '~해도 소용없다'라는 뜻을 갖는 관용 표현이므로 to expect는 적절하게 쓰였으며, expect가 5형식 동사로 사용되면 목적격 보어로 to 부정사를 취하므로 to change의 쓰임도 적절하다.
④ 'should have p.p.'는 '~했어야 했는데 (안 했다)'라는 의미로 문맥상 적절하게 쓰였다. 또한 전치사구 instead of 뒤에 동명사 walking이 온 것도 적절하다.

해석 ① 우리는 두려움에 직면할 때만 그것을 극복할 수 있다.
② 한때 버려져 있던 그 집은 작은 도서관이 되었다.
③ 네 아버지가 의견을 바꾸길 기대해도 소용이 없다.
④ 그녀는 밤에 집까지 걸어가는 대신 택시를 불렀어야 했다.

어휘 conquer 정복[극복]하다 abandon 버리다

정답 ①

07 우리말을 영어로 잘못 옮긴 것은?

문법

① CEO뿐만 아니라 주주들도 우려의 목소리를 낸다.
→ Not only the CEO but the shareholders voice concerns.
② 이 접근법은 체계적이지도, 논리적이지도, 현실적이지도 않다.
→ This approach is neither systematic, logic, nor realistic.
③ "the Egg"라고 불리는 건물은 꼭 그 별명처럼 생겼다.
→ The building referred to as "the Egg" looks just like its nickname.
④ 관리자가 그 일을 예정보다 빨리 끝내라고 지시했다.
→ The director ordered that the task be completed ahead of schedule.

해설 (logic → logical) be동사 is의 보어로 세 개의 단어가 'A도 B도 아닌'이라는 뜻의 상관접속사 'neither A nor B'를 통해 병렬되고 있다. 이때 병렬 대상의 급은 동일해야 하는데, 같이 병렬되고 있는 systematic과 realistic이 형용사이고, 주어진 우리말에 따르면 '논리적이지' 않은 것이므로 명사 logic을 형용사 logical로 고쳐야 한다.
① 'A뿐만 아니라 B도'라는 뜻의 상관접속사 'not only A but (also) B'가 주어로 나오면 동사의 수는 B에 맞춰야 하므로, 복수 명사 the shareholders에 수일치한 복수 동사 voice는 적절하게 쓰였다.
③ 분사구 referred to as "the Egg"가 주어 The building을 수식하고 있다. 건물이 "the Egg"라고 '불리는' 것이므로 수동의 과거분사 referred는 적절하게 쓰였으며, 'A를 B로 부르다'라는 뜻의 'refer to A as B' 구문은 수동태로 바꾸면 'A be referred to as B' 형태가 되므로 to as "the Egg"의 쓰임도 적절하다.
④ order와 같은 주장·요구·명령·제안·충고·결정의 동사가 당위의 의미를 지니는 that절을 목적어로 취할 때, that절 내의 동사는 '(should) + RV'로 표현하며 일이 '끝내는' 것이 아니라 '끝나는' 것이므로 be completed는 적절하게 쓰였다.

어휘 shareholder 주주 voice 말로 나타내다 systematic 체계적인 realistic 현실적인 complete 끝내다 ahead of ~보다 빨리

정답 ②

어휘 getaway 휴가 extend 연장하다 take the day off 하루 쉬다, 휴가를 내다 fever 열 bottom line 결론, 요점 in the lead 선두에 있는

정답 ④

08 우리말을 영어로 잘못 옮긴 것은?

문법

① 나는 방 건너편에서 내 이름을 부르는 것을 들었다.

→ I heard my name called from across the room.

② 그녀의 비밀을 아는 사람은 모두 침묵을 지키고 있다.

→ Every person who knows her secrets remain silent.

③ 교수님께 첨부 메일 보내드릴 것을 기억해.

→ Remember to send your professor the attached e-mail.

④ 그는 엘리베이터를 기다리느니 차라리 계단을 이용할 것이다.

→ He would rather take the stairs than await the elevator.

해설 (remain → remains) every 뒤에는 '단수 명사 + 단수 동사'가 와야 하므로 복수 동사 remain을 단수 동사 remains로 고쳐야 한다. 참고로 사람 명사인 Every person을 선행사로 받는 주격 관계대명사 who가 주어 없는 불완전한 절을 이끌고 있는 것은 적절하며, 2형식 동사로 쓰인 remain이 형용사 silent를 보어로 취하고 있는 것도 적절하다.

① 지각동사 hear는 목적어와 목적격 보어의 관계가 능동이면 RV나 RVing를, 수동이면 p.p.를 목적격 보어로 취하는데, 여기서는 이름이 '불리는' 것이므로 목적격 보어에 called가 온 것은 적절하다.

③ 'remember to RV'는 '~할 것을 기억하다'라는 의미이고, 'remember RVing'는 '~한 것을 기억하다'라는 의미이다. 주어진 우리말에 따르면 '보내드릴' 것을 기억하는 것이므로 to send는 적절하게 쓰였다. 또한 send가 4형식 동사로 쓰여 your professor와 the attached e-mail을 각각 간접목적어와 직접목적어로 취하고 있는 것도 적절하다.

④ 'would rather A than B'는 'B하기보다는 차라리 A하는 것이 낫다'라는 뜻의 표현이다. 이때 would rather가 조동사이므로 A와 B에 각각 원형부정사 take와 await가 온 것은 적절하다. 또한 await는 전치사 없이 바로 목적어를 취하는 완전타동사로 적절하게 쓰였다.

어휘 attached 첨부된

정답 ②

09 두 사람의 대화 중 가장 어색한 것은?

생활영어

① A: I heard you had a nice weekend getaway.

B: I did. I went to see the East Sea with my family.

② A: Can I extend the lending period on this book?

B: I'm afraid not. There is a long waiting list for this book.

③ A: You don't look so well. You should take the day off.

B: I have a bit of a fever, but I'll be okay.

④ A: The bottom line is that we're behind our competitors.

B: I'm proud that our company is always in the lead.

해설 회사가 경쟁사보다 뒤처졌다는 A의 지적을 듣고 회사가 항상 선두에 있어 자랑스럽다고 말한 B의 반응은 모순된다. 따라서 대화 중 자연스럽지 않은 것은 ④이다.

해석 ① A: 주말에 멋진 휴가를 보냈다고 들었어요.

B: 맞아요. 가족들과 동해를 보러 갔어요.

② A: 이 책 대출 기간을 연장할 수 있나요?

B: 아쉽게도 안 됩니다. 이 책에는 긴 대기자 명단이 있어서요.

③ A: 몸이 안 좋아 보이네요. 하루 쉬는 게 좋겠어요.

B: 열이 좀 나지만 괜찮을 거예요.

④ A: 결론은 우리가 경쟁사보다 뒤처졌다는 점이에요.

B: 우리 회사가 항상 선두에 있다는 게 자랑스럽네요.

10 밑줄 친 부분에 들어갈 말로 가장 적절한 것은?

생활영어

A: Janet, why didn't you notify the marketing team that the meeting got postponed?

B: Oh, no. I'm so sorry, it completely slipped my mind. Should I notify them now?

A: I already took care of it. They were very upset that they weren't informed sooner.

B: I feel really bad. _____

A: That's a good idea. They would appreciate that.

① Thank you for reminding me.

② Why did the meeting get postponed?

③ The meeting turned out better than I had expected.

④ Maybe I should go over to them and express my apologies.

해설 회의가 연기되었다는 사실을 마케팅팀에 통보하는 것을 B가 깜빡한 상황이다. 이때 B가 빈칸 내용을 언급하였는데, 이를 들은 A는 그것이 좋은 생각이라며 마케팅팀도 좋게 생각할 것이라고 말했다. 따라서 빈칸에서 B는 자신의 실수를 만회할 방법을 이야기했으리라 추측할 수 있으므로, 빈칸에 들어갈 말로 가장 적절한 것은 ④ '제가 그들에게 가서 사과의 뜻을 전해야 할 것 같네요.'이다.

① 상기시켜 주셔서 감사합니다.

② 왜 회의가 연기되었나요?

③ 회의가 제 예상보다 잘 진행되었어요.

해석 A: Janet, 왜 마케팅팀에 회의가 연기되었다고 알리지 않았나요?

B: 아, 이런. 정말 죄송합니다. 완전히 깜빡했네요. 지금 알려야 할까요?

A: 제가 이미 알아서 했어요. 더 일찍 통지받지 못한 것에 대해 그들이 많이 화가 났어요.

B: 마음이 너무 안 좋네요. 제가 그들에게 가서 사과의 뜻을 전해야 할 것 같네요.

A: 좋은 생각이에요. 그들도 좋게 생각할 거예요.

어휘 postpone 연기하다 slip one's mind 깜빡하다 notify 알리다 take care of 처리하다 appreciate 높게 평가하다 remind 상기시키다 apology 사과

정답 ④

11 주어진 글 다음에 이어질 글의 순서로 가장 적절한 것은? 순서배열

Most of us believe a coin flip can resolve nearly any dilemma quickly and fairly.

(A) A few years ago, researchers collected the results of 350,757 coin flips and concluded that the outcomes are not as had been thought. "Ordinary coins tend to land on the same side they started," they said.

(B) The chances of the coin landing on one side or the other — heads or tails — are 50:50, which is what makes the process fair. But is it really?

(C) That probability was estimated to be about 51%. That seems like a small margin, but most of us would want to take that advantage.

① (A) - (C) - (B)   ② (B) - (A) - (C)
③ (B) - (C) - (A)   ④ (C) - (A) - (B)

해설 주어진 문장은 동전 던지기가 공정한 해결책으로 생각된다는 내용으로, 그 이유를 설명한 후 이에 관한 의문을 제기하는 (B)가 뒤에 와야 한다. 그다음에는 확률이 반반이라는 기존의 믿음과 다른 동전 던지기 결과가 나온 한 연구 사례를 소개하며, (B)에서 제기된 의문에 답하는 (A)가 오는 것이 자연스럽다. 마지막으로, (A)에서 언급된 동전이 던질 때와 같은 면으로 떨어지는 경향을 That probability로 받아 부연 설명하는 (C)가 와야 한다. 따라서 글의 순서로 가장 적절한 것은 ② '(B) - (A) - (C)'이다.

해석 우리 대부분은 동전 던지기로 거의 모든 딜레마를 빠르고 공정하게 해결할 수 있다고 믿는다. (B) 동전이 한쪽 또는 다른 쪽, 즉 앞면 또는 뒷면에 착지할 확률은 50:50이라는 점은 그 과정을 공정하게 만든다. 하지만 정말 그럴까? (A) 몇 년 전, 연구자들은 350,757번의 동전 던지기 결과를 수집하고 그 결과가 생각됐던 것과 다르다는 결론을 내렸다. "보통의 동전은 (던져지기) 시작할 때와 같은 면으로 떨어지는 경향이 있습니다."라고 그들은 말했다. (C) 그 확률은 약 51%로 추정되었다. 이것은 작은 차이처럼 보이지만, 우리 대부분은 그 이점을 누리고 싶어 할 것이다.

어휘 flip 던지기 resolve 해결하다 dilemma 진퇴양난, 딜레마 fairly 공평히 conclude 결론 내리다 outcome 결과 land 떨어지다 head (동전의) 앞면 tail (동전의) 뒷면 probability 확률 estimate 추정하다 margin 차이 advantage 이점

정답 ②

12 주어진 문장이 들어갈 위치로 가장 적절한 곳은? 문장삽입

And economic models have a trait in common with fables: effectiveness in conveying complex ideas in a memorable manner.

Known for their brevity and directness, fables ensure their message is easily grasped. (①) Consider the tale of the hare and the tortoise, a story deeply ingrained in our minds, emphasizing the value of steady progress over swift but erratic movement. (②) This narrative serves as a symbolic tool, applicable across various contexts. (③) Exposure to the supply-demand framework instills a lasting understanding for market dynamics, just as working through the prisoners' dilemma offers novel perspectives on cooperation that endure in memory. (④) These models persist as frameworks for understanding and interpreting the world around us.

해설 경제 모형이 우화와 마찬가지로 핵심을 쉽고 간단하게 각인시키는 데 도움이 된다는 내용이다. ③ 앞까지는 우화에 관해서만 언급되는데, ③ 뒤로는 갑자기 '수요-공급 모형', '죄수의 딜레마' 등 구체적 경제 모형에 관한 예시와 부연이 이어지고 있다. 이때 주어진 문장은 경제 모형이 우화와 공통점이 있다고 말하며 둘을 연결 짓는 내용이므로, 예시 앞에 들어가는 것이 자연스럽다. 따라서 주어진 문장이 들어갈 위치로 가장 적절한 곳은 ③이다.

해석 간결함과 단순명쾌함으로 알려진 우화는 그것의 메시지를 쉽게 파악하도록 보장해 준다. 토끼와 거북이 이야기를 생각해 보라, 이 이야기는 빠르지만 변덕스러운 움직임보다 꾸준한 진전의 가치를 강조하며, 우리 마음에 깊이 새겨져 있다. 이 이야기는 상징적 도구 역할을 하여, 다양한 맥락에 걸쳐 적용 가능하다. 그리고 경제 모형은 우화와 공통적인 특징을 가지고 있는데, 그것은 복잡한 아이디어를 기억하기 쉬운 방식으로 전달하는 것의 효과성이다. 죄수의 딜레마를 다뤄보는 것이 기억에 오래 남는 협력에 대한 새로운 관점을 제공하는 것처럼, 수요-공급 구조를 접하면 시장 역동에 대한 지속적인 이해가 주입될 수 있다. 이러한 모형들은 우리 주변 세계를 이해하고 해석하기 위한 틀로 존속한다.

어휘 fable 우화 effectiveness 효과성 convey 전달하다 memorable 기억할 만한 brevity 간결 directness 단순명쾌함 grasp 이해하다 hare 산토끼 tortoise 거북 ingrain 새기다, 각인시키다 emphasize 강조하다 steady 꾸준한 swift 재빠른 erratic 변덕스러운 applicable 적용할 수 있는 instill 주입하다 novel 신기한, 새로운 endure 오래가다 persist 계속[지속]되다 interpret 해석하다

정답 ③

13 다음 글의 제목으로 가장 적절한 것은? 제목

Whenever I'm evaluating someone's character, I pay careful attention to how she relates to the clerk at the grocery store, the teller at the bank, the waitress at the local diner, and whoever else she meets. Does she always walk past the Salvation Army volunteer without reaching into her pocket? Does she glare at the clerk who's having trouble with the cash register, or give her a comforting smile? Truly kind, thoughtful, and confident people do not treat others in dramatically different ways depending on their mood or their perception of what someone can do for them. As a result, watching how someone acts toward "everyday people" can give you a pretty good idea about how he or she will act toward you once the bloom is off the rose of your relationship.

① Treat Others as You Want to Be Treated
② How to Revive Your Fading Relationship
③ Why We Neglect Those We See Every Day
④ Everyday Behavior Reveals True Character

해설 사람의 인격은 그 사람이 일상에서 마주치는 사람들에게 대하는 평상시의 행동에서 나타난다는 내용의 글이다. 따라서 글의 제목으로 가장 적절한 것은 ④ '일상의 행동이 진정한 인격을 드러낸다'이다.

① 당신이 대접받고 싶은 대로 다른 사람을 대하라 → 다른 사람을 대하는 방식이 어때야 하는지를 설명하기보다는, 일상에서 다른 사람을 대하는 방식이 그 사람의 본모습이라는 점을 서술하는 글이다.

② 시드는 관계를 되살리는 방법 → 멀어진 사람과 어떻게 다시 가까워질 수 있는지를 설명하는 글이 아니다.

③ 우리가 매일 보는 사람들을 등한시하는 이유 → 구세군 봉사자를 그냥 지나치는 모습의 언급이 있긴 하나, 이는 매일 마주치는 사람들을 대하는 다양한 방식 중 하나의 예에 불과하다. 또한 이 글은 일상의 사람들을 소홀히 대하는 현상을 중점으로 하여 그 이유를 분석하고 있지도 않다.

해석 내가 누군가의 인격을 평가할 때마다, 나는 그녀가 식료품점의 점원, 은행의 창구 직원, 동네 식당의 여종업원, 그 외 그녀가 만나는 모든 사람과 어떤 관계를 맺고 있는지 세심한 주의를 기울인다. 그녀는 항상 주머니 속에 손을 뻗지 않고 구세군 자원봉사자의 곁을 지나쳐 가는가? 그녀는 계산대에서 어려움을 겪는 점원을 노려보는가, 아니면 그녀에게 위로의 미소를 보내는가? 진정으로 친절하고, 사려 깊고, 자신감 있는 사람들은 자신의 기분이나 누군가가 그들을 위해 무엇을 해줄 수 있는지에 대한 인식에 따라 다른 사람들을 크게 다른 방식으로 대하지 않는다. 결과적으로, 누군가가 "일상의 사람들"을 향해 어떻게 행동하는지를 지켜보는 것은, 그 또는 그녀가 당신과의 관계에서 장미가 질 때(관계가 시들어질 때) 당신에게 어떻게 행동할지에 대한 꽤 좋은 감을 줄 수 있다.

어휘 evaluate 평가하다 clerk 점원 grocery store 식료품점 teller (은행의) 창구 직원 diner 식당 Salvation Army 구세군 glare 노려보다 cash register 계산대 comforting 위안이 되는 thoughtful 사려 깊은 confident 자신감 있는 treat 대우하다 dramatically 크게, 극적으로 perception 인식 bloom 꽃의 만발, 전성기 revive 되살리다 fade 시들다 neglect 등한시하다 reveal 드러내다

정답 ④

14 글의 흐름상 가장 어색한 문장은? 일관성

Africa is seeking to expand its agriculture at a time when it has access to a wide range of emerging technologies. ① Satellites and drones can be deployed to provide critical information on weather and moisture that could assist in optimizing the use of water. ② Drones are already being used in some African countries to carry out surveys to determine the most optimal regions for crop production. ③ Other technologies like mobile phones are being adapted to a wide range of agricultural uses throughout the continent. ④ However, adoption of new energy-efficient technologies is slow, resulting in delay in the decrease of ongoing damage to the environment. Further adaptations in smartphones, for example, will turn them into mobile labs supporting activities such as plant disease identification and nutrient testing.

해설 아프리카에서 농업 발전을 위해 사용되는 여러 신기술에 관해 서술하는 글이다. 따라서 글의 흐름상 가장 어색한 문장은 에너지 효율이 높은 신기술 채택이 '느린' 것에 따른 부정적인 환경적 영향을 언급하는 내용의 ④이다.

해석 아프리카는 다양한 신기술에 접근할 수 있는 시기에 농업 확장을 모색하고 있다. 물 사용을 최적화하는 데 도움을 줄 수 있는 날씨와 습기에 관한 중요한 정보를 제공하기 위해 위성과 드론이 배치될 수 있다. 드론은 이미 일부 아프리카 국가에서 농작물 생산에 가장 최적인 지역을 결정하기 위한 조사를 수행하는 데 사용되고 있다. 휴대전화와 같은 다른 기술도 그 대륙 전역에서 광범위한 농업 용도로 적용되고 있다. (그러나 에너지 효율이 높은 새로운 기술의 채택은 느리고, 그 결과 지속적인 환경 피해의 감소가 지연되고 있다.) 예를 들어, 스마트폰의 추가적인 적용은 그것을 식물 질병 식별 및 영양소 검사와 같은 활동을 지원하는 모바일 실험실로 변모시킬 것이다.

어휘 expand 확장하다 agriculture 농업 emerging 신흥의, 떠오르는 deploy 배치하다 moisture 습기 assist 돕다 optimize 최적화하다 carry out 수행하다 survey 조사 optimal 최적의 adapt 적응시키다 continent 대륙 adoption 채택 energy-efficient 에너지 효율이 좋은 identification 식별 nutrient 영양소

정답 ④

15 Bonnen Health Association에 관한 다음 글의 내용과 일치하지 않는 것은? **불일치**

> **Bonnen Health Association**
>
> We are excited to be part of the following events. Please come by and visit our booth!
>
> **The PNE Fair**
> Date: August 28
> Time: 1 p.m. to 7 p.m.
> Location: Agrodome Centre
> Stop by and visit us to get your grip strength, body fat percentage, and body mass index (BMI) measured! We will have staff on site to help you.
>
> **Diversity Health Fair**
> Date: September 11
> Time: 11 a.m. to 3 p.m.
> Location: Ridge Meadows Centre
> Come out and visit us at the Diversity Health Fair. This is a free event with over 50 exhibitors all focused on a theme of healthy living.
>
> **The OA Fair**
> Date: September 18
> Time: 10 a.m. to 2 p.m.
> Location: Bonsor Recreation Complex
> This is our first time participating in the OA Fair. There will be booth exhibitions from many health organizations.

① PNE 박람회에서는 방문자가 BMI 측정을 할 수 있도록 돕는다.
② 다양성 건강 박람회에서는 4시간 동안 부스를 운영한다.
③ 과거에 OA 박람회에 여러 번 참여했었다.
④ 9월에 참여하는 박람회는 두 곳이다.

[해설] 글 후반부에서 OA 박람회에 참여하는 것은 이번이 처음이라고 언급되므로, 글의 내용과 일치하지 않는 것은 ③ '과거에 OA 박람회에 여러 번 참여했었다.'이다.
① PNE 박람회에서는 방문자가 BMI 측정을 할 수 있도록 돕는다. → 글 초중반부에서 언급된 내용이다.
② 다양성 건강 박람회에서는 4시간 동안 부스를 운영한다. → 글 중반부에서 언급된 내용이다.
④ 9월에 참여하는 박람회는 두 곳이다. → 글 전체에서 언급된 내용이다.

[해석] **Bonnen 건강 협회**
다음 행사에 함께하게 되어 기쁩니다. 꼭 오셔서 저희 부스를 방문해 주세요!

PNE 박람회
날짜: 8월 28일
시간: 오후 1시부터 오후 7시까지
위치: Agrodome 센터
이곳에 들러 저희를 방문하여 악력, 체지방률, 체질량지수(BMI)를 측정해 보세요! 현장에 도와드릴 직원이 있을 예정입니다.

다양성 건강 박람회
날짜: 9월 11일
시간: 오전 11시부터 오후 3시까지
위치: Ridge Meadows 센터
나오셔서 다양성 건강 박람회에서 저희를 만나보세요. 건강한 삶이라는 주제에 초점을 둔 50개 이상의 전시업체가 참여하는 무료 행사입니다.

OA 박람회
날짜: 9월 18일
시간: 오전 10시부터 오후 2시까지
위치: Bonso 레크리에이션 복합 건물
저희가 OA 박람회에 참가하는 것은 이번이 처음입니다. 많은 보건 기관들의 부스 전시가 있을 예정입니다.

[어휘] grip strength 악력 body fat percentage 체지방률 body mass index 체질량지수 exhibitor (전시회) 출품자, 출품 회사 theme 주제

[정답] ③

16 다음 글의 내용과 일치하지 않는 것은? **불일치**

> Blind ads are an option used to maintain anonymity for the person or company placing the ad. Blind ads do not include the name or address of the person or company placing the ad, and are typically used in help-wanted or position-wanted ads. Individual job seekers looking for work as well as employers wanting to fill a position can place blind ads for a sense of privacy. After the interviews are conducted, it is necessary to reveal the name of the company in order to make an employment offer to a candidate. Blind ads used to be primarily placed in newspapers, but they are becoming increasingly common online. Smartphone platforms can also be used for convenient blind hiring and job seeking processes.

① Blind ads keep the identity of those placing the ad confidential.
② Blind ads can only be placed by employers, not job seekers.
③ The company's name must be disclosed after the interview.
④ There are mobile platforms that can be used for blind ads.

[해설] 2, 3번째 문장에서 블라인드 광고는 구직 광고에도 이용되며 개인 구직자도 이것을 게재할 수 있다고 언급되므로, 글의 내용과 일치하지 않는 것은 ② '블라인드 광고는 구직자가 아닌 고용주만 게재할 수 있다.'이다.
① 블라인드 광고는 광고를 게재하는 사람의 신원을 비밀로 유지한다. → 첫 두 문장에서 언급된 내용이다.
③ 면접 후에는 반드시 기업명이 공개되어야 한다. → 4번째 문장에서 언급된 내용이다.
④ 블라인드 광고를 위해 이용될 수 있는 모바일 플랫폼이 있다. → 마지막 문장에서 언급된 내용이다.

[해석] 블라인드 광고는 광고를 게재하는 사람 또는 기업의 익명성을 유지하기 위해 사용되는 선택지이다. 블라인드 광고는 광고를 게재하는 사람 또는 기업의 이름이나 주소를 포함하지 않으며, 일반적으로 구인 또는 구직 광고에 이용된다. 자리를 채우길(채용하길) 원하는 고용주뿐만 아니라 일자리를 찾는 개인 구직자도 개인정보 보호의 의미로 블라인드 광고를 게재할 수 있다. 면접이 진행된 후에는 후보자에게 채용 제안을 하기 위해서 기업명을 공개해야 한다. 블라인드 광고는 주로 신문에 게재되었지만, 온라인에서 점점 더 보편화되고 있다. 스마트폰 플랫폼도 편리한 블라인드 채용 및 구직 과정에 활용될 수 있다.

[어휘] ad(= advertisement) 광고 maintain 유지하다 anonymity 익명 privacy 개인정보 reveal 밝히다, 공개하다 candidate 후보자 primarily 주로 convenient 편리한 hiring 채용 confidential 기밀의 disclose 드러내다

[정답] ②

17 다음 글의 요지로 가장 적절한 것은? 【요지】

Imagine it's a hot day out, and you decide to go into an unfamiliar coffee shop. As you get in line and look at the menu boards, you're bombarded with many options. Should you get a simple iced coffee or a Frappe? What flavor? But wait, the Frappes are so expensive. What to do? By the time you get to the front of the line, your head is spinning so much that you just grab a bottle of water. You walk out, regretting that you didn't get something a little more exciting. What you experienced was *choice paralysis*, which describes how people get overwhelmed when they are presented with many options. We have limited cognitive resources, so having more options to consider drains our mental energy. While we tend to assume that more choice is a good thing, in many cases, we have a harder time choosing from a larger array of options.

① Having a wide range of choices is beneficial.
② An abundance of choice makes decision-making difficult.
③ Making careful choices reduces unnecessary consumption.
④ Our minds are quickly exhausted when facing the unfamiliar.

18 (A)와 (B)에 들어갈 말로 가장 적절한 것은? 【연결사】

In the realm of medicine, different specialties involve distinct challenges and approaches. For example, psychiatry and surgery exhibit markedly notable differences. A psychiatrist deals with vague symptoms and solutions, as there is no sharp boundary between the normal and the pathological. They navigate through uncertainty, weighing various treatment options — medication, therapy methods, or a combination — often through trial and error. ___(A)___, a surgeon's task is crystal-clear: to cut out the tumor, set the bone, or get some organ pumping away again. Once that task is accomplished, he can turn to the next patient with the sense of a job well done. ___(B)___, while the field of psychiatry often requires ongoing monitoring and long-term observation for results, surgery provides immediate feedback. Surgeons know exactly how successful they are throughout the process, and if not, why not.

(A)	(B)
① As a result	Instead
② As a result	For example
③ By contrast	In addition
④ By contrast	However

19 밑줄 친 부분에 들어갈 말로 가장 적절한 것은? [빈칸완성]

When you approach a door, how do you know whether it is going to open in or out, whether to push it or pull it? This question leads us into the concept of a Gibsonian affordance, which is essentially about how the _____ of an object suggest its use. For instance, we often don't consciously remember whether a particular door opens inwards or outwards, yet we navigate this daily without much thought. This is because the structural elements of doors, such as the presence of a handle or a push plate, inherently guide us. Our brain automatically picks up on these cues, making us more efficient than if we had to rely on memory for every door we encounter. This principle is especially pronounced in public spaces, where the cues should be more explicit to accommodate diverse users. Thus, a Gibsonian affordance is a crucial aspect of how we interact with our environment without the burden of excessive memory use.

① design features
② cultural signals
③ imagined purposes
④ conscious memories

[해설] 우리는 모든 문을 어떻게 열어야 하는가를 일일이 의식적으로 기억하지 못하더라도 문의 손잡이나 누름 판 등 '구조적 요소'를 보고 판단할 수 있다는 내용이다. 따라서 빈칸에 들어갈 말로 가장 적절한 것은 ① '디자인적 특징'이다.

② 문화적 단서 → 손잡이나 누름 판 등 문의 구조적 요소와 문화를 연관 지어 설명하지 않았다.

③ 상상된 목적 → 물체의 용도를 미리 상상하는 것에 관해서는 언급되지 않았다.

④ 의식적 기억 → '의식적으로 기억하지 못해도' 물체의 구조적 요소들을 통해 본질적으로 알게 된다는 내용과 상충한다.

[해석] 당신이 어떤 문에 다가설 때, 당신은 문이 안쪽으로 아니면 바깥쪽으로 열릴 것인지, 그것을 당길지 밀지를 어떻게 아는가? 이 질문은 우리를 Gibson의 행동 유도성이라는 개념으로 이끄는데, 이것은 본질적으로 물체의 디자인적 특징이 그 용도를 어떻게 암시하는가에 관한 것이다. 예를 들어, 우리는 종종 특정 문이 안으로 열리는지, 밖으로 열리는지를 의식적으로 기억하지 못하지만, 별생각 없이 매일 이것을 다룬다. 왜냐하면 손잡이나 누름 판의 존재 등, 문의 구조적 요소들이 우리를 본질적으로 인도하기 때문이다. 우리 뇌는 이러한 단서를 자동으로 감지해, 우리가 마주치는 문마다 기억에 의존해야 하는 경우보다 우리를 훨씬 더 효율적으로 만든다. 이 원리는 공공장소에서 특히 두드러지는데, 여기서는 다양한 사용자에 맞추기 위해 단서들이 더 명확해야 한다. 따라서, Gibson의 행동 유도성은 우리가 과하게 기억을 사용하는 부담 없이 우리 환경과 상호작용을 하는 방식에 있어 중요한 측면이다.

[어휘] concept 개념 affordance 행동 유도성(대상의 어떤 속성이 유기체로 하여금 특정 행동을 하게 유도하는 성질) essentially 본질적으로 navigate 처리하다 presence 존재 inherently 본질적으로, 내재적으로 automatically 자동으로 pick up on ~을 알아차리다 cue 단서, 신호 encounter 접하다, 마주하다 principle 원리 pronounced 뚜렷한, 확연한 explicit 명백한 accommodate 수용하다, 부응하다 diverse 다양한 crucial 결정적인, 중대한 excessive 과도한

[정답] ①

20 밑줄 친 부분에 들어갈 말로 가장 적절한 것은? [빈칸완성]

The marketing landscape, having evolved significantly with the rise of diverse communication channels and platforms, now offers brands numerous opportunities to engage with their target audience. Marketers are grabbing these opportunities eagerly, but they're grabbing a little too tightly, and they're beginning to suffocate their subjects. Bombarded with an average of 577 marketing messages daily and retaining less than 1%, customers are increasingly selective about what content they pay attention to. This phenomenon puts growing weight on the importance of _____. If a brand is to stand out in an ever-more crowded landscape, it must convince customers that it's worth listening to. It must speak to them in the right place, at the right time, with the right message that is both pertinent and meaningful to their audience. Otherwise, the brand is just adding to the background noise.

① repetition
② relevance
③ investment
④ transparency

[해설] 광고가 쏟아지는 환경에서 브랜드가 눈에 띄려면 광고가 들을 가치가 있음을 고객에게 설득해야 한다는 내용의 글로, 광고는 적절한 장소와 시간에 고객에게 꼭 들어맞고 의미 있는 메시지를 담아야 한다고 했으므로, 빈칸에 들어갈 말로 가장 적절한 것은 ② '적절성'이다.

① 반복 → 이미 너무 많은 마케팅 메시지가 고객들을 불쾌하게 만들고 있다고 했으므로 적절하지 않다.

③ 투자 → 글에서 강조하는 것은 맞춤형으로 고객을 설득하는 것으로, 투자에 관한 언급은 없다.

④ 투명성 → 투명한 마케팅, 즉 정직한 마케팅을 해야 한다는 주장을 하는 글이 아니다.

[해석] 다양한 소통 채널과 플랫폼의 등장으로 크게 발전한 마케팅의 환경은 이제 브랜드에 목표 고객과 관계를 맺을 수많은 기회를 제공한다. 마케팅 전문가들은 이러한 기회를 열심히 붙잡고 있지만, 너무 꽉 붙잡고 있어서, 대상을 숨 막히게 하기 시작하고 있다. 매일 평균 577개의 마케팅 메시지가 쏟아지는 가운데 1% 미만의 메시지만을 기억하면서, 고객들은 어떤 콘텐츠에 관심을 기울일지에 대해 점점 더 까다로워지고 있다. 이러한 현상은 적절성의 중요성에 점점 더 힘을 실어 준다. 브랜드가 더욱 번잡한 환경에서 눈에 띄려면, 고객에게 그것이 들을 가치가 있음을 설득해야 한다. 그것(브랜드)은 적절한 장소에서, 적절한 시간에, 고객에게 꼭 들어맞고 의미 있는 적절한 메시지를 담아 그들에게 말해야 한다. 그렇지 않으면, 브랜드는 배경 소음만 더할 뿐이다.

[어휘] significantly 상당히 rise 등장, 발생 engage with ~와 관계 맺다 target audience 목표 고객 grab 붙잡다 eagerly 열심히 suffocate 숨 막히게 하다 bombard 쏟아붓다 retain (마음속에) 간직하다 selective 까다로운, 선별적인 phenomenon 현상 stand out 눈에 띄다 convince 납득시키다 pertinent 관련 있는, 꼭 들어맞는

[정답] ②

Staff

Writer	심우철
Director	강다비다
Researcher	정규리 / 한선영 / 장은영
Design	강현구
Manufacture	김승훈
Marketing	윤대규 / 한은지 / 유경철

발행일   2024년 5월 27일

Copyright ⓒ 2024
by Shimson English Lab.

내용문의 http://cafe.naver.com/shimson2000

공무원 9급 공개경쟁채용 필기시험

응시번호	
성 명	

문제책형
다

【시험과목】

과 목	영 어

응시자 주의사항

1. 시험시작 전에 시험문제를 열람하는 행위나 시험종료 후 답안을 작성하는 행위를 한 사람은 「공무원임용시험령」제51조에 의거 부정행위자로 처리됩니다.

2. 답안지 책형 표기는 시험시작 전 감독관의 지시에 따라 문제책 앞면에 인쇄된 책형을 확인한 후, 답안지 책형란의 해당 책형(1개)에 "●"와 같이 표기하여야 합니다.

3. 답안은 반드시 문제책 표지의 과목순서에 맞추어 표기하여야 하며, 과목순서를 바꾸어 표기한 경우에도 문제책 표지의 과목순서대로 채점되므로 유의하시기 바랍니다.

   - 특히, 선택과목의 경우 원서접수 시 선택한 과목이 아닌 다른 과목을 선택하여 답안을 표기하거나, 선택 과목 순서를 바꾸어 표기한 경우에도 응시표에 기재된 선택과목 순서대로 채점되므로 유의하시기 바랍니다.

4. 시험이 시작되면 문제를 주의 깊게 읽은 후, 문항의 취지에 가장 적합한 하나의 정답을 고르며, 문제내용에 관한 질문을 하실 수 없습니다.

5. 답안을 잘못 표기하였을 경우에는 답안지를 교체하여 작성하거나 수정테이프만을 사용하여 수정할 수 있으며(수정액 또는 수정스티커 등은 사용 불가), 부착된 수정테이프가 떨어지지 않도록 눌러주어야 합니다.

   - 불량 수정테이프의 사용과 불완전한 수정처리로 인해 발생하는 모든 문제는 응시자 본인에게 책임이 있습니다.

6. 시험시간 관리의 책임은 응시자 본인에게 있습니다.

※ 문제책은 시험종료 후 가지고 갈 수 있습니다.

2024 심우철 실전 동행 모의고사 1회

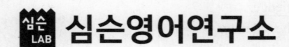
심슨 LAB 심슨영어연구소

SEASON IV

영 어

※ 밑줄 친 부분의 의미와 가장 가까운 것을 고르시오. [문 1. ~ 문 4.]

문 1.
> The mayor stood at the podium to <u>proclaim</u> the city's new environmental initiative.

① attain
② declare
③ forecast
④ renounce

문 2.
> In the world, there are many people who speak sweet words like honey. Those who lack the wisdom to discern right from wrong are easily <u>deceived</u> and fall victim to such talk.

① fooled
② grateful
③ irritated
④ stubborn

문 3.
> He <u>held up</u> the speech to address an inquiry from the audience.

① recited
② paused
③ unfolded
④ summarized

문 4.
> She <u>cut down on</u> disposables after she became aware of her carbon footprint.

① utilized
② rejected
③ preferred
④ decreased

문 5. 밑줄 친 부분에 들어갈 말로 가장 적절한 것은?

> The two pieces of furniture seemed _____ at first glance, but upon closer examination, subtle differences emerged.

① fragile
② discrete
③ identical
④ uncertain

문 6. 밑줄 친 부분 중 어법상 옳지 않은 것은?

> *The Hunchback of Notre Dame* considers ① <u>what</u> it means to be a monster. The novel makes Quasimodo's defining characteristic ② <u>ugliness</u>, and his identity is constructed around ③ <u>perceiving</u> as a monster. Yet it is Quasimodo who ultimately saves Esmeralda and kills Frollo, thereby ④ <u>ending</u> his tyranny.

문 7. 밑줄 친 부분이 어법상 옳지 않은 것은?

① They managed to succeed <u>despite few knowledge</u>.
② The panda won't forget <u>being cared for</u> by the old man.
③ The mountain was <u>too steep a climb</u> for inexperienced hikers.
④ Citizens <u>informed of the news</u> immediately began their protest.

문 8. 우리말을 영어로 잘못 옮긴 것은?

① 우리는 지난 10년간 해외에서 생활해 왔다.
→ We've been living abroad for the last ten years.

② 일반적으로 말하면 명품은 질이 더 좋다.
→ Generally speaking, luxury goods are of higher quality.

③ 그는 대규모로 후원되는 캠페인에 참여하고 있다.
→ He is involved in a campaign sponsored on a large scale.

④ 내가 시리즈로 출간한 책마다 인기가 많았다.
→ Each of the books I published in the series were popular.

※ 밑줄 친 부분에 들어갈 말로 가장 적절한 것을 고르시오. [문 9. ~ 문 1

문 9.

David
Hi, I'd like to know why my order got canceled.
10:20

Forever Market
We apologize, but it seems that what you ordered is currently out of stock.
10:25

David
_____
_____
10:26

Forever Market
That is unclear. But we'll be sure to notify you once the item becomes available for purchase.
10:32

David
OK. Thank you.
10:32

① Can I just cancel my delivery?
② The product I received was damaged.
③ When will I be able to place an order?
④ I'd like to make an inquiry about a product.

문 10.
> A: Hey, James. Can you participate in the conference call on the 30th?
> B: What time is the call scheduled for?
> A: The exact time isn't certain yet, but it'll probably be in the afternoon.
> B: _____ I have an important clien meeting at 3 p.m. that day.
> A: I'll keep that in mind. I'll let you know as soon as the tim is confirmed.

① Is there anything I should prepare?
② I don't have any plans that afternoon.
③ I can't guarantee I'll be able to make it.
④ Do you have my number on your phone?

공무원 9급 공개경쟁채용 필기시험

【 시험과목 】

과 목	영 어

응시자 주의사항

2024 심우철 실전 동형 모의고사 2회

심슨영어연구소

SEASON IV

영 어

※ 밑줄 친 부분의 의미와 가장 가까운 것을 고르시오. [문 1. ~ 문 3.]

문 1.
> The treaty was designed to restrain the aggressive actions of neighboring countries.

① curb
② launch
③ revoke
④ accuse

문 2.
> The antique dealer assured them that the painting was authentic.

① real
② precious
③ ancient
④ undamaged

문 3.
> Tom is cut out for a career in sales; he is outgoing and persuasive.

① aiming for
② suited to
③ arguing for
④ dedicated to

문 4. 밑줄 친 부분에 들어갈 말로 가장 적절한 것은?

> The tenant needs to _____ this lease because of the very high rent.

① pick up
② take out
③ get out of
④ go on with

※ 어법상 옳지 않은 것을 고르시오. [문 5. ~ 문 6.]

문 5.
① He looked the criminal in the face and was shocked.
② I wouldn't let my fear of failure prevent me to take risks.
③ Misunderstood as pests, bats are vital to the environment.
④ She had to explain to her parents why she failed the exam.

문 6.
① Were it not for the help of strangers, I would be lost.
② Fossils are found burying in layers of sedimentary rock.
③ The cafe was busy serving coffee to the morning crowd.
④ The steamed dumpling had a warm, moist, and soft texture.

※ 우리말을 영어로 잘못 옮긴 것을 고르시오. [문 7. ~ 문 8.]

문 7.
① Nina는 일을 잘해서 승진할 자격이 있었다.
→ Nina worked well and deserved to be promoted.
② 비가 그치고 나서야 야외 행사가 시작되었다.
→ Not until the rain had stopped did the outdoor event start.
③ 그 브랜드는 젊은 층을 대상으로 한 상품으로 특징지어진다.
→ The brand is characterized by items targeted at the young.
④ 나는 클래식 거장들의 음악을 좋아하는데, 그중 일부는 레코드판으로만 들을 수 있다.
→ I love the music of classical masters, some of which are only available on vinyl.

문 8.
① 그의 주장은 나를 거의 설득할 뻔했다.
→ His argument came near to convincing me.
② 그녀는 너무 피곤해서 곧바로 잠들었다.
→ She was too tired to go to sleep right away.
③ 소득 불평등과 관련된 문제들이 발생하고 있다.
→ Problems have arisen regarding income inequality.
④ 그들은 신선한 재료를 공급받아 잔치를 준비했다.
→ Supplied with fresh ingredients, they prepared a feast.

문 9. 두 사람의 대화 중 가장 어색한 것은?
① A: I've got butterflies in my stomach.
   B: What are you so nervous about?
② A: I feel really blue today for some reason.
   B: I can tell by that smile on your face.
③ A: Which shoes do you think will go with this dress?
   B: Try on those black boots. They'll suit the dress.
④ A: One of the interviewer's questions caught me off guard.
   B: Did you manage to come up with an answer?

문 10. 밑줄 친 부분에 들어갈 말로 가장 적절한 것은?

> A: Ruth, did you check your inbox?
> B: No. Is there something I should be aware of?
> A: Yes. I sent you a copy of the business proposal one of our partners gave us.
> B: _____
> A: Thank you. I'll be waiting for your feedback.

① Okay, I'll take a look at it right now.
② It didn't seem like it would benefit us.
③ What are the key points of the proposal?
④ Could you teach me how to write a proposal?

문 11. 주어진 글 다음에 이어질 글의 순서로 가장 적절한 것은?

> West Africa is rich in minerals, including bauxite, gold, iron, and diamonds.

> (A) Small-scale mining, on the other hand, is often informal and disorganized, typically undertaken by economically marginalized people.
>
> (B) This abundance provides the potential for industries and governments to profit from industrial extraction, as well as a scramble among locals at the small-scale level to exploit these resources for cash.
>
> (C) These two types of mining operate under vastly different systems and magnitudes. Industrial mining operates under a formalized system with governmental oversight.

※ scramble: 쟁탈전

① (A) — (C) — (B)
② (B) — (A) — (C)
③ (B) — (C) — (A)
④ (C) — (A) — (B)

공무원 9급 공개경쟁채용 필기시험

응시번호	
성 명	

【시험과목】

과 목	영 어

응시자 주의사항

1. 시험시작 전에 시험문제를 열람하는 행위나 시험종료 후 답안을 작성하는 행위를 한 사람은 「공무원임용시험령」 제51조에 의거 부정행위자로 처리됩니다.

2. 답안지 책형 표기는 시험시작 전 감독관의 지시에 따라 문제책 앞면에 인쇄된 책형을 확인한 후, 답안지 책형란의 해당 책형(1개)에 "●"와 같이 표기하여야 합니다.

3. 답안은 반드시 문제책 표지의 과목순서에 맞추어 표기하여야 하며, 과목순서를 바꾸어 표기한 경우에도 문제책 표지의 과목순서대로 채점되므로 유의하시기 바랍니다.

  - 특히, 선택과목의 경우 원서접수 시 선택한 과목이 아닌 다른 과목을 선택하여 답안을 표기하거나, 선택 과목 순서를 바꾸어 표기한 경우에도 응시표에 기재된 선택과목 순서대로 채점되므로 유의하시기 바랍니다.

4. 시험이 시작되면 문제를 주의 깊게 읽은 후, 문항의 취지에 가장 적합한 하나의 정답을 고르며, 문제내용에 관한 질문을 하실 수 없습니다.

5. 답안을 잘못 표기하였을 경우에는 답안지를 교체하여 작성하거나 수정테이프만을 사용하여 수정할 수 있으며(수정액 또는 수정스티커 등은 사용 불가), 부착된 수정테이프가 떨어지지 않도록 눌러주어야 합니다.

  - 불량 수정테이프의 사용과 불완전한 수정처리로 인해 발생하는 모든 문제는 응시자 본인에게 책임이 있습니다.

6. 시험시간 관리의 책임은 응시자 본인에게 있습니다.

※ 문제책은 시험종료 후 가지고 갈 수 있습니다.

2024 심우철 실전 동형 모의고사 3회

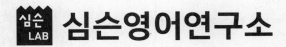

심슨영어연구소

영 어

문 1. 밑줄 친 부분의 의미와 가장 가까운 것은?

> The guests arrived at the party in a <u>simultaneous</u> manner, causing the entrance to become very crowded.

① gradual
② multiple
③ coincident
④ complicated

※ 밑줄 친 부분에 들어갈 말로 가장 적절한 것을 고르시오. [문 2. ~ 문 4]

문 2.

> There was a _____ in electricity usage across the city. This is because the rising temperatures made citizens highly dependent on air conditioning.

① reign
② surge
③ plunge
④ margin

문 3.

> As Theodore Roosevelt aptly noted, _____ robs us of joy and erodes our confidence, particularly when our standards are distorted. Research highlights that people frequently overestimate the performance and social activity of their peers, which contributes to feelings of inadequacy and discontent. The inclination to perceive others' lives as more fulfilling further compounds our own sense of inferiority.

① failure
② unlikeness
③ depression
④ comparison

문 4.

> Shakespeare is one of the greatest writers to have lived, and his work is performed, read, and taught across the world. His legacy has also _____ changing times; for example, in the 20th and 21st centuries his plays have been adapted into hundreds of feature films.

① given out
② kept up with
③ wiped out
④ made up with

문 5. 밑줄 친 부분의 의미와 가장 가까운 것은?

> King James I oppressed the Catholics who attempted to seize control of the government and the Protestants who refused to follow the revised canons. He pursued his absolutist policies rather than sided with any particular faith and suppressed all who tried to <u>undermine</u> his authority.

① detest
② forbid
③ reverse
④ weaken

※ 우리말을 영어로 잘못 옮긴 것을 고르시오. [문 6. ~ 문 7]

문 6. ① 그녀는 그를 다시 믿을 정도로 어리석지 않다.
→ She knows better than to believe him again.
② 회의에 늦게 도착해서 죄송합니다.
→ I apologize for arriving lately to the meeting.
③ 중요한 것은 바로 양이 아니라 질이다.
→ It's not the quantity but the quality that matters.
④ 그는 버스를 타기 위해 서두르다 자기 발에 걸려 넘어졌다.
→ He fell over his own feet, rushing to catch the bus.

문 7. ① 이 차는 다른 어떤 모델보다도 연료 효율이 좋다.
→ This car is more fuel-efficient than any other model.
② 나는 소설을 다 쓰면 출판사에 제출할 예정이다.
→ I will submit my novel to publishers once I finish writing it.
③ 손으로 쓴 메모가 케이스 안에 든 바이올린과 함께 있었다.
→ A handwritten note accompanied the violin placing in the case.
④ Ian은 불로 소득을 얻기 위해 부동산에 투자했다.
→ Ian invested in real estate with a view to making passive income.

문 8. 어법상 옳은 것은?

① The extreme sports have been greatly thrilled them.
② We supposed to contact two major clients tomorrow.
③ He was seen to enter the building shortly after the guard left.
④ I solved the problem in the way how my mentor had taught me.

문 9. 다음 글의 제목으로 가장 적절한 것은?

> Anxiety is an uncomfortable emotion. It can create intense, excessive, and persistent worry and fear, not just about stressful events but also about everyday situations. But while too much anxiety can be debilitating, a normal amount is meant to help keep us safe. Anxiety and the underlying physiological stress response evolved to protect us. Remind yourself that this is the emotional reaction that occurs when you anticipate bad things will happen. It is an internal alarm system that prompts physical responses like racing heartbeats and constricted blood vessels. These responses compel us to pay attention and sharpen focus, allowing us to be prepared when faced with challenges. These feelings and symptoms are a part of our innate way of dealing with potential risks.

① Different Methods to Manage Anxiety
② Signs That Show You're under Stress
③ What You Can Gain from Reducing Anxiety
④ The Gift of Discomfort: Why Anxiety Matters

공무원 9급 공개경쟁채용 필기시험

응시번호	
성 명	

문 제 책 형

㉰

【 시험과목 】

과 목	영 어

응시자 주의사항

1. 시험시작 전에 시험문제를 열람하는 행위나 시험종료 후 답안을 작성하는 행위를 한 사람은 「공무원임용시험령」 제51조에 의거 부정행위자로 처리됩니다.

2. 답안지 책형 표기는 시험시작 전 감독관의 지시에 따라 문제책 앞면에 인쇄된 책형을 확인한 후, 답안지 책형란의 해당 책형(1개)에 "●"와 같이 표기하여야 합니다.

3. 답안은 반드시 문제책 표지의 과목순서에 맞추어 표기하여야 하며, 과목순서를 바꾸어 표기한 경우에도 문제책 표지의 과목순서대로 채점되므로 유의하시기 바랍니다.

   - 특히, 선택과목의 경우 원서접수 시 선택한 과목이 아닌 다른 과목을 선택하여 답안을 표기하거나, 선택 과목 순서를 바꾸어 표기한 경우에도 응시표에 기재된 선택과목 순서대로 채점되므로 유의하시기 바랍니다.

4. 시험이 시작되면 문제를 주의 깊게 읽은 후, 문항의 취지에 가장 적합한 하나의 정답을 고르며, 문제내용에 관한 질문을 하실 수 없습니다.

5. 답안을 잘못 표기하였을 경우에는 답안지를 교체하여 작성하거나 수정테이프만을 사용하여 수정할 수 있으며(수정액 또는 수정스티커 등은 사용 불가), 부착된 수정테이프가 떨어지지 않도록 눌러주어야 합니다.

   - 불량 수정테이프의 사용과 불완전한 수정처리로 인해 발생하는 모든 문제는 응시자 본인에게 책임이 있습니다.

6. 시험시간 관리의 책임은 응시자 본인에게 있습니다.

   ※ 문제책은 시험종료 후 가지고 갈 수 있습니다.

2024 심우철 실전 동형 모의고사 4회

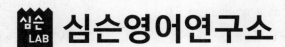
심슨영어연구소

SEASON IV

영 어

※ 밑줄 친 부분의 의미와 가장 가까운 것을 고르시오. [문 1. ~ 문 4.]

문 1.
> Reciprocal feedback in the workplace fosters a culture of continual improvement.

① Valid
② Steady
③ Mutual
④ Positive

문 2.
> The structural instability of the building was ultimately traced back to a defect in its foundation, which had been overlooked during the initial construction.

① halt
② fault
③ erosion
④ collision

문 3.
> Timothy finds joy in showing off his favorite comic book and figure collection.

① owning
② sharing
③ boasting
④ describing

문 4.
> I hope my performance can live up to the standards set by previous actors in this role.

① lower
② satisfy
③ upgrade
④ challenge

문 5. 밑줄 친 부분에 들어갈 말로 가장 적절한 것은?

> The prevalence of _____ attitudes in society contributes to the persistence of discrimination and deepens existing inequalities.

① objective
② prolonged
③ instinctive
④ prejudiced

문 6. 밑줄 친 부분 중 어법상 옳지 않은 것은?

> ① Because of the Bible calls 666 the number of the Beast, Christians feared the end of the world in 1666. The Great London Fire, ② which lasted from September 2 to 5 that year, destroyed much of the city. Many saw ③ it as a realization of the prophecy, but ④ given extensive property damage, the death toll was remarkably low.

문 7. 밑줄 친 부분이 어법상 옳지 않은 것은?

① Many a person dreams of traveling the world.
② The more oxygen iron has bound to it, the redder it is.
③ His work excessively piled up as staying on vacation longer.
④ My advice is that you may as well watch the movie at the cinema.

문 8. 우리말을 영어로 잘못 옮긴 것은?

① 그들은 비위 맞추기 어려운 사람들이 아니다.
> → They aren't those who are hard to please.

② 그녀는 휴대폰을 항상 충전해 둔다.
> → She keeps her phone charging at all times.

③ 이 책들을 다음 주 수요일까지 반납하셔야 합니다.
> → You should return these books by next Wednesday.

④ 그는 9년 동안 졸업장을 받기를 고대해 왔다.
> → He has looked forward to receiving his diploma for 9 years.

※ 밑줄 친 부분에 들어갈 말로 가장 적절한 것을 고르시오. [문 9. ~ 문 10.]

문 9.

Pam
Hi, I'd like to know the cost of your stone massage therapy.
17:20

Spa World
Thank you for your interest. The therapy is $100 for 70 minutes.
17:22

Pam
_____
_____
17:23

Spa World
Customers usually add a 10% tip, but it's not mandatory.
17:24

Pam
OK. I'll think on it a bit more.
17:26

Spa World
Sure. If you're interested, you may book a reservation through our website at www.spaworld.co.kr.
17:28

① Are there any extra costs?
② What's the duration of the course?
③ What does the therapy offer exactly?
④ Do you offer discounts for first-timers?

공무원 9급 공개경쟁채용 필기시험

응시번호	
성 명	

【시험과목】

과 목	영 어

응시자 주의사항

1. 시험시작 전에 시험문제를 열람하는 행위나 시험종료 후 답안을 작성하는 행위를 한 사람은 「공무원임용시험령」제51조에 의거 부정행위자로 처리됩니다.

2. 답안지 책형 표기는 시험시작 전 감독관의 지시에 따라 문제책 앞면에 인쇄된 책형을 확인한 후, 답안지 책형란의 해당 책형(1개)에 "●"와 같이 표기하여야 합니다.

3. 답안은 반드시 문제책 표지의 과목순서에 맞추어 표기하여야 하며, 과목순서를 바꾸어 표기한 경우에도 문제책 표지의 과목순서대로 채점되므로 유의하시기 바랍니다.

   - 특히, 선택과목의 경우 원서접수 시 선택한 과목이 아닌 다른 과목을 선택하여 답안을 표기하거나, 선택 과목 순서를 바꾸어 표기한 경우에도 응시표에 기재된 선택과목 순서대로 채점되므로 유의하시기 바랍니다.

4. 시험이 시작되면 문제를 주의 깊게 읽은 후, 문항의 취지에 가장 적합한 하나의 정답을 고르며, 문제내용에 관한 질문을 하실 수 없습니다.

5. 답안을 잘못 표기하였을 경우에는 답안지를 교체하여 작성하거나 수정테이프만을 사용하여 수정할 수 있으며(수정액 또는 수정스티커 등은 사용 불가), 부착된 수정테이프가 떨어지지 않도록 눌러주어야 합니다.

   - 불량 수정테이프의 사용과 불완전한 수정처리로 인해 발생하는 모든 문제는 응시자 본인에게 책임이 있습니다.

6. 시험시간 관리의 책임은 응시자 본인에게 있습니다.

   ※ 문제책은 시험종료 후 가지고 갈 수 있습니다.

2024 심우철 실전 동형 모의고사 5회

심슨 LAB 심슨영어연구소

영 어

※ 밑줄 친 부분의 의미와 가장 가까운 것을 고르시오. [문 1. ~ 문 3.]

문 1.

The endangered species have continued to dwindle in spite of conservation efforts.

① roam
② suffer
③ shrink
④ recover

문 2.

The team's enthusiastic response to the project was evident in its lively discussion.

① stiff
② curious
③ eager
④ sensible

문 3.

Quality time spent with loved ones can be few and far between in our busy lives, but it's essential.

① ended
② neglected
③ weary
④ infrequent

문 4. 밑줄 친 부분에 들어갈 말로 가장 적절한 것은?

Let's _____ the clothes and shoes we no longer wear for donation.

① sort out
② take off
③ shut down
④ throw away

※ 어법상 옳지 않은 것을 고르시오. [문 5. ~ 문 6.]

문 5. ① She is one of the candidates considered for the job.
② They can either launch a new item or improve existing ones.
③ Scarcely had I closed my eyes before the alarm clock went off.
④ He prefers to cook from scratch than using pre-packaged foods.

문 6. ① Relaxing is the scent of pine trees in the air.
② I don't know which restaurant they went to last night.
③ You should be spoken to about the importance of punctuality.
④ Environmental economics focused on resources are on the rise.

※ 우리말을 영어로 잘못 옮긴 것을 고르시오. [문 7. ~ 문 8.]

문 7. ① 우리는 미래가 어떤 모습일지 궁금할 수밖에 없다.
→ We cannot help wondering that the future looks like.
② 시민들은 자신의 투표권을 당연하게 생각해서는 안 된다.
→ Citizens ought not to take their voting rights for granted.
③ 이 제품의 내구성은 동급 제품들보다 덜 튼튼하다.
→ This product's durability is less robust than that of its peers.
④ 실리콘 밸리에 설립된 연구소에 가보신 적이 있나요?
→ Have you ever been to an institute founded in Silicon Valley?

문 8. ① 나는 잠든 아기를 살며시 내려놓았다.
→ I gently put down the asleep baby.
② Adam은 사촌의 영어 말하기 연습을 도왔다.
→ Adam helped his cousin practice speaking English.
③ 그 음악을 틀면 그것은 듣는 사람을 모두 사로잡을 것이다.
→ When turned on, the music will hook all the listeners.
④ 자전거를 탈 때는 헬멧을 쓰는 것을 원칙으로 해라.
→ Make it a rule to wear a helmet while riding a bicycle.

문 9. 두 사람의 대화 중 가장 어색한 것은?

① A: My investments this year seem to be going south.
B: Awesome! What's your secret to such success?
② A: I can't wrap my head around why I was blamed.
B: Me neither. You had no part in it.
③ A: Dan keeps asking me if he could borrow money.
B: You should put your foot down and refuse firmly.
④ A: Did you get around to fixing the toilet?
B: Yes, finally. It should work well now.

문 10. 밑줄 친 부분에 들어갈 말로 가장 적절한 것은?

A: I'd like a large iced Americano to go, please.
B: Sure. That'll be $4.95.
A: May I use this coupon? I've collected ten stamps.
B: _____
A: I see. I'll use this next time, then. Here's $5.
B: Thank you. Here's your change.

① Sorry, but this is valid for small-sized drinks only.
② Can you recommend me a nice coffee shop?
③ I'm afraid this coupon has expired.
④ Would you like it hot or cold?

문 11. 주어진 글 다음에 이어질 글의 순서로 가장 적절한 것은?

If you want to accelerate your progress with online marketing and grow your audience faster, what do you need to do?

(A) For example, if you can find a video streamer who has 500,000 subscribers, then all you need to do is to message them and get them to mention your website or blog in their next video.

(B) Then, you can potentially generate hundreds of thousands of visits to your website that very day. This can completely alter the fortunes of your business overnight.

(C) One of the most powerful and popular methods is to use something called "influencer marketing." This simply means that you are going to borrow the power of an existing influencer.

① (B) — (A) — (C)
② (B) — (C) — (A)
③ (C) — (A) — (B)
④ (C) — (B) — (A)

공무원 9급 공개경쟁채용 필기시험

응시번호	
성 명	

【시험과목】

과 목	영 어

응시자 주의사항

2024 심우철 실전 동형 모의고사 6회

심슨영어연구소

SEASON Ⅳ

영 어

문 1. 밑줄 친 부분의 의미와 가장 가까운 것은?

> The grave mental health crisis prompted the government to increase funding for psychiatric services.

① utter
② severe
③ timely
④ potential

※ 밑줄 친 부분에 들어갈 말로 가장 적절한 것을 고르시오. [문 2. ~ 문 4.]

문 2.

> Cultural _____ narrows an individual's perspective by taking away exposure to cultural experiences and opportunities.

① addiction
② humiliation
③ deprivation
④ reproduction

문 3.

> It is a mistake to believe that for life to be full, it must be like a room crammed with furniture. Henry David Thoreau, who was wary of excessive materialism, claimed he had only three chairs in his house — "one for solitude, two for friendship, three for society." A crowded life leaves no space and no time for enjoyment. Crowding distracts the mind, dulls the senses, and starves the soul. _____ enriches them.

① Affluence
② Simplicity
③ Meditation
④ Association

문 4.

> Social dynamics drive people to _____ certain behaviors despite personal beliefs. Peer pressure, for instance, can influence adolescents to adopt trends, even if it contradicts their values, as they seek acceptance from their peers. This can extend beyond adolescence, unconsciously shaping everything from professional attire to political views.

① cover up
② bring down
③ point out
④ comply with

문 5. 밑줄 친 부분의 의미와 가장 가까운 것은?

> The British transformed the Dunkirk evacuation into a moment of national pride and perseverance. Prime Minister Winston Churchill roused his country, saying "We shall go on to the end, we shall fight with growing confidence, we shall defend our Island; we shall never surrender."

① balance
② endurance
③ assurance
④ conscience

※ 우리말을 영어로 잘못 옮긴 것을 고르시오. [문 6. ~ 문 7.]

문 6. ① 그녀가 우리의 저녁 식사비를 내준 것은 후했다.
→ It was generous of her to pay for our dinner.
② 가장 가까운 주유소가 어디인지 알려주실 수 있나요?
→ Can you show me where is the nearest gas station?
③ 나는 내 고양이가 부린 영리한 재주에 즐거움을 느꼈다.
→ I felt amused by the clever tricks my cat performed.
④ 우리는 지난 일요일 동물 보호소에서 봉사하는 데 하루를 보냈다.
→ We spent the day volunteering at the animal shelter last Sunday.

문 7. ① 그 가게는 불법 제품을 판매한 혐의로 기소되었다.
→ The store was charged with selling an illegal product.
② 할머니가 돌아가시기 전에 더 많이 찾아뵈었으면 좋았을 텐데.
→ I wish I had visited my grandmother more before she passed away.
③ 우리는 흡연과 연관된 위험을 결코 경시해서는 안 된다.
→ On no account should we downplay the risks associated with smoking.
④ 케이크를 공들여 꾸미면서 파티 준비는 절정에 달했다.
→ Preparation for the party peaked, with the cake elaborately decorating.

문 8. 어법상 옳은 것은?
① They have inside jokes like almost couples.
② Bill is used to wake up early due to his present job.
③ She made her employees valued with fair compensation.
④ Do you know the U.S. had declared independence in 1776?

문 9. 다음 글의 제목으로 가장 적절한 것은?

> Among mammals, primates are unique in that certain species have three different types of light-sensitive cone cells in their eyes rather than two. This enables humans and their close relatives to perceive the full range of colors that we consider the standard spectrum. The common explanation for why primates developed trichromacy, as this kind of vision is called, is that it allowed our early ancestors to see colorful ripe fruit more easily against a background of mostly green forest. A particular monkey, the rhesus macaque, has a genetic distinction that offers a convenient natural test of this hypothesis: A common genetic variation makes some females have three types of cone cells and others have two. Studies with the macaques have shown that trichromatic females are faster than their dichromatic peers at finding fruit.

① Gradual Vision Degradation in Primates
② Trichromatic Vision: Its Costs and Benefits
③ The Competitive Advantage of Trichromacy
④ Humans and Monkeys Don't See the Same Way

공무원 9급 공개경쟁채용 필기시험

응시번호	
성 명	

【시험과목】

과 목	영 어

응시자 주의사항

1. 시험시작 전에 시험문제를 열람하는 행위나 시험종료 후 답안을 작성하는 행위를 한 사람은 「공무원임용시험령」 제51조에 의거 부정행위자로 처리됩니다.

2. 답안지 책형 표기는 시험시작 전 감독관의 지시에 따라 문제책 앞면에 인쇄된 책형을 확인한 후, 답안지 책형란의 해당 책형(1개)에 "●"와 같이 표기하여야 합니다.

3. 답안은 반드시 문제책 표지의 과목순서에 맞추어 표기하여야 하며, 과목순서를 바꾸어 표기한 경우에도 문제책 표지의 과목순서대로 채점되므로 유의하시기 바랍니다.

   – 특히, 선택과목의 경우 원서접수 시 선택한 과목이 아닌 다른 과목을 선택하여 답안을 표기하거나, 선택과목 순서를 바꾸어 표기한 경우에도 응시표에 기재된 선택과목 순서대로 채점되므로 유의하시기 바랍니다.

4. 시험이 시작되면 문제를 주의 깊게 읽은 후, 문항의 취지에 가장 적합한 하나의 정답을 고르며, 문제내용에 관한 질문을 하실 수 없습니다.

5. 답안을 잘못 표기하였을 경우에는 답안지를 교체하여 작성하거나 수정테이프만을 사용하여 수정할 수 있으며(수정액 또는 수정스티커 등은 사용 불가), 부착된 수정테이프가 떨어지지 않도록 눌러주어야 합니다.

   – 불량 수정테이프의 사용과 불완전한 수정처리로 인해 발생하는 모든 문제는 응시자 본인에게 책임이 있습니다.

6. 시험시간 관리의 책임은 응시자 본인에게 있습니다.

   ※ 문제책은 시험종료 후 가지고 갈 수 있습니다.

2024 심우철 실전 동형 모의고사 7회

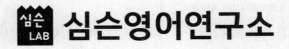 심슨영어연구소

SEASON IV

영 어

※ 밑줄 친 부분의 의미와 가장 가까운 것을 고르시오. [문 1. ~ 문 4.]

문 1.

> The police encourage residents to be <u>alert</u> and report any suspicious behavior.

① brave
② united
③ trained
④ watchful

문 2.

> Governments and non-profit organizations are working together to <u>eradicate</u> illiteracy through comprehensive educational reforms and provision of schooling for all.

① uproot
② prohibit
③ transmit
④ interpret

문 3.

> Archaeologists couldn't wait to <u>dig into</u> the history of the artifact.

① probe
② outline
③ restore
④ introduce

문 4.

> HyperBytes, as a startup, often <u>comes up against</u> established competitors.

① inspires
② disrupts
③ confronts
④ surpasses

문 5. 밑줄 친 부분에 들어갈 말로 가장 적절한 것은?

> The project's budget was considered _____ to cover the necessary expenses, and the team had to seek additional financing.

① stable
② implicit
③ significant
④ inadequate

문 6. 밑줄 친 부분 중 어법상 옳지 않은 것은?

> Since 1665 scientists ① <u>have been developing</u> increasingly sophisticated microscopy tools, allowing molecules ② <u>to be tracked</u> over time in living cells and whole organisms such as mice, and thus pushing the boundaries of ③ <u>that</u> was once thought ④ <u>impossible</u>.

문 7. 밑줄 친 부분이 어법상 옳지 않은 것은?

① It is time <u>she waits for</u> the results of her efforts.
② <u>On graduating</u>, he immediately went into business.
③ I'll support you as long as <u>you're willing to change</u>.
④ I haven't attended the rehearsal, <u>nor has my friend</u>.

문 8. 우리말을 영어로 잘못 옮긴 것은?

① 그녀가 패션에 관심이 없는 것처럼 그는 스포츠에 관심이 없다.
> → He is no more interested in sports than she is in fashion.

② 강도 사건은 아침에 발생하면 흔히 눈에 띄지 않는다.
> → If occurred in the mornings, robberies often go unnoticed.

③ 노숙자 문제를 해결하기 위해 많은 계획이 제안되었다.
> → A number of plans were proposed to address homelessness.

④ 외계인을 찾을 수도 있다는 가능성은 우리의 상상력을 자극한다.
> → The likelihood that we might find aliens fuels our imagination.

※ 밑줄 친 부분에 들어갈 말로 가장 적절한 것을 고르시오. [문 9. ~ 문 10.]

문 9.

 Peter
Hi, I want to get my car checked. Can you tell me what the fee is roughly?
12:19

 IM Auto Repair
Hello. We offer different inspection packages, so the price can vary. The basic one is $50.
12:26

 Peter
_____
_____
12:28

 IM Auto Repair
It ensures vital components are inspected, but for specific concerns, you might need a more targeted inspection.
12:32

Peter
Alright. Thank you.
12:33

① How long would the basic inspection take?
② Will that package cover all necessary checks?
③ Do I need to make an appointment in advance?
④ Do you have any good deals on car purchases?

공무원 9급 공개경쟁채용 필기시험

응시번호	
성 명	

문제 책형
Ⓒ

【시험과목】

과 목	영 어

응시자 주의사항

2024 심우철 실전 동형 모의고사 8회

심슨영어연구소

SEASON IV

영 어

※ 밑줄 친 부분의 의미와 가장 가까운 것을 고르시오. [문 1. ~ 문 3.]

문 1.

Early detection and treatment can help avert serious health complications.

① avoid
② survive
③ reduce
④ regulate

문 2.

The season brings plentiful precipitation, filling reservoirs and replenishing groundwater.

① rich
② average
③ fatal
④ continuous

문 3.

The merger with another company has been on the table for years.

① blamed
② decided
③ blocked
④ discussed

문 4. 밑줄 친 부분에 들어갈 말로 가장 적절한 것은?

Although she came from humble beginnings, she _____ in her career.

① got ahead
② warmed up
③ cropped up
④ asked around

※ 어법상 옳지 않은 것을 고르시오. [문 5. ~ 문 6.]

문 5. ① Portraying as victims, they gained sympathy from the public.
② The lawyer who represented her argued passionately in court.
③ I got the plants to grow taller by locating them in direct sunlight.
④ It is necessary that an individual contribute to improving public health.

문 6. ① Only when we face our fears we can conquer them.
② The house once abandoned has become a small library.
③ It is of no use to expect your father to change his opinion.
④ She should have called a taxi instead of walking home at night.

※ 우리말을 영어로 잘못 옮긴 것을 고르시오. [문 7. ~ 문 8.]

문 7. ① CEO뿐만 아니라 주주들도 우려의 목소리를 낸다.
→ Not only the CEO but the shareholders voice concerns.
② 이 접근법은 체계적이지도, 논리적이지도, 현실적이지도 않다.
→ This approach is neither systematic, logic, nor realistic.
③ "the Egg"라고 불리는 건물은 꼭 그 별명처럼 생겼다.
→ The building referred to as "the Egg" looks just like its nickname.
④ 관리자가 그 일을 예정보다 빨리 끝내라고 지시했다.
→ The director ordered that the task be completed ahead of schedule.

문 8. ① 나는 방 건너편에서 내 이름을 부르는 것을 들었다.
→ I heard my name called from across the room.
② 그녀의 비밀을 아는 사람은 모두 침묵을 지키고 있다.
→ Every person who knows her secrets remain silent.
③ 교수님께 첨부 메일 보내드릴 것을 기억해.
→ Remember to send your professor the attached e-mail.
④ 그는 엘리베이터를 기다리느니 차라리 계단을 이용할 것이다.
→ He would rather take the stairs than await the elevator.

문 9. 두 사람의 대화 중 가장 어색한 것은?

① A: I heard you had a nice weekend getaway.
B: I did. I went to see the East Sea with my family.
② A: Can I extend the lending period on this book?
B: I'm afraid not. There is a long waiting list for this book.
③ A: You don't look so well. You should take the day off.
B: I have a bit of a fever, but I'll be okay.
④ A: The bottom line is that we're behind our competitors.
B: I'm proud that our company is always in the lead.

문 10. 밑줄 친 부분에 들어갈 말로 가장 적절한 것은?

A: Janet, why didn't you notify the marketing team that the meeting got postponed?
B: Oh, no. I'm so sorry, it completely slipped my mind. Should I notify them now?
A: I already took care of it. They were very upset that they weren't informed sooner.
B: I feel really bad. _____
A: That's a good idea. They would appreciate that.

① Thank you for reminding me.
② Why did the meeting get postponed?
③ The meeting turned out better than I had expected.
④ Maybe I should go over to them and express my apologies.

문 11. 주어진 글 다음에 이어질 글의 순서로 가장 적절한 것은?

Most of us believe a coin flip can resolve nearly any dilemma quickly and fairly.

(A) A few years ago, researchers collected the results of 350,757 coin flips and concluded that the outcomes are not as had been thought. "Ordinary coins tend to land on the same side they started," they said.

(B) The chances of the coin landing on one side or the other — heads or tails — are 50:50, which is what makes the process fair. But is it really?

(C) That probability was estimated to be about 51%. That seems like a small margin, but most of us would want to take that advantage.

① (A) — (C) — (B)
② (B) — (A) — (C)
③ (B) — (C) — (A)
④ (C) — (A) — (B)

문12. 주어진 문장이 들어갈 위치로 가장 적절한 곳은?

> And economic models have a trait in common with fables: effectiveness in conveying complex ideas in a memorable manner.

> Known for their brevity and directness, fables ensure their message is easily grasped. (①) Consider the tale of the hare and the tortoise, a story deeply ingrained in our minds, emphasizing the value of steady progress over swift but erratic movement. (②) This narrative serves as a symbolic tool, applicable across various contexts. (③) Exposure to the supply-demand framework instills a lasting understanding for market dynamics, just as working through the prisoners' dilemma offers novel perspectives on cooperation that endure in memory. (④) These models persist as frameworks for understanding and interpreting the world around us.

문13. 다음 글의 제목으로 가장 적절한 것은?

> Whenever I'm evaluating someone's character, I pay careful attention to how she relates to the clerk at the grocery store, the teller at the bank, the waitress at the local diner, and whoever else she meets. Does she always walk past the Salvation Army volunteer without reaching into her pocket? Does she glare at the clerk who's having trouble with the cash register, or give her a comforting smile? Truly kind, thoughtful, and confident people do not treat others in dramatically different ways depending on their mood or their perception of what someone can do for them. As a result, watching how someone acts toward "everyday people" can give you a pretty good idea about how he or she will act toward you once the bloom is off the rose of your relationship.

① Treat Others as You Want to Be Treated
② How to Revive Your Fading Relationship
③ Why We Neglect Those We See Every Day
④ Everyday Behavior Reveals True Character

문14. 글의 흐름상 가장 어색한 문장은?

> Africa is seeking to expand its agriculture at a time when it has access to a wide range of emerging technologies. ① Satellites and drones can be deployed to provide critical information on weather and moisture that could assist in optimizing the use of water. ② Drones are already being used in some African countries to carry out surveys to determine the most optimal regions for crop production. ③ Other technologies like mobile phones are being adapted to a wide range of agricultural uses throughout the continent. ④ However, adoption of new energy-efficient technologies is slow, resulting in delay in the decrease of ongoing damage to the environment. Further adaptations in smartphones, for example, will turn them into mobile labs supporting activities such as plant disease identification and nutrient testing.

문15. Bonnen Health Association에 관한 다음 글의 내용과 일치하지 않는 것은?

> **Bonnen Health Association**
> We are excited to be part of the following events. Please come by and visit our booth!
>
> **The PNE Fair**
> Date: August 28
> Time: 1 p.m. to 7 p.m.
> Location: Agrodome Centre
> Stop by and visit us to get your grip strength, body fat percentage, and body mass index (BMI) measured! We will have staff on site to help you.
>
> **Diversity Health Fair**
> Date: September 11
> Time: 11 a.m. to 3 p.m.
> Location: Ridge Meadows Centre
> Come out and visit us at the Diversity Health Fair. This is a free event with over 50 exhibitors all focused on a theme of healthy living.
>
> **The OA Fair**
> Date: September 18
> Time: 10 a.m. to 2 p.m.
> Location: Bonsor Recreation Complex
> This is our first time participating in the OA Fair. There will be booth exhibitions from many health organizations.

① PNE 박람회에서는 방문자가 BMI 측정을 할 수 있도록 돕는다.
② 다양성 건강 박람회에서는 4시간 동안 부스를 운영한다.
③ 과거에 OA 박람회에 여러 번 참여했었다.
④ 9월에 참여하는 박람회는 두 곳이다.

문16. 다음 글의 내용과 일치하지 않는 것은?

> Blind ads are an option used to maintain anonymity for the person or company placing the ad. Blind ads do not include the name or address of the person or company placing the ad, and are typically used in help-wanted or position-wanted ads. Individual job seekers looking for work as well as employers wanting to fill a position can place blind ads for a sense of privacy. After the interviews are conducted, it is necessary to reveal the name of the company in order to make an employment offer to a candidate. Blind ads used to be primarily placed in newspapers, but they are becoming increasingly common online. Smartphone platforms can also be used for convenient blind hiring and job seeking processes.

① Blind ads keep the identity of those placing the ad confidential.
② Blind ads can only be placed by employers, not job seekers.
③ The company's name must be disclosed after the interview.
④ There are mobile platforms that can be used for blind ads.

문 17. 다음 글의 요지로 가장 적절한 것은?

Imagine it's a hot day out, and you decide to go into an unfamiliar coffee shop. As you get in line and look at the menu boards, you're bombarded with many options. Should you get a simple iced coffee or a Frappe? What flavor? But wait, the Frappes are so expensive. What to do? By the time you get to the front of the line, your head is spinning so much that you just grab a bottle of water. You walk out, regretting that you didn't get something a little more exciting. What you experienced was *choice paralysis*, which describes how people get overwhelmed when they are presented with many options. We have limited cognitive resources, so having more options to consider drains our mental energy. While we tend to assume that more choice is a good thing, in many cases, we have a harder time choosing from a larger array of options.

① Having a wide range of choices is beneficial.

② An abundance of choice makes decision-making difficult.

③ Making careful choices reduces unnecessary consumption.

④ Our minds are quickly exhausted when facing the unfamiliar.

문 18. (A)와 (B)에 들어갈 말로 가장 적절한 것은?

In the realm of medicine, different specialties involve distinct challenges and approaches. For example, psychiatry and surgery exhibit markedly notable differences. A psychiatrist deals with vague symptoms and solutions, as there is no sharp boundary between the normal and the pathological. They navigate through uncertainty, weighing various treatment options — medication, therapy methods, or a combination — often through trial and error. __(A)__, a surgeon's task is crystal-clear: to cut out the tumor, set the bone, or get some organ pumping away again. Once that task is accomplished, he can turn to the next patient with the sense of a job well done. __(B)__, while the field of psychiatry often requires ongoing monitoring and long-term observation for results, surgery provides immediate feedback. Surgeons know exactly how successful they are throughout the process, and if not, why not.

	(A)	(B)
①	As a result	Instead
②	As a result	For example
③	By contrast	In addition
④	By contrast	However

※ 밑줄 친 부분에 들어갈 말로 가장 적절한 것을 고르시오. [문 19. ~ 문 20.]

문 19.

When you approach a door, how do you know whether it is going to open in or out, whether to push it or pull it? This question leads us into the concept of a Gibsonian affordance, which is essentially about how the _____ of an object suggest its use. For instance, we often don't consciously remember whether a particular door opens inwards or outwards, yet we navigate this daily without much thought. This is because the structural elements of doors, such as the presence of a handle or a push plate, inherently guide us. Our brain automatically picks up on these cues, making us more efficient than if we had to rely on memory for every door we encounter. This principle is especially pronounced in public spaces, where the cues should be more explicit to accommodate diverse users. Thus, a Gibsonian affordance is a crucial aspect of how we interact with our environment without the burden of excessive memory use.

① design features

② cultural signals

③ imagined purposes

④ conscious memories

문 20.

The marketing landscape, having evolved significantly with the rise of diverse communication channels and platforms, now offers brands numerous opportunities to engage with their target audience. Marketers are grabbing these opportunities eagerly, but they're grabbing a little too tightly, and they're beginning to suffocate their subjects. Bombarded with an average of 577 marketing messages daily and retaining less than 1%, customers are increasingly selective about what content they pay attention to. This phenomenon puts growing weight on the importance of _____. If a brand is to stand out in an ever-more crowded landscape, it must convince customers that it's worth listening to. It must speak to them in the right place, at the right time, with the right message that is both pertinent and meaningful to their audience. Otherwise, the brand is just adding to the background noise.

① repetition

② relevance

③ investment

④ transparency

문 10.

A: Jerry, you should get started on your homework.

B: Can I just do it tomorrow?

A: That's what you said yesterday. I'm not falling for that again.

B: But I promise this time I'll do it tomorrow. Please?

A: _____ You need to do it today, no excuses.

B: Okay... Can I play some computer games after I finish my homework, then?

A: Fine. Just make sure it's for a reasonable amount of time.

① I'm up for that.

② Alright, I'm sold.

③ Enough is enough.

④ That's more like it.

문 11. 두 사람의 대화 중 자연스럽지 않은 것은?

① A: Susan, I got this souvenir for you.

   B: Oh, you shouldn't have. Thank you!

② A: Could you wrap up the leftovers for us?

   B: I don't think I could finish the whole meal.

③ A: Do you mind if I turn on the air conditioner?

   B: Not at all. I was about to suggest it myself.

④ A: Excuse me, do you know where the City Hall is?

   B: Make a right at that intersection, and you'll see it.

문 12. 다음 글의 제목으로 가장 적절한 것은?

People often imagine their memories to be like vast libraries, where information is written down, filed away, and then brought back when it's needed. However, the act of remembering is far more complicated than that. Every time we recall an old memory, we run the risk of changing it. The old information is in a surprisingly vulnerable state where it can be edited, overwritten, or even deleted. Memories aren't just written once, but every time we remember them. And this process of reconstruction leads to inaccuracies, with details getting embellished or blurred over time. While this allows us to overcome negative experiences like traumas and phobias, it also raises concerns about the reliability of memories.

① Why You Should Doubt Your Memory

② How to Accurately Remember Information

③ Why Some Memories Last Longer Than Others

④ Memory Loss: Why It Happens and How to Prevent It

문 13. 다음 글의 주제로 가장 적절한 것은?

For many females in the United Kingdom, who still do most of the "routine" type of domestic shopping, shopping is a skill. It is customary, even among the relatively well-off, to take some pride in doing it well, which is understood to mean 'with a concern for thrift.' There is a tacit understanding among English shoppers to the effect that shopping is not an act of spending, but an act of saving. They do not speak of having 'spent' a certain amount on an item of food or clothing, but of having 'saved' a certain amount on the item. They would certainly never brag about having spent an excessive sum of money on something, but they are allowed to take pride in finding a bargain.

① practicing thrift for sustaining the global economy

② gender differences in shopping attitudes in the U.K.

③ the change in the shopping habits of English women

④ the British approach to shopping with a focus on saving

문 14. 다음 글의 요지로 가장 적절한 것은?

The belief that workplace support is critical gains even more importance in the face of tragedy, yet it's often not as prevalent as needed. In the scenario of losing a loved one, a mere 60 percent of private sector employees receive paid time off, typically for just a short period. When returning to work, their performance may suffer due to grief, leading to economic stress. In the U.S., productivity losses related to grief are estimated to cost companies up to $75 billion a year. These losses could be reduced, and the burden for grieving employees could be eased, if companies implemented policies for time off, flexible schedules, and financial support.

① Increasing paid time off boosts employee loyalty.

② Grieving people may find excessive support overwhelming.

③ Employees shouldn't let personal hardships affect their work.

④ Support for grief benefits both the employee and the company.

문 15. 다음 글의 내용과 일치하지 않는 것은?

Children usually do much better with extreme cold than with extreme heat. Because their sweat glands aren't fully developed, they don't sweat freely as adults do. That is in large part why so many of them die so swiftly when left in cars in warm weather. In a sealed car with the temperature outside 30°C, the inside can reach 54°C, and no child can cope with that for long. During the period of 1998 and 2018, about eight hundred children in the United States died when left unattended in hot cars. Half were under two years of age. Remarkably — or rather shockingly, indeed — more states have laws that make it illegal to leave an animal unattended in a car than to leave a child unattended.

① 아이들은 심한 더위보다 심한 추위를 더 잘 견딘다.

② 바깥 온도가 30도일 때, 밀폐된 차 내부는 50도를 넘길 수 있다.

③ 20년간 미국에서 뜨거운 차 안에 방치되어 사망한 아이의 절반이 2세 미만이었다.

④ 동물보다도 아이를 차 안에 방치하는 것을 불법화한 주가 더 많다.

문 16. 다음 글의 흐름상 어색한 문장은?

Evolutionary anthropologists tell us that despite the remarkable abilities of nonhuman primates, humans are still superior to them in terms of social cognition. ① Human babies show social cognitive skill much earlier than any other species, presumably to allow social integration. ② Human social life is much more complex than animal social life, which may have been the driving force behind developing social cognitive abilities early in life. ③ Several important human cognitive abilities may be simpler than we assume them to be. ④ Also, studies say that these social cognitive abilities have existed since before human beings took their modern forms. This suggests that social cognition is an evolutionarily old ability that probably is the foundation on which modern intelligence is built.

문 17. 주어진 글 다음에 이어질 글의 순서로 가장 적절한 것은?

There are two types of emotions: core and inhibitory. Excitement, sadness, and anger are examples of core emotions.

(A) But when it's not safe to express core emotions — when they conflict with what pleases our family, friends or society — inhibitory emotions like anxiety take their place.

(B) For instance, if your parents reacted furiously whenever you expressed anger, you may suppress this emotion by experiencing anxiety instead.

(C) They help us take adaptive actions that support our survival. Excitement motivates us to work hard, while sadness aids in navigating losses.

① (A) — (C) — (B)   ② (B) — (A) — (C)

③ (C) — (A) — (B)   ④ (C) — (B) — (A)

문 18. 주어진 문장이 들어갈 위치로 가장 적절한 것은?

Some individual states have established official or preferred languages of their own.

With approximately 90 percent of the United States population possessing some degree of proficiency in English, the majority of official business and communication within the country is conducted in English. (①) Despite this prevalent usage, the United States government has never designated any single language as its official language at the federal level. (②) This is because the linguistic landscape within the United States is remarkably rich. (③) Over 350 distinct languages in the world are spoken in the country. (④) Hawaii, for example, recognizes both English and the indigenous Hawaiian language as official, reflecting the cultural heritage of the island state.

※ 밑줄 친 부분에 들어갈 말로 가장 적절한 것을 고르시오. [문 19. ~ 문 20.]

문 19.

What makes dealing with food waste problems so difficult is that there is no single technology or policy intervention that can nip this thing in the bud. The problem occurs upstream and downstream in fields, warehouses, packaging, distribution, supermarkets, and home. It will require participation not just from a few "food waste sheriffs," but from an army of them at many levels of the private and public sectors. Academics and federal policy makers will be required to play their part by working to standardize expiration dates and incentivize food rescue. Software developers may be needed as well to build apps that connect people with food surpluses to people with food deficit, and materials scientists will have to find new ways to preserve perishable foods and extend shelf life. This is why food waste problems are difficult to tackle; they require _____ to be solved.

① capital

② policies

③ collaboration

④ independence

문 20.

Often we aim to undermine prejudice by drawing attention to its absurdity through the use of jokes or humor. This tactic is called *subversive humor*. By making jokes about our implicit attitudes and stereotypes, we draw explicit attention to them, provide opportunities for discussion, and create social change. A group of researchers, for example, noted that racist jokes may provide a means for us to discuss our discomfort with racism. That is to say, at the moment we joke about racism, we become open to weakening our beliefs in sustaining a racist attitude. When this happens, our values and norms _____.

① pose a barrier to fighting racism

② shift to diminish our racist attitudes

③ change to emphasize racial differences

④ influence the formation of racial identity

문 10. 주어진 글 다음에 이어질 글의 순서로 가장 적절한 것은?

> For New Guineans, the concept of compensation goes beyond a mere financial transaction. It is about restoring harmony and repairing the emotional bonds between two parties.

> (A) Recognizing the importance of reconciliation, one neighbor initiated a conversation, expressing sincere remorse and understanding for the other's feelings. As a symbol of their commitment to rebuilding trust, they decided to share the cost of repairing the shared fence that had been damaged during their dispute.

> (B) To illustrate this, let's consider a story from a small village in Papua New Guinea. In this village, two neighbors had a heated argument over a boundary dispute that caused a break in their relationship.

> (C) Through this act of acknowledging each other's emotions and making a mutual sacrifice, the two neighbors were able to restore their relationship and move forward with a renewed sense of respect and understanding.

① (B) — (A) — (C)　　② (B) — (C) — (A)
③ (C) — (A) — (B)　　④ (C) — (B) — (A)

문 11. 밑줄 친 부분에 들어갈 말로 가장 적절한 것은?

> A: Hi, I'm here to get a refund on this book. Some pages have printing errors.
> B: We apologize. Just to confirm, you're seeking a refund rather than an exchange, correct?
> A: _____
> B: Okay. I'll get you a copy that's in good condition.
> A: Thank you.

① I have to return the book to the library.
② We do not offer refunds on damaged books.
③ That's correct. I'd prefer a refund for this book.
④ Actually, I wouldn't mind exchanging it for a different copy.

문 12. 두 사람의 대화 중 가장 어색한 것은?

> ① A: I'm completely broke right now.
> 　 B: How were you able to save up so much money?
> ② A: I'm here to apply for a mortgage loan.
> 　 B: Sure. I'll guide you through the application process.
> ③ A: That strange noise is giving me the creeps.
> 　 B: I know. I wonder what's making that sound.
> ④ A: What do you say to watching a romance movie?
> 　 B: Hmm. I'm not really in the mood for that.

문 13. Un ballo in maschera에 관한 다음 글의 내용과 일치하지 않는 것은?

> "Un ballo in maschera," or "A Masked Ball," is an opera composed by Giuseppe Verdi. The opera is based on the true story of the assassination of King Gustav lll of Sweden who was shot while attending a masked ball in Stockholm. However, censors at the time deemed the subject matter too political and violent, and the opera was banned in 1858 before its premiere. Verdi was forced to change the setting, the characters, and even the motive for the murder, resulting in a story about a fictional governor of Boston. But from the mid-20th century, it has become more common for the setting to revert to its original 18th-century Stockholm location. The original and the revised version share the same core plot, featuring forbidden love, jealousy, and ultimately a tragic ending that leaves a lasting impression.

① 스웨덴 국왕의 암살에 관한 실화를 바탕으로 창작되었다.
② 주제의 부적절성으로 원작은 1858년에 상연 금지되었다.
③ 현재 스톡홀름을 배경으로 한 버전은 상연되지 않는다.
④ 원래 버전과 수정 버전 모두 비극적인 결말로 끝난다.

문 14. 다음 글의 흐름상 적절하지 않은 문장은?

> With a growing need for eco-friendly products around the world, what can we do? ① Moving from incremental sustainability initiatives to ones that create substantial reductions in environmental impacts requires changing the products themselves, and it sometimes involves far-reaching changes. ② It requires changing elements of the design such as the types of materials, the amounts of materials, and the manufacturing technologies. ③ "Designers are the start of everything, and if we can educate the designer to make better choices, then they can become agents of change for the entire industry," said Hannah Jones, vice president of sustainable business and innovation at Nike. ④ The manufacturing sector is increasingly more capital intensive than labor intensive, hence can no longer absorb large amounts of labor as it did in the past. Indeed, design with the environment in mind can lead to reduced impacts caused by sourcing, manufacturing, use, and disposal of the product.

문 15. 밑줄 친 부분 중 어법상 옳지 않은 것은?

> Throughout the 1860s, most avant-garde artists had work ① accepted into the Salon, the annual state-sponsored public exhibition, but, by the end of the decade, they ② were rejecting consistently. They came increasingly to recognize the unfairness of the Salon's jury system as well as the disadvantages ③ that relatively small paintings such as ④ their own had at Salon exhibitions.

※ 밑줄 친 부분에 들어갈 말로 가장 적절한 것을 고르시오. [문 16. ~ 문 17.]

문 16.

> In the early 1920s, when immigration to the U.S. reached extreme levels, Congress _____ the protests of labor unions and patriotic organizations: the former worried immigrants would steal jobs, and the latter feared radical immigrants. It eventually passed an act that limited the number of immigrants, discriminated against immigrants from Europe, and barred Asians completely.

① laid out   ② gave in to

③ missed out   ④ objected to

문 17.

> The ability to be constantly observing, absorbing, and learning from what's going on around you, is a critical component for the individual in charge. Organizations whose leaders do not exhibit _____ are bound to fall behind. Their common refrain? "I didn't see it coming." Make sure that you, the leader, see it coming. In fact, leaders who prevail in the competitive environment are most often those who see things coming when their counterparts aren't even looking. They are quick to identify trends, changes, opportunities, and potential threats and to see weaknesses in their organization and correct them.

① humility   ② empathy

③ awareness   ④ cooperation

문 18. 다음 글의 요지로 가장 적절한 것은?

> The goal of medicine as it is currently practiced is to develop procedures and drugs that work equally well on all patients, regardless of gender, age, or genetics. It derives from the prevalent belief that all of us are similar bio-mechanical units that rolled off the same assembly line — a most imperfect conception of human beings. Instead of just suppressing symptoms with drugs, doctors will have to identify and correct root causes of disease. It is easy to reduce the symptoms of ADHD, for example, by putting kids on stimulants like Ritalin, but those symptoms might result from nutritional deficiencies, food sensitivities, or social and emotional issues. Unless the underlying causes are dealt with case-by-case, we're merely offering temporary relief at best.

① Children should not be put on stimulants.

② In addressing emotional issues, finding the cause is key.

③ Individual variations in cause of disease should be considered.

④ Doctors should develop drugs that are effective on most people.

문 19. (A)와 (B)에 들어갈 말로 가장 적절한 것은?

> Time theft occurs when employees get paid for hours they didn't actually work. This doesn't concern hours devoted to necessary break times or, for mobile employees, travel between jobs which is typically compensated. It concerns deliberate reports of hours logged where employees didn't actually do the work they were being paid to do. Time theft can happen for a number of reasons, but the main one is that it can be difficult to detect or prove. ___(A)___, most employees don't consider it to be a significant cost to the company. A few minutes here or there, or a couple of minutes tacked onto the employee schedule break time doesn't seem like a big deal to most people. And unless it's a deliberate pattern of behavior, small and irregular instances of time theft probably aren't a huge deal to most managers or business owners. ___(B)___, when time theft at work becomes common among many employees, it's a different story. Widespread time theft can be a sign of low morale and productivity for your entire workforce.

	(A)	(B)
①	In addition	However
②	In addition	Similarly
③	For instance	As a result
④	For instance	On the other hand

문 20. 주어진 문장이 들어갈 위치로 가장 적절한 것은?

> Such a difference in cognitive development is transforming what was a mere age gap into a huge divide resulting in two separate cultures.

> Young minds are profoundly impacted by digital technology. These individuals have grown up with constant access to computers, twenty-four-hour news, the Internet, and smartphones. (①) They seldom use libraries, instead relying on online search engines like Google. (②) The neural networks in their brains contrast significantly with those of adults who transitioned to the digital age but developed their brain structure in an era dominated by direct social interaction and limited technology. (③) This cultural split is noticeable in various aspects of daily life, especially in communication. (④) For example, younger generations favor instant messaging and social media platforms for interaction, while older generations value face-to-face conversations or phone calls.

문 12. 주어진 문장이 들어갈 위치로 가장 적절한 곳은?

> They also utilize texts in their business bargaining because they can often be reliable proof.

> Entrepreneurs highly correlate the success of their business with the ways they use their mobile phones. (①) The characteristics of business proficiency are clearly demonstrated in their skillful uses of mobile phones in dealing with business negotiation. (②) In frequent business bargaining, voice calls are preferred. (③) Most entrepreneurs use voice calls to negotiate business terms, especially when they are out of the office. (④) As Amy Lin mentions, "When the customers deny we had an agreement, I can say I have your confirmation message in my phone. I can find it and use it to protect myself."

문 13. 다음 글의 제목으로 가장 적절한 것은?

> The phrase "canary in a coal mine" finds its roots in the historical practice of miners utilizing caged canaries in coal mines as a clever safety measure. These birds, highly sensitive to toxic gases like methane, would exhibit signs of distress long before atmospheric conditions became hazardous to human health, serving as a vital early warning system for miners. Over time, this concept has evolved into a potent metaphor representing an early indicator of potential dangers in various contexts beyond mining. For instance, in the realm of ecology, the declining populations of bees have emerged as a modern-day "canary in a coal mine" for environmental health. It signals underlying issues such as pesticide overuse or habitat loss, offering an opportunity for proactive intervention to prevent more extensive ecological damage.

① The Evolution of Mine Safety Warnings
② The Decline of Bees: Causes and Consequences
③ What Makes Canaries So Vulnerable to Toxic Gases?
④ Canary in a Coal Mine: From Warning Signal to Metaphor

문 14. 글의 흐름상 가장 어색한 문장은?

> If you want to remember something, you need to *notice*. And noticing requires two things: perception and attention. Imagine you're standing in front of the colossal Christmas tree in New York City. ① The image that you see is converted into signals that travel to your visual cortex. ② This is the area of your brain where images are processed and actually perceived. ③ It is commonly believed that you will remember the things you're seeing and giving attention to, but experiments show this is not necessarily true. ④ But unless you add your attention to seeing this Christmas tree, the activated neurons will not be linked, and a memory will not be formed. If you don't pay attention, you won't even remember seeing it.

문 15. SOUNDWAVE ROCK FESTIVAL에 관한 다음 글의 내용과 일치하지 않는 것은?

> ### SOUNDWAVE ROCK FESTIVAL
>
> Friday, June 14 - Sunday, June 16
> 2 : 00 p.m. - 8 : 00 p.m.
>
> **· TICKET & WRISTBAND**
> If you are purchasing or collecting your tickets at the festival site, you must go to the Main Gate where the Festival Box Office is located. The type of wristband you get depends on the type of ticket you present at the gate.
> - Three-day pass for the whole weekend
> - A Single Day ticket for each day (Fri/Sat/Sun)
>
> On the first day, any patron with all three Single Day Tickets may choose to present all three tickets for a three-day wristband.
>
> Your wristband is required to be worn at all times while on site to verify your admittance to site. All festival patrons, including children entering free, must have a wristband.
>
> **· LIQUOR SERVICE**
> We proudly serve a variety of beers, cocktails, and wines. You can enjoy alcoholic beverages anywhere on our festival site except for the Smoking Area.
>
> Tickets 780-649-2727 | soundwaverockfest.or

① 입장권 현장 수령은 정문에서 해야 한다.
② 1일권 3장은 첫날 3일권 손목 밴드로 교환할 수 있다.
③ 무료 입장객은 손목 밴드 미착용이 허용된다.
④ 흡연 구역을 제외한 모든 곳에서 음주가 가능하다.

문 16. 'to call a spade a spade'에 관한 다음 글의 내용과 일치하지 않는 것은?

> The phrase 'to call a spade a spade' means to speak frankly and directly, without softening the truth. This expression originated in Ancient Greece, where the Greek philosopher Plutarch used the phrase '... to call a fig a fig and a trough a trough.' The saying was later translated into Latin by the Dutch scholar Erasmus in the mid-1500s, who changed it to '... to call a spade a spade.' In this context, the word 'spade' simply referred to a gardening tool. However, the word took on a different meaning in the United States during the 1920s, becoming an insulting term for African-Americans. As a result, the whole phrase is sometimes considered racist despite its ancient origins. Therefore, it's important to be mindful of its historical connotations when using this phrase today.

① Its original expression derives from Ancient Greece.
② The word 'spade' was not included in its original Greek form.
③ In the Latin translation, the word 'spade' was used as an insult.
④ Regardless of its origin, the phrase may be perceived as offensive.

문 17. 다음 글의 요지로 가장 적절한 것은?

Nowadays, businesses and employees rely heavily on virtual communication, with companies shifting from physical offices to virtual spaces that connect employees globally. Despite these advancements, research consistently emphasizes the invaluable role of face-to-face interactions. More than eighty percent of executives prefer in-person meetings, citing their ability to facilitate critical business decisions and enhance strategic thinking. Also, the importance of colleagues and potential partners spending time together in a shared physical space cannot be overstated. Studies show that face-to-face requests are 34 times more effective than those made via email and that a physical handshake promotes cooperation and influences negotiation outcomes positively.

① Sharing physical space hinders employee efficiency.

② The significance of face-to-face interaction is overrated.

③ Differences in communication style preference are growing.

④ Face-to-face interactions remain essential for business outcomes.

문 18. (A)와 (B)에 들어갈 말로 가장 적절한 것은?

Mattering describes the feeling of being valued for who we are by the people around us. By prioritizing mattering, parents can help children develop self-worth that transcends external achievements. Parents today often place excessive emphasis on their children's achievements, associating their value primarily with academic performance. This approach may be effective in motivating and preparing children for a competitive world.   (A)   , it often leads to unintended consequences such as heightened anxiety, stress, and a distorted self-concept. Thus, it's important that parents adopt a more balanced approach by fostering a sense of mattering within the family. This way, children will be able to develop a healthy sense of self and overcome obstacles with greater confidence.   (B)   , mattering can be extended beyond parenting and into other spheres of life, including the workplace. The concept of mattering holds the potential to humanize organizational cultures, enhance employee satisfaction, and contribute to overall well-being in the workplace.

	(A)	(B)
①	However	Furthermore
②	Similarly	In the same way
③	However	For example
④	Similarly	In other words

※ 밑줄 친 부분에 들어갈 말로 가장 적절한 것을 고르시오. [문 19. ~ 문 20.]

문 19.
_____. To understand why, take biologists studying living organisms. Organisms are composed of cells, which in turn consist of water, nucleic acids, proteins, and other similar substances, all made up of molecular chains. However, these molecules are ultimately formed from atoms, which are physical particles. This reveals that the objects biologists examine are essentially complex physical entities, leading to the widespread belief that physics forms the foundation of other sciences. The same even applies to social sciences, such as economics, which focuses on the behavior of firms and consumers in the marketplace and the effects of these actions. Both consumers and firms are composed of human beings, and human beings are living organisms composed of physical entities. Thus, it can be said that physics can subsume all the other sciences.

① Exploring physics is different from studying social sciences

② Not all branches of science have developed at the same pace

③ Some branches of science are more fundamental than others

④ Each field of science offers a unique perspective on the world

문 20.

When Susanne Simard, a professor of forest ecology, began working in forestry after college, conventional theory held that trees were _____ beings engaged in a fierce Darwinian competition for water, sunlight, and food. Based on this theory, timber companies planted rows of the most lucrative tree and removed most of the competition — an approach that Simard felt ignored the messy genius of nature, with its many interwoven species. Later, in a series of breakthrough experiments conducted while dodging grizzly bears in western Canada's rainforests, Simard discovered that trees are in fact connected through vast fungal root systems known as mycorrhizal networks. Via this underground pipeline, they share carbon, water, and nutrients with other trees, including other species. The fungi extract sugars from the tree roots that they can't produce on their own, and in return the fungi carry water and nutrients drawn from deep in the soil from tree to tree.

① isolated

② durable

③ dynamic

④ interconnected

문 10.

> A: Hi. May I speak to Jennifer Lee, please?
>
> B: I'm afraid she's in a meeting now. _____?
>
> A: Yes. It's Lara Coles from BM Industries calling to discuss contract details.
>
> B: Okay. I'll let her know as soon as possible.

① Did she call in sick

② Is this the Lee residence

③ Would you like to leave a message

④ When should I have her call you back

문 11. 두 사람의 대화 중 자연스럽지 않은 것은?

① A: Can you take care of some chores for me?

   B: Sorry, I have a lot on my plate right now.

② A: Do you feel the effects of the medicine kicking in?

   B: Yes, my nose stopped running and my coughs got better.

③ A: That project was difficult, but everyone pitched in.

   B: That's terrible. Why didn't anyone help out?

④ A: I hope you don't hold a grudge against me for this.

   B: Don't worry. I'm not that narrow-minded.

문 12. 다음 글의 제목으로 가장 적절한 것은?

> In Greek mythology, Tantalus, king of Lydia, was the son of Zeus. A favorite of the gods, he was often invited to dine at their feasts. But Tantalus angered the gods. Some stories say that he betrayed their secrets to mortals, while others claim that he stole the food of the gods. Another myth gives a more gruesome explanation, saying that Tantalus killed his son Pelops and served the flesh to the gods to prove they could not tell the difference between human and animal. To punish Tantalus, the gods placed him in a pool of water in the underworld that was surrounded by fruit trees. When he went to drink, the water would recede. When he tried to eat the fruit, it moved out of reach. Tantalus's punishment gave rise to the word *tantalizing*, meaning something is tempting but out of reach.

① The Mythical Origin of the Term *Tantalizing*

② Contrasting Endings of the Story of Tantalus

③ How the Word *Tantalizing* Changed in Meaning

④ Tantalus: The Most Beloved Figure in Greek Myth

문 13. 다음 글의 주제로 가장 적절한 것은?

> Affective forecasting refers to our ability to guess whether something will feel good or bad. Though we are generally good at judging if something is positive or negative, we're often very poor at judging how much happiness or sadness there is going to be. Research results reveal that, in general, we're going to be less sad and less happy than we imagine. If we ask those in happy relationships how they'd feel if they were dumped tomorrow, they reply that it would devastate them and that they'd never love again. But when we talk to single people who've just been dumped, they're just as happy as people in couples. Similarly, when people are asked how happy a pay raise would make them, they tend to overestimate its impact on their overall happiness. Experts attribute this gap between our expectations and reality to our "psychological immune system," which helps us rebound from life's challenges.

① the pros and cons of psychological immunity

② the devastating effects of heartbreak on our resilience

③ unrealistic expectations regarding the duration of happiness

④ the gap between anticipated and actual emotional experiences

문 14. 다음 글의 요지로 가장 적절한 것은?

> You are probably aware of studies showing that green and blue natural environments are associated with a reduction in stress and improved mood. But there is growing evidence that nature exposure also benefits cognitive function — all the processes involved in gaining knowledge and understanding, including perception, memory, judgment, and problem-solving. Psychologist Marc Berman at the University of Chicago challenged subjects' brains with a test known as the backwards digit-span task, requiring them to repeat back sequences of numbers in reverse order. Then he sent them for a 50-minute walk, in either an urban setting or a nature setting. On their return, they repeated the task. "Performance improved by about 20% when participants had walked in nature, but not when they had walked in an urban environment," he says.

① Taking a walk before tests brings about better results.

② Nature exposure proves irrelevant to cognitive function.

③ Natural colors help weaken symptoms of mood disorder.

④ Spending time in nature leads to improved brain function.

문 15. 다음 글의 내용과 일치하지 않는 것은?

The expression "the green revolution" is permanently linked to Norman Borlaug's name. He obtained a degree in plant protection, and worked in Mexico in the 1940s and 1950s to make the country self-sufficient in grain. Borlaug developed a robust strain of wheat — semi-dwarf wheat — that was adapted to Mexican conditions. By 1956, the country had become self-sufficient in wheat. In the mid-1960s, he introduced the semi-dwarf wheat into India and Pakistan, and production increased enormously. He was awarded the Nobel Peace Prize in 1970 for his contributions to world peace through increasing food supply. Following this recognition, he dedicated the last years of his life to working on the problems of food production in African nations.

① Borlaug는 식물 보호 분야에서 학위를 취득했다.
② Borlaug는 멕시코 환경 조건에 적합한 밀 품종을 개량했다.
③ Borlaug는 노벨상을 받은 후 인도에 그가 개량한 밀을 가져왔다.
④ Borlaug는 말년에 아프리카 식량 문제 해결을 위해 힘썼다.

문 16. 다음 글의 흐름상 어색한 문장은?

Online reviews have become integral in many consumers' decision-making processes. According to a survey, 75.5% of consumers trust online reviews when purchasing. ① Given this situation, negative reviews pose a threat that strikes fear into reputation-conscious brands. ② Online platforms are now adopting features allowing users to report hate comments targeting certain ethnic groups. ③ While bad feedback may not be the end of everything and can sometimes even be turned around to one's advantage, the impact of poor feedback that is visible to all is undeniable. ④ Left unaddressed, even a solitary bitter review can be enough to put many buyers off. No company, no matter the size, is immune to the issues that can come with public negative customer reviews.

문 17. 주어진 글 다음에 이어질 글의 순서로 가장 적절한 것은?

Prejudice can arise either from direct experience or from the indirect influence of peers, parents, and the community.

(A) It's known that early hunter-gatherers relied heavily on this way of judgment. That's because their survival often depended on quickly identifying others by sight as potential trading partners or enemies.

(B) This survival strategy could explain why people today still instantly categorize others on the basis of physically observable features, including age, gender, and race.

(C) In both instances, prejudice is often made on the basis of physical appearance. In fact, forming prejudice based on appearance may have deep roots in our evolutionary past.

① (B) — (A) — (C)
② (B) — (C) — (A)
③ (C) — (A) — (B)
④ (C) — (B) — (A)

문 18. 주어진 문장이 들어갈 위치로 가장 적절한 것은?

However, if not, the condition can turn into a negative progression.

If we do not brush our teeth for several days, each tooth develops a thin biofilm called dental plaque that is filled with acid-producing bacteria. With plaque buildup comes inflammation of the gums as our immune system tries to fight off the infection. (①) Gingivitis, the mildest form of gum disease, is still easily treatable. (②) Regular brushing and removing the plaque will typically allow the gums to heal. (③) As the gums swell, larger spaces develop between the teeth and gum tissue, creating a favorable environment for bacterial growth. (④) This can lead to damage to not only the gums but also the underlying bone, ultimately resulting in tooth loss.

※ 밑줄 친 부분에 들어갈 말로 가장 적절한 것을 고르시오. [문 19. ~ 문 20.]

문 19.

If someone does you a favor, you feel a need to return the favor at some point, and with strangers you actually feel a bit anxious until you have repaid this debt. This is why car salesmen will always offer you a cup of coffee. By performing a small favor for you, they create a sense of _____. The only thing you can really do for them in return is buy a car, yielding a commission worth far more than that cup of coffee. Obviously a free drink alone doesn't always lead to a purchased car, but it can nudge people in that direction. Although the car salesmen might appear to give up more than they gain in the short run, their act is with the expectation that they will benefit in the long run.

① regret
② courage
③ sympathy
④ obligation

문 20.

Wolfgang Amadeus Mozart loved Vienna. He loved not only its musicality but also its seemingly bottomless reservoir of possibility. But most of all, he loved its _____. The Viennese were a picky bunch, "and even the most unassuming citizen demanded good music from the wind band just as he demanded good value from the landlord," observes Stefan Zweig in his memoir, adding, "This awareness of being under constant and pitiless observation forced every artist in the city to do his best." The city brought out the best in its musicians because it accepted no less.

① high standards
② diverse culture
③ education fever
④ free atmosphere

문 10. 주어진 글 다음에 이어질 글의 순서로 가장 적절한 것은?

> There is an exercise that I use in my seminars to demonstrate the power of taking action.

> (A) But I just continue standing there holding up the $100 bill until someone actually gets out of their chair, comes up, and takes it out of my hand. After the exercise, when I ask the group how many of them thought about coming up to take the money but stopped themselves, half the room raises their hands.
>
> (B) So, what did the person who actually got the money do differently to end up $100 richer? She took action — she did what was necessary to get the money — and that's exactly what you need to do if you want to be successful.
>
> (C) I hold up a $100 bill and ask, "Who would like this $100 bill?" Lots of people start waving their hands back and forth. Other people shout out, "I want it!" or "Give it to me!"

① (B) — (A) — (C)   ② (B) — (C) — (A)
③ (C) — (A) — (B)   ④ (C) — (B) — (A)

문 11. 밑줄 친 부분에 들어갈 말로 가장 적절한 것은?

> A: Are you heading home?
> B: Yes, I was about to. How about you?
> A: Not in a while. I still have some work left. By the way, did you bring an umbrella? It's pouring outside.
> B: No, I didn't. I'll probably have to run to the subway station.
> A: _____
> B: Really? Are you sure you have another one for yourself?
> A: Yup. Don't worry.
> B: Thanks! I'll return it to you tomorrow.

① Could I borrow yours?
② Take this umbrella. I have two.
③ Be careful not to slip on the way.
④ Same. The forecast didn't mention any rain.

문 12. 두 사람의 대화 중 가장 어색한 것은?

① A: Let's get going! It's a quarter to six.
   B: Don't worry. We'll be able to get there by six.
② A: Did you prepare well for your presentation?
   B: No, I didn't have much time. I'll have to wing it.
③ A: We are back to square one with the plan.
   B: I'm delighted to hear the plan was successful.
④ A: Can you lend me a hand with setting up the party?
   B: Sorry, I have to run some errands at the moment.

문 13. 다음 글의 내용과 일치하지 않는 것은?

> The history of cocoa begins in Mesoamerica (now Central America and Mexico), where it's believed the ancient Olmec civilization first cultivated cacao beans as early as 1750 BC. The Olmecs used the cacao plant for religious rituals and as medicine. But the first evidence of cocoa as a drink comes from the Mayan people. Mayan cocoa was very different from the cocoa we know today. It was a drink made from crushed cacao beans, chili peppers, and water. Sugar wasn't added as there was no sugar in Central America. In fact, the word 'chocolate' is said to come from the Mayan word 'xocolatl' which means 'bitter water.' Cocoa was often used during religious ceremonies, and was consumed in marriage ceremonies for the upper classes. Cocoa was so revered that images of cocoa pods were painted on the walls of stone temples and Mayan artifacts have been found that show kings drinking cocoa.

① 올멕 문명 때 카카오 콩이 처음 재배되었다.
② 올멕인들은 카카오 식물을 약으로 사용하였다.
③ 마야 문명의 코코아 음료는 고추를 함유하였다.
④ 마야 문명의 결혼식에서 코코아 섭취는 금지되었다.

문 14. 다음 글의 흐름상 적절하지 않은 문장은?

> In 2006, the International Astronomical Union downgraded the much-loved Pluto from its position as the ninth planet from the Sun to one of five "dwarf planets." ① It was a defining moment for the rest of the solar system as well. ② Fiercely debated by the members of the union, the resolution that was passed officially defined the term *planet*. ③ What was once a loose word used to describe a large object within the solar system was now specific: a planet is a celestial object that orbits a star, and is large enough for its own gravity to make it round and to clear its orbit of neighboring objects and debris. ④ Seen as divine or supernatural entities, planets were named after gods or goddesses from Roman myth. Pluto was downgraded because, while it is large enough to have become round, it is not big enough to clear the neighborhood surrounding its orbit.

문 15. 밑줄 친 부분 중 어법상 옳지 않은 것은?

> A cashless society is one ① in which cash in the form of both physical banknotes and coins ② aren't accepted in any financial transaction. Instead, people and businesses transfer money to ③ one another digitally. Many economists believe that consumer preferences, competitive pressures on businesses, and government policies ④ designed to facilitate cashless transactions will soon lead to a few cashless societies.

※ 밑줄 친 부분에 들어갈 말로 가장 적절한 것을 고르시오. [문 16. ~ 문 17]

문 16.

Yesterday, the final of the League of Legends World Championship between T1 and JDG was held. The match was incredibly close as both teams displayed mastery and strategic brilliance. Spectators were all watching the game with breathless interest, unable to predict the outcome. In the end, however, T1 defeated JDG. Those who _____ T1 could not contain their excitement and screamed in celebration.

① ran for

② called up

③ rooted for

④ messed up

문 17.

A team of psychology researchers tested 283 white children aged six to seven, and nine to ten years old. The children were asked to allocate money to white and black children, sometimes with a white adult in the room and sometimes with no adult in the room, to see if having an adult present influenced their behavior. The researchers found that the younger group discriminated against black children in both conditions, while the older group discriminated against the black children only when no adult was present. This finding is significant because it showed that the children did not become less racially biased with age, but that they had learned to _____ their racism in front of adults.

① admit

② justify

③ expose

④ conceal

문 18. 다음 글의 요지로 가장 적절한 것은?

We often face situations requiring us to shift people away from their resistant stances, seeking their cooperation or a change in their undesirable behavior. However, approaches such as pleading, arguing, or trying to induce guilt typically trigger defensiveness. Although these tactics might sometimes yield results, the support obtained is usually superficial, merely extracting resources such as time and money from them. This, in turn, leads them to close off from further influence. In situations where we aim to persuade others to change their behavior, they can detect our neediness and insecurity, and our overeagerness can come across as desperation and defeat. Persistently confronting resistance without making progress can result in their apparent wariness towards us.

① Appearing desperate effectively induces guilt in others.

② Individuals who are resistant do not give their resources.

③ Resistance is best overcome through persistent persuasion.

④ Efforts to change resistant stances make people more defensive.

문 19. (A)와 (B)에 들어갈 말로 가장 적절한 것은?

Caffeine is well known for its broad range of effects. Its ability to block adenosine not only increases focus but also has been found to improve mood. One study in people who consumed caffeine regularly found that consuming 1.5 mg per kg of body weight led to a more positive mood, compared to a placebo. __(A)__, many studies have linked regular caffeine consumption to a reduced risk of depression. For example, a large study in over 50,000 women found that women who drank four or more cups of coffee per day had a 20% lower risk of depression than women who drank little or no coffee. The stimulant effects of caffeine can lead to feelings of well-being and increased energy, which go away when caffeine intake ends. __(B)__, your mood may take a hit if you decide to quit caffeine. Symptoms may include irritability, fatigue, feelings of depression, and decreased motivation.

(A)	(B)
① Additionally	For this reason
② However	As a result
③ On the contrary	Moreover
④ Moreover	Nevertheless

문 20. 주어진 문장이 들어갈 위치로 가장 적절한 것은?

This is because, unbeknown to them, the computer is also flashing up another word only for a few hundredths of a second just before the target word appears.

In a lab, participants are tasked with staring at a dot on a computer screen and reacting to flashed words. They must quickly tap a key with their left hand for positive or likable words, and a key with their right hand for negative or dislikable ones. (①) While seemingly easy, participants occasionally hesitate. (②) Though this additional process is conducted *subliminally*, or without their conscious awareness, the word influences participants' likeability ratings. (③) For example, if the subliminal word is "fear," it triggers a tiny flash of displeasure, and this influences their evaluation of the following word. (④) If the word following "fear" is "garden," they would take longer to say that garden is good, because of the time it takes for their evaluation to shift from bad to good.

12. 주어진 문장이 들어갈 위치로 가장 적절한 곳은?

> However, online reading differs significantly as it's often characterized by quick browsing and frequent website hopping.

Digital writing, originating and thriving on the web, exhibits a distinctive nature primarily shaped by its digital format. (①) Unlike traditional print media, digital writing takes on many different forms and contains traits that set it apart from hard copies. (②) E-books still largely resemble traditional books in their one-way communication style. (③) This is why, for digital writers, capturing and retaining reader attention is crucial — according to experts, the initial 20 seconds can determine whether a visitor stays or leaves a webpage. (④) As a result, they must tailor their style and layout to engage visitors and clearly communicate the purpose and value of their content.

13. 다음 글의 제목으로 가장 적절한 것은?

Protection against invasion of privacy is not explicitly guaranteed by the U.S. Constitution. Legal scholars agree that the right to privacy is implied by other constitutional guarantees, although debates rage about what this means. Federal and state laws provide forms of privacy protection, but most of those laws were written years ago. On the other hand, most European countries have had strong privacy protection laws for years. The 1998 European Data Protection Directive guarantees a basic set of privacy rights to citizens of all countries in the European Union — rights that go far beyond those of American citizens. The directive allows citizens to have access to their personal data, to have their inaccurate data corrected, to seek recourse in the event of unlawful processing, and to refuse permission to use their data for direct marketing.

① The U.S. Constitution: Its Hidden Meanings
② How U.S. Privacy Laws Originated from Europe
③ The Complications in Passing Bills Related to Privacy
④ Privacy Protection Laws: Contrast Between the U.S. and Europe

14. 글의 흐름상 가장 어색한 문장은?

For many years, psychologists believed that dark emotions, like anger, needed to be released physically. ① This led to a movement to "let it all out," with psychologists literally telling people to hit soft objects, like pillows or punching bags, to release suppressed feelings. ② It turns out, however, that this type of emotional venting likely doesn't soothe anger as much as build it up. ③ That's because encouraging people to act out their anger makes them relive it, strengthening the neural pathways for anger. ④ Acting out anger physically not only mitigates the immediate intensity of the emotion but also cultivates long-term emotional stability. Studies on venting anger, whether online or verbally, have also concluded that it generally backfires.

문 15. puppy party에 관한 다음 글의 내용과 일치하지 않는 것은?

Shall We Have Fun at the Puppy Party?

WOOF WOOF! We're pleased to announce the upcoming date for our next puppy party!

Put November 23 in your diaries!

* For ALL puppies up to 6 months old that are fully vaccinated.
* Bring your adorable puppy for an incredible two hours of fun and education.

We will cover such topics as:
* Games to help with recall
* Tips on confidence building
* Puppy bite inhibition advice
* Grooming tips and suggestions

Parties are capped at 20 puppies, so please call to book ASAP as they usually sell out fast! Light refreshments will be provided.

Only $20 per puppy — your entire family is welcome!

Call us on 01449 706456 NOW!

① 백신 접종을 마친 생후 6개월 이내의 강아지를 대상으로 한다.
② 강아지 물림 사고를 방지하기 위한 조언을 제공한다.
③ 참여할 수 있는 강아지는 20마리로 제한된다.
④ 한 사람당 20달러를 지불해야 한다.

문 16. 다음 글의 내용과 일치하지 않는 것은?

Henrietta Lacks wasn't a scientist or a celebrity, but her cells, known as HeLa cells, have revolutionized medical research. Diagnosed with cervical cancer in 1951, she underwent treatment at Johns Hopkins Hospital. During this time, doctors removed tissue samples from her tumor without her knowledge or consent, a common practice at the time for African American patients. These cells, later named HeLa, proved to be unlike any others before. They multiplied rapidly in a lab setting, a rarity for human cells since human cells normally could not multiply outside the human body. This made HeLa cells invaluable for research. They have been instrumental in countless breakthroughs, including cancer treatments and the development of polio and COVID-19 vaccines. Lacks herself died of cancer at the young age of 31, unaware of the ongoing contribution of her cells. Although Johns Hopkins offered HeLa cells for free for scientific research, her story raises important ethical questions about patient consent and ownership of biological material.

① Lacks didn't approve of having her cells collected.
② HeLa cells can multiply outside the human body.
③ Lacks had known of her cells' significance before she died.
④ Johns Hopkins gave out HeLa cells at no cost for research.

문 17. 다음 글의 요지로 가장 적절한 것은?

In a study designed to explore which factors come into play in human decision-making, researchers put forward two options for an epidemic-control strategy. The lives of 600 people were at stake, they told participants. 'Option A saves 200 lives.' 'Option B offers a 33% chance that all 600 people will survive, and a 66% chance that no one will survive.' Although options A and B were comparable (with 200 survivors expected), the majority of respondents chose A — remembering the saying: "a bird in the hand is worth two in the bush." It became really interesting when the same options were reframed. 'Option A kills 400 people,' 'Option B offers a 33% chance that no one will die, and a 66% chance that all 600 will die.' This time, only a fraction of respondents chose A and the majority picked B. The researchers observed a complete U-turn from almost all involved. Depending on the phrasing — survive or die — the respondents made completely different decisions.

① People tend to base their decisions on the majority opinion.

② The effectiveness of epidemic-control strategies is unpredictable.

③ Our reactions to the same situations vary with their presentation.

④ Numbers are more important than the way options are described.

문 18. (A)와 (B)에 들어갈 말로 가장 적절한 것은?

The team-identity issue contains a troublesome paradox.   (A)   , the diversity that gives many teams real effectiveness can frustrate team identity. Differences among team members are the sources of varied ideas, perspectives, and skills that can improve the team's ability to make good decisions and accomplish its work. When the components of the team's task are interdependent, team members need to integrate their differentiated work efforts.   (B)   , diversity may act as a barrier, hindering social interactions that help team members to integrate their work. Indeed, the very differences that give teams the potential for high performance can make it difficult for group members to work together because they may be the source of misunderstandings, differing assumptions, stereotypes, biases, and related disruptions.

	(A)	(B)
①	In other words	In the same way
②	That is	Unfortunately
③	On the contrary	Nevertheless
④	Conversely	As a result

※ 밑줄 친 부분에 들어갈 말로 가장 적절한 것을 고르시오. [문 19. ~ 문 20

문 19.

Audiences tend to assume that if a lead character is the film's narrator, then that character is telling the story after the events in the film have taken place. This assumption can be skillfully utilized to lead the audience to _____. Billy Wilder's *Sunset Blvd.* begins with a flash-forward depicting a dead man floating in a pool. The narrator tells us that the man has been murdered and then announces that the film is going to go back six months to show how it all began. The narrator then introduces himself as the character Joe Gillis, and for the rest of the film the audience wonders which of the characters will turn out to be the dead man. The only person the audience does not assume to be the dead man is Joe, since he is the one narrating the story. However, at the conclusion of the film we discover that it is Joe who gets murdered and falls into the pool, and that he has been talking to the audience from beyond the grave.

① discover hidden clues

② question their memory

③ create false expectations

④ overlook insignificant details

문 20.

In an experimental study on the behavior of six-year-olds, the young participants were tasked with completing an assignment on a laptop, with the option to pause at any moment to engage in games on an iPad. The children were divided into three groups: the first was instructed to reflect on their personal thoughts and emotions, the second to consider their own actions from a third-person perspective, and the third to emulate characters, such as Batman and Mulan, who are known for their propensity for hard work. Despite the fact that the iPad games proved to be a tempting distraction, it was observed that the children who adopted the identities of characters they looked up to demonstrated the greatest perseverance, managing to resist distractions for extended periods. In other words, there may be significant benefits of _____.

① role-playing

② multi-tasking

③ self-reflection

④ non-subjectivity

11. 두 사람의 대화 중 자연스럽지 않은 것은?

① A: Do we have everything set for the play?
  B: As far as I know, we are ready to go.
② A: You two look great together in this picture.
  B: We do, don't we? It's our favorite photo.
③ A: How did you come to know about our company?
  B: I took a bus and a subway to come here.
④ A: Are you sure you can get the project done on time?
  B: I'm not 100% positive, but I'll try my best.

12. 다음 글의 제목으로 가장 적절한 것은?

Choosing to set aside time "just for me" sends a positive message, through action, to our insides. This action declares "I matter," "I'm worth it," and "I am a priority." When we choose "me" time, we give ourselves a free space to try new things, fall in love with a hobby, and really find what makes us come alive. Taking care of ourselves not only improves our relationship with ourselves, but with others too. When our bodies and brains are always running, it's easy to become overwhelmed with life. This, in turn, causes our moods to fluctuate more quickly. Regular, uninterrupted "me" time helps our busy brains to unplug and unwind. In doing so, we relieve stress, which helps us sleep better, gives us more control over our moods, increases our patience level, and lets us live in the moment. All of these benefits fill us up on the inside. "Me" time is our magic reset button.

① Great Ways to Spend "Me" Time
② How Much Alone Time Is Too Much?
③ Several Signs You Need Some Time Alone
④ The Importance of Having Time for Ourselves

13. 다음 글의 주제로 가장 적절한 것은?

History shows that superpowers can survive only if they find ways to command the compliance of the foreign populations they dominate, and for this, military force alone has never been sufficient. Imperial Rome offers perhaps the best example of a world-dominant power that succeeded in winning over key sectors of conquered populations, pulling them over into Rome's orbit more effectively. Unique among the empires of ancient times, Rome offered a cultural package that was enormously appealing to remote, vastly different peoples. Today, the United States offers something similar — Hollywood and Starbucks, Disney and double cheeseburgers, Coca-Cola and SUVs — that holds irresistible allure for millions, if not billions, around the world.

① significance of Roman culture in the history of art
② conquest of nations by Rome's dominant military force
③ similarities and differences between Rome and the U.S.
④ essential role of cultural influence in maintaining dominance

문 14. 다음 글의 요지로 가장 적절한 것은?

Good bosses are in touch with how their followers think and act, which enables bosses to sustain performance and dignity. This is harder to do than it sounds as many forces cause bosses to be out of touch with reality. One of them is the Mum Effect, the hesitation that most people have when they need to deliver bad news to others. This happens because of the "shoot the messenger" problem. Bearers of bad news, even when they aren't responsible for it in any sense, tend to be blamed. Subordinates with good survival instincts soften bad news to make it sound better, or avoid passing it along to their bosses at all. The Mum Effect can be detrimental when there is a steep hierarchy. Each subordinate tries to filter the news before passing it up the ranks, making it seem less bad with each step. In the end, what started as bad news might end up sounding not so bad at all.

① Bad news travels more quickly than good news.
② It is wise to deliver bad news as soon as one hears it.
③ Negative information tends to get filtered as it's passed along.
④ The messenger deserves blame when delivering misinformation.

문 15. 다음 글의 내용과 일치하지 않는 것은?

The Waste Land is a poem by T. S. Eliot, widely regarded as a central work of modernist poetry. The 434-line poem was first published in the United Kingdom in the October issue of Eliot's magazine in 1922. *The Waste Land* does not follow a consistent style. It is characterized by its non-linear narrative structure, and features abrupt and unannounced changes of the narrator, location, and time, reflecting the chaos of the modern world. Upon its initial publication, *The Waste Land* received a mixed response, with some critics finding it too obscure while others praised its originality. Subsequent years saw the poem become one of the most influential works of the century.

① 「황무지」는 영국에서 처음 출간되었다.
② 「황무지」에서 화자는 일관되지 않는다.
③ 「황무지」는 혼란스러운 현대를 반영한다.
④ 「황무지」는 첫 출간 때 전혀 찬사받지 못했다.

문 16. 다음 글의 흐름상 어색한 문장은?

Much research has been conducted on the relationship between the timing of eating and the quality of sleep. ① Studies show that eating at conventional meal times as opposed to random snacking is associated with better sleep. ② In addition, late-night eating is typically believed to be linked with more fragmented sleep. ③ Those who include enough servings of fruits and vegetables in their diet report better sleep quality. ④ A very interesting fact is that the associations between when we eat and how well we sleep often differ by gender. In particular, it appears that women are more likely than men to suffer from insomnia when their timing of eating is inconsistent.

문 17. 주어진 글 다음에 이어질 글의 순서로 가장 적절한 것은?

> A magician can make you think you just saw a lady get sawed in half.

(A) The key is to misdirect your attention. Your eyes don't notice that the lady folded her legs into the box because the magician drew your attention to the blade he was about to use, banging on it to show it was solid metal.

(B) But the fact that the lady smiled while being sawed signals fiction. Reassurance of her safety also comes from the lack of blood and screaming. Then how does a magician make your eyes believe something that your mind knows can't be real?

(C) Similarly, his fast and grand movement across the stage caught your attention, causing you to miss background details. The magician needed only a few seconds to fool your eyes.

① (B) — (A) — (C)

② (B) — (C) — (A)

③ (C) — (A) — (B)

④ (C) — (B) — (A)

문 18. 주어진 문장이 들어갈 위치로 가장 적절한 것은?

> For instance, the DRD2 gene, linked to alcoholism, predicted homophily in friends, while the CYP2A6 gene, associated with openness, resulted in heterophily – the tendency to associate with those with dissimilar interests.

Homophily, the tendency for individuals to associate with others who are similar to themselves, can stem from shared external environments or interests. (①) National identity, team allegiances or music fans are examples of homophily resulting from external factors. (②) However, recent findings have revealed a surprising link between genetic factors and homophily in social groups. (③) One of them showed that genes associated with behavioral traits play a role in friendship formation. (④) Although the exact mechanisms are unclear, this discovery challenges our understanding of how biology shapes behavior in social settings.

문 19.

> Psychologists have long believed that people with a poor self-image are inclined to resort to violence to compensate for their feelings of inferiority. If this theory were true, in order for these individuals to discontinue violence, it would be enough to provide them with other means of constructing a better image of themselves. However, as psychologist Roy Baumeister at the University of Florida has shown, all serious studies have concluded that this theory is false. It turns out that most violent people are rarely _____. People who came in contact with the most notorious dictators from the last century — Stalin, Mao Zedong, Hitler — confirm that they were suffering from a superiority complex. In a similar vein, many psychopathic criminals think of themselves as exceptional beings blessed with numerous talents, displaying a high opinion of themselves.

① cruel

② humble

③ arrogant

④ extraordinary

문 20.

> It's well-established that children who can _____ lead happier, healthier lives. It's an important concept to pass on in the age of instant delivery and streaming services. Parents should note that kids don't have the same impulse control as adults, which means they have trouble waiting. So, you need to help them see the benefits of choosing a long-term reward over a short-term one through constant training. One of the best ways is playing board games. These require impulse control, turn-taking, and emotional regulation. Listening to whole albums instead of skipping from track to track online, and even watching a TV series week by week instead of bingeing it, are also good exercises.

① recognize how their actions affect others

② engage in healthy competition

③ learn from their mistakes

④ accept delayed pleasure